SDGs
ビジネス戦略

企業と社会が共発展を遂げるための指南書

ピーター D. ピーダーセン、竹林征雄　編著

協力：アミタホールディングス株式会社

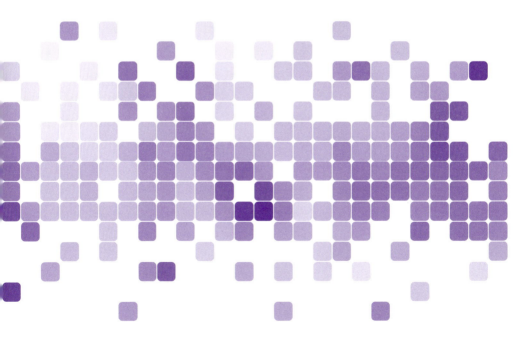

日刊工業新聞社

まえがき：本書の使い方

「人間は、自然との闘いに勝ったと思うその瞬間に、自らが負けた側に立っていることに気付くだろう」。このように指摘したのは、異端の経済学者で「スモール・イズ・ビューティフル」[i]を著した、英国のE. F. シューマッハーである。

20世紀後半は、この事実に人類が気づかされたのと同時に、社会面においても貧困を撲滅し、公平で公正な社会を実現しない限り、未来が危うくなることを、強く感じるようになった。

そのため、人類の大きな共同作業として、国際連合を中心に、2000年にMDGs（ミレニアム開発目標—目標年度：2015年）、2015年に、その後継となったSDGs（持続可能な開発目標—目標年度：2030年）が打ち出され、共通の目標と共通言語として、世界を突き動かしている。

本書は、SDGsをどのようにして企業の戦略に落とし込み、「健全な価値創造」を実現できるかに関する多面的かつ実用的な内容を提供すべく、発刊する運びとなった。

2016年いっぱいまで、日本におけるSDGsの認知度はまだ低かったが、2017年から2018年にかけて、理解が急速に広まった。そして2019年以降は、いよいよ行動に移るべき時期が訪れている。その行動において、基礎となる着眼点や哲学と、企業の現場で具体的なアクションを起こすためのヒントとツールが、本書に多数含まれている。

本書は、例えば次のようにご活用いただける。

- 最初から最後まで読み、全体的な理解を得る
- SDGsの背景（序章、第1章）、関心の強い個別目標（第3章）、SDGs戦略への落とし込みについて（第2章）、ニーズに合わせて読む
- コラムや対談記事などで、有識者の鋭い視点を参考に、自分の考えを深める

- 戦略に落とし込むための各種フレームワークやツール（第2章）を、社内外の必要な場面で活用する
- 具体的な企業事例（第4章）からインスピレーションを得て、次の一手を考える

　第2章で紹介する「7つの経営ツール」は、いずれも下記URLから、無料にてダウンロードすることができる。ぜひ、現場を刺激し、企業価値と社会価値が同軸に乗る経営の実現に向け、本書をご活用いただきたい。

経営ツールのテンプレート　ダウンロード先：

 https://sdgs-strategy.jp/toolbox-templates/

ダウンロード用パスワード：sdgs1719sheet

（アミタホールディングス主宰「SDGs戦略研究会ページ内」）

これらのテンプレートをご自由に加工し、社内外でご活用ください。
（出典元を明記してください）

---

i 『スモール・イズ・ビューティフル』、E. F. シューマッハー、講談社（2010）。原書は、1973年発刊

目 次
CONTENTS

まえがき：本書の使い方 …………………………………………………… i

序章
企業と社会――共存と共発展を模索するその歴史的変遷 …………… 1
ピーター　D. ピーダーセン

株式会社の進化を俯瞰する ………………………………………………… 2
株式会社の進化における第一幕：重商主義の時代 ……………………… 4
株式会社の進化における第二幕：産業資本主義の時代 ………………… 5
株式会社の進化における第三幕：持続可能経済の時代 ………………… 6
1980年代以降の企業と社会の関係性――3つのステージ …………… 8
2015年以降にさらに鮮明になった「社会の変革ドライバー」………… 13
環境・社会イノベーションは「第5の競争軸」………………………… 14
いまこそ「リフレーミング」が必要 …………………………………… 16

第1章
世界共通言語SDGsとは ……………………………………………… 19
竹林　征雄

はじめに …………………………………………………………………… 20
SDGsに到る系譜 ………………………………………………………… 20
具体的にSDGsとは何か ………………………………………………… 24

iii

日本におけるSDGs活動 …………………………………… 27
SDGsの世界的な2つの動向 ……………………………… 29
SDGsとビジネス・企業 …………………………………… 30
SDGsを経営に取り込むにあたり、
従来と異なった思考方法が必要である …………………… 34

第2章
SDGs経営実践のための「ツール・ボックス」………… 41

ピーター　D．ピーダーセン

共発展のキーワードは「トレード・オン」……………… 42
SDGs戦略の実践に向けての「基本姿勢」とは………… 43
基本姿勢、その1：
　CSR的とらえ方から脱却する …………………………… 44
基本姿勢、その2：
　SDGsを「イノベーション・ドライバー」として活用する ……… 46
基本姿勢、その3：
　パートナーシップと協働の重要性を認識する………… 47
SDGs経営―理解のフェーズ ……………………………… 48
SDGs経営の実力測定………………………………………… 57
SDGs経営実力測定―6つの側面 ………………………… 58
SDGs経営―行動のフェーズ ……………………………… 60
SDGs経営―表現のフェーズ ……………………………… 73
SDGs経営実践のための「ツール・ボックス」ワーク編 …… 80

第3章

企業が取り組むべきSDGs ……………………………………… 113

企業活動で特に重要な12の目標 ……………………………………… 114

目標2　飢餓をゼロに ……………………………………………………… 116
国連WFP日本事務所

目標3　すべての人に健康と福祉を ……………………………………… 121
公益財団法人 未来工学研究所 22世紀ライフェンスセンター 主任研究員　小野直哉

目標6　安全な水とトイレを世界中に …………………………………… 128
グローバルウォーター・ジャパン　代表　吉村和就

目標7　エネルギーをみんなに そしてクリーンに …………………… 136
日本サステイナブルコミュニティ協会　竹林征雄

目標8　働きがいも経済成長も …………………………………………… 148
合同会社　地球村研究室　代表社員、東北大学名誉教授　石田秀輝

目標9　産業と技術革新の基盤をつくろう ……………………………… 157
長岡技術科学大学　理事・副学長　三上喜貴

目標11　住み続けられるまちづくりを ………………………………… 168
関西大学社会連携部・名誉教授、大阪大学名誉教授　盛岡　通

目標12　つくる責任 つかう責任 ………………………………………… 178
アミタ株式会社　代表取締役　佐藤博之

目標13　気候変動に具体的な対策を …………………………………… 187
国立環境研究所　増井利彦

目標14　海の豊かさを守ろう …………………………………………… 195
公益財団法人世界自然保護基金ジャパン（WWFジャパン）　自然保護室　山内愛子

目標15　陸の豊かさも守ろう …………………………………………… 202
株式会社レスポンスアビリティ　代表取締役　足立直樹

目標17　パートナーシップで目標を達成しよう ……………………… 210
一般財団法人CSOネットワーク　事務局長・理事　黒田かをり

第4章
企業のSDGsの取組事例 ……………… 219

SDGsの目的と、達成に向けた2種のアプローチ ……………… 220
    アミタホールディングス株式会社

資源インフラで持続可能社会の一翼を担う ……………… 227
    株式会社エンビプロ・ホールディングス

「再エネ100％」の住宅・建築・街づくり ……………… 232
    大和ハウス工業株式会社

再エネが地球と地域を救う ……………… 237
    シン・エナジー株式会社

特別寄稿
ビジネスの世界が担う持続的未来とSDGs ……………… 244
    東京都市大学・特別教授　涌井　史郎　（雅之）

特別対談
「SDGsと地域循環共生圏」 ……………… 253
    熊野英介　アミタホールディングス株式会社代表取締役
    中井徳太郎　環境省総合環境政策統括官

あとがき ……………… 260
巻末付録　SDGs17目標 169ターゲット一覧 ……………… 263
執筆者紹介 ……………… 276

序章

企業と社会
―共存と共発展を模索するその歴史的変遷

ピーター D. ピーダーセン

株式会社の進化を俯瞰する

　1600年12月31日、英国王室の許可を得て、世界で最も有名な貿易会社となった英国東インド会社が株式会社として産声をあげた。そのはるか前の1288年6月、スウェーデン生まれの鉱山企業ストゥーラ・コッパルベリ（文字通り「大銅山」）は、羊皮にて世界最古の「株券」を発行したとされている。また、英国とロシア間（当時モスクワ大公国）の貿易を担ったモスクワ会社も、既に1555年に英国の女王メアリー1世の勅許によって、株式会社として活動を始めていた。

　日本においても株式会社ではなかったにせよ、聖徳太子の命によって578年に設立され、現代まで操業を続けてきた金剛組という、世界最古とされる企業が存在している。これらの企業たちの歴史自体も栄枯盛衰の道のりであり、随所にドラマに満ちているが、ここでは、1600年の東インド会社設立を節目として、社会と企業の関係性を大きな歴史的観点から俯瞰してみたい。

　このような探求はなぜ意味を成すのかと、読者は思うかもしれない。その答えは、読み続けていただくうちに明らかになるはずだが、まずは結論から述べることにしよう。株式会社に代表される近代的な「企業」は、1600年あたりから現代、いや、未来にいたるまでいくつかの大きな歴史的な進化の段階を経て発展、変貌を続けている。それぞれの時代において、企業が担ってきた役割、鍵となる利害関係者、そして企業の操業原理が大きく変容している。

　詳細は後述するとして、我々は現在、その進化の歴史における「第三幕」に突入していると言える。この第三幕において、国連のSDGs（持続可能な開発目標）に代表されるように、企業は社会的課題への革新的かつ主体的な役割が社会から強く期待されている。

　それは、ただ単に富を増やすことや、豊かな消費社会を実現するといった意味合いでの「社会課題」ではなく、この地球上での生命維持と、人類の将来的な発展を可能にするにあたって避けて通れない「社会課題」なのである。企業の操業と、社会や自然環境のトレード・オフを乗り越え、その双方

が健全に発展できる「トレード・オン」の関係性を築くことが必要不可欠となっている。言い換えれば、「トレード・オン」とは、企業と社会の共発展をも意味し、その共発展を可能にする経営が、実は企業という生き物の進化における「ネクスト・ステージ」である。

21世紀の企業に求められる「社会イノベーション」には、「第二層」への対応も求められる

図：2層の社会課題

この挑戦は壮大なものであると同時に、企業側からみるとその組織の規模、形態、営業内容に関わりなく、非常にエキサイティングな新しいイノベーション・フロンティアとみるべきである。まずは、その背景にある、400年の「進化の物語」を簡単に振り返ってみることにしよう。

図：近代企業史における3つのステージ（年号はおおよそのもの）

株式会社の進化における第一幕：
重商主義の時代

　1600年の英国東インド会社の設立を受け、欧州各国に東インド会社が次々に設立されたことは、有名すぎる話と言えるだろう。1602年、オランダ東インド会社は、現代語でいうIPO（株式公開）を世界で初めて実現し、株式を市場で、一般の人々も参加できる形で取引する最初の会社となった。そして、英国、スペイン、ポルトガルと常に覇権争いを繰り広げていたオランダのアムステルダムでは、1611年に世界初となる株式取引所が完成した。最初の10年は、たった一社──オランダ東インド会社──の株式の取引のみを行う場所として賑わっていた。

　1600年より少し前から、1800年を少し過ぎるあたりまでの欧州の経済社会は「重商主義」の時代と言われているが、それは一体どんな経済発展のモデルだったのだろうか。世界の多くの地域で植民地をつくり、貿易によって安い原料を調達し、自国で加工し、付加価値をつけて、なるべく他国に金や銀を得るために輸出するといった経済のパラダイムだった。一方、輸入をなるべく制限しようと、高い関税を設けるなどといった保護主義的な政策も特徴の1つだった。

　この中で、株式会社に操業許可を与えるキーとなるステークホルダーは、最初は君子、その後は資本を有する貴族を中心とした社会の富裕層であった。資本を集めた株式会社に期待された役割は、きれいごとで言えば探検と貿易、言い換えれば搾取と略奪であった。実際、英国東インド会社は、英国そのものを超える規模の軍隊を有し、インドや香港などの植民地化を主導する存在だった。CSR（企業の社会的責任）とはほど遠い、かなり恐ろしい企業像といっても過言ではなかろう。操業原理は、安く原料を調達できるアフリカやアジア諸国などの征服・制圧と、最大限可能な形での人と自然界の搾取だったと言える。そのいかがわしい基礎の上に、産業革命以前の英国など、欧州各国の富と権力が築かれていった。

株式会社の進化における第二幕：産業資本主義の時代

　重商主義が経済発展のパラダイムとして徐々に力をなくしていった歴史をひも解くのは、本書の範疇を超えるため割愛するが、18世紀後半の蒸気機関の発明と普及によって、新しい経済社会が姿を現し始めたことは、周知の事実である。1700年代の終盤から、産業革命が（東インド会社と同じく）英国から広まっていくにつれ、経済発展のパラダイムも、次第に産業資本主義へと転換したのである。大英帝国の広大な植民地から得た富がその原動力になったことは否めないが、企業としての主役は「貿易会社」から、産業化の牽引役となった「製造会社」へと次第に移行していった。

　農業や職人業から、高度に機械化された産業経済へと社会構造そのものも大きな転換期を迎えた。蒸気機関の機織り機を導入することで、綿紡績（綿の原料を糸として紡いでいく工程）の一人の労働者の生産性は、約500倍になったと言われている。つまり、一人の労働者は、機械の力を借りて、それまで500人が必要だった仕事をこなすことが可能となった。まさに革命的なスケールとスピードの変化だった。

　この時代における株式会社のキーとなるステークホルダーは、土地、製造設備、労働力の確保に資金を投じた資本家となった。そして、企業に期待された役割は、一言で言えば、「豊かな消費社会の実現」だったのではないだろうか。操業原理はと言えば、生産の機械化と労働者の最大限可能な搾取によって、生産量の拡大を図るといったところになろう。

　21世紀初頭においてもなお、私たちはこの産業資本主義の延長線上に生きていると言える。水力・蒸気機関、電気、ITによるこれまでの3つの革命を経て、現在はAI、ロボティクス、3Dプリンティングなどがもたらす「第4の産業革命」が進行中と言われている。しかし、世界全体を見渡すと、産業化による経済の発展モデルから抜け出しているとは言えない。

　産業資本主義が大きな成功をおさめ、農業の工業化をも後押しし、20世紀は莫大な人口増加が起きた。1900年に、人類誕生からの二百数十万年で15億人にまで増えたヒトの頭数は、その後、たった100年でその4倍強の

61.3億人にまで急増した（2000年）。そして、現在も一日約210,000人の純増が続いている。

皮肉なことに、私たちは種として成功し過ぎたとさえ言えるのかもしれない。20世紀後半、人類は、産業資本主義の目覚ましい発展の予期せぬ副産物に直面することになる。日本の水俣病に代表される公害問題、1980年代にクローズアップされ始めた地球温暖化、1990年代から特に注目されている生態系の劣化、サプライチェーンにおける児童労働など、新たな社会課題と環境問題が多発するようになった。200年続いた産業資本主義の発展パラダイムが、人口密度が急激に上昇した地球社会において通用しなくなっていることは、20世紀後半に進むにつれて鮮明になっていった。そして、その経済の牽引役を務めてきた企業も当然、役割が本質的に問われ始めた。企業の存在意義、これから取り組むべき社会課題、そして、誰が企業にとっての重要なステークホルダーなのか、そのすべてが総点検の時期に差し掛かっている。

株式会社の進化における第三幕：持続可能経済の時代

環境経営、CSR経営、サステナビリティ経営、CSV、ESG、そして本書のテーマであるSDGs（国連の持続可能な開発目標）——これらは特に1980年代以降に台頭した新しい概念であるが、その背景にはこれまでの経済発展モデルの機能不全が潜んでいる。人口密度の高い地球社会において、どのようにして人類の生命を支えられる地球環境と健全な社会とを維持しつつ、必要不可欠である経済力を発揮するか——いまは、その大いなる「問い直しの時代」に入ったと言ってよいだろう。

筆者は、この一連の動きが企業と社会の関係性における「第三幕の幕開け」に匹敵する出来事であるとみている。小手先では答えが出ない、壮大かつ創造的なトランスフォーメーション（変容）の真っただ中に企業が置かれていると考えるべきだろう。株式会社は、ここではその代表格として取り上げ

ているが、地域企業、ベンチャー、中小企業にも、この大転換の一旦を担う責任と可能性があると考える。

　第三幕の「何が違うか」を理解するために、一旦、日本における産業社会の代表的な一社、松下電器産業（現パナソニック）に思いを馳せてみよう。1932年、創業者松下幸之助は大阪のある会合で、後に「水道哲学」と称されるようになった自分なりの経営哲学を語った。

> 「産業人の使命は貧乏の克服である。その為には、物資の生産に次ぐ生産を以って、富を増大しなければならない。水道の水は価有る物であるが、乞食が公園の水道水を飲んでも誰にも咎められない。それは量が多く、価格が余りにも安いからである。産業人の使命も、水道の水の如く、物資を無尽蔵にたらしめ、無代に等しい価格で提供する事にある。それによって、人生に幸福を齎し、この世に極楽楽土を建設する事が出来るのである。松下電器の真使命も亦その点に在る。」[1]

　産業資本主義そのものの「使命」を的確に表現していると同時に、当時の社会課題＝貧乏の克服と消費社会の実現に焦点を当てた、名演説である。しかし、21世紀半ばに向かおうとしている今日においても、果たして通用するアプローチなのだろうか。廉価な工業製品を地球すべての人々に提供しようとするなら、それはエネルギー、気候変動、資源枯渇などといった制約条件からみると、破綻の道になりかねないのである。この世に極楽楽土を実現するどころか、将来世代にとっては地獄への入口にすらなるかもしれない。

　水道哲学は、1930年代には素晴らしく適していたと言えるし、いまなお、地球社会全体では安全な水（21億人）や電気（10億人）にアクセスできない人々が多数暮らしていることも事実である。しかし、産業資本主義の経済発展モデルやこの時代の企業経営の操業原理では、問題解決ができないだけでなく、むしろ悪化させかねない。言ってみれば、水道哲学には新しい前提

1　Wikipediaより引用

条件が必要となっている。それこそが、本書の主たるテーマである「長期にわたる自然環境と社会の持続可能性＝サステナビリティ」と言える。

　企業の歴史は、社会との新しい関係性と共発展の在り方を模索する「第三幕」に突入している。その台本の新しい展開を「脅威」とみるか、それとも「機会」と捉えるかは、企業人の世界観と力量にかかっているが、一企業が仮にその動きに抵抗しようとしても、それは無駄な努力にしかならない。歴史の新たな波に乗るか、それとも過去の遺物として、いずれ姿を消すかが問われているのだ。未来を選択する時代と言い換えてもよいだろう。

　第三幕において問われていることは、「誰が企業の本当に大切な利害関係者なのか」、「企業は何の役割を社会において担えばよいか」、そして、地球上で生命維持が可能となるための「企業の新たな操業原理とは、一体どんなものなのか」といった、非常に根本的なものである。現在も続いているその「問い直し」がどのように進んできたかをもう少し具体的に理解し、SDGsとの接点を明らかにするためにも、次に、400年の歴史の俯瞰から、ここ三十数年の変化にズーム・インしてみることにしよう。

1980年代以降の企業と社会の関係性 —3つのステージ

　20世紀後半に、特に公害や地球環境問題が次第にクローズアップされるようになるにつれ、社会が企業に求めることも顕著に変わり始めた。個人的には、1980年代以降のその変化を、3つのステージに分けて捉えている。この3つのステージを体系的に理解することで、ここ30年強の環境・CSR・サステナビリティ経営の進化を的確に押さえ、今後にも続く企業経営の潮流を読むことができると考えている。

**第一ステージ　1980年代後半まで：
【法順守、リスク管理、メセナ活動の時代】**

　1980年代後半まで、企業は法律を守り、適切なリスク管理を行い、若干

法順守	積極管理	課題解決型
コンプライアンス	プロアクティブ・ガバナンス	イノベーション
リスク管理	説明責任・情報開示	利害関係者との共創
～1980年代後半	1990年代～2005年	2005年～
環境関連法規制、企業統治関連法などを順守すれば「よき企業市民」だった時代	自主的な環境マネジメント（ISO14001など）、環境、サステナビリティ報告、労働環境の整備・改善、全般的な「サステナビリティ・CSR」経営の実践へ	市場（投資市場、顧客市場）などの要請も高まり、企業は「長期的視点も踏まえ」、「社会課題（環境含む）解決への革新的な貢献」、「ステークホルダーとともに創造的な解を見出す」ことが期待されるようになっている

図：社会は企業に何を求めてきたか―1980年代以降の3つのステージ

のメセナ活動を実施していれば、「よき企業市民」としてステークホルダーに認められる時代が長く続いていた。ビジネスと社会の関係性は比較的わかりやすく、経営側にとっても取るべき対応が明確だったと言える。

　興味深いことに、この第一のステージが大きく変わるきっかけとなった年を正確に特定することが可能なのだ。1987年が、その節目の一年となった。3年間の委員会活動を終えた国連の「環境と開発に関する世界委員会」（通称：ブルントラント委員会）は、1987年に報告書『我ら共有の未来』のなかで、初めて国際的に「持続可能な発展」の概念を打ち出した。それ以降の企業経営や国家運営などに、これほど大きな影響を及ぼすコンセプトはなかったのではないかと思うほどのインパクトをもたらしている。

> 　持続可能な発展（開発）とは、将来世代のニーズを満たす能力を損なうことなく、今日の世代のニーズを満たす開発
>
> 　Sustainable development is development that meets the needs of the present without compromising the ability of future generations to meet their own needs

図：持続可能な発展の定義

わかりやすく言い換えれば、現代においてもまだまだ貧しい人たちがたくさん存在し、彼らのニーズを満たすための経済や社会の発展は必要だが、その「やり方」を改めないと、将来世代の可能性を奪いかねないということになる。特に、「いま生きている私たちに、世代を超えた責任がある」ということが、この定義の1つの大きな特徴と言える。

持続可能な発展の概念は、1992年6月、ブラジルのリオ・デ・ジャネイロで開催された「地球サミット」（正式名：「環境と開発に関する国連会議」）へとつながり、この国際会議のバックボーンを成す考え方となった。その少し前から、産業界は既に新たな時代の到来を予感し、自ら経営を次のステージに転換し始めていた。

第二ステージ　1990年代～2005年頃：
【積極管理、情報開示、CSR経営の時代】

地球サミットの約3か月前の1992年3月、英国のBSI（英国規格協会）は世界で初めての本格的な環境マネジメント規格を公表した。企業が法を超えて、積極的に環境課題を管理するというそのアプローチは、最終的に1996年から取得が可能となったISO 14001へと統合されるに至っているが、この動きのなかに第二ステージの特徴の1つが見え隠れする。企業は、「法律に縛られるより自主的な対応を」という精神に基づき、環境や、後には社会的な課題もプロアクティブに、言い換えれば「積極的に」管理するようになった。

1990年代半ばになると、環境報告書、そのあとCSRやサステナビリティ報告書が世界各国で発行され始める。積極管理が社会から求められたのに加え、法を超えた情報開示や幅広い説明責任もステークホルダーから当然視されるようになっていく時代である。

個人的にも接点を持たせていただいた経営者、今は亡き米国のカーペットメーカー、インターフェース社のレイ・アンダーソン会長の経験が、第一ステージから第二ステージへの移行を分かりやすく表している。アンダーソン会長には、自らが1970年代に創業者したカーペットメーカーが、環境関連法を順守し、納税も適切に行っていたため、優良な企業市民であるとの自負

があった。しかし、1994年に、ある大手顧客から「御社の環境ビジョンを教えてください」と問われると、一種のショックを受けたという。自分たちには環境ビジョンに該当するものがなく、それまで必要とも思っていなかったそうだ。しかし、いざ世界の現状を見渡し、さまざまな有識者の本を読み始めると、企業が自ら、積極的に持続可能な未来を築く重要性を深く認識し、同社は、「2020年までに世界初の持続可能なメーカーになる」という長期ビジョンを掲げ、経営を抜本的に変え始めた。目標年度がだいぶ近づいてきたが、その挑戦はいまも一貫して続けている。

　ここまでドラスチックに舵を切った従来型の企業は少ないが、1990年代は間違いなく持続可能な発展の概念を出発点として、企業経営の在り方や、社会との接し方が大きく進化する10年となった。積極管理、情報開示や説明責任を中心とする「CSR経営」のステージである。

第三ステージ：2005年頃から：
【課題解決型の革新、ステークホルダーとの共創】

　現在もCSR経営を、第二のステージの特徴を中心に、粛々と続けている企業は少なくない。しかし、社会を代弁するステークホルダーから、「それではもはや不十分」だという、発展的な挑戦状を突き付けられている次なるステージは、既に2005年頃始まっている。そして、この第三ステージの集大成の1つが、2015年9月に採択されたSDGsと言っても過言ではなかろう。第二から第三ステージの間に何が変わったのか、そして、いま企業に求められる新たな経営スキルとはどのようなものなのか。

　地球社会が直面している環境・社会課題は、国家、国際機関、NGOだけではどうにも解決できない。グローバル資本主義の広まりとともに、強大な力を手に入れた企業の主体的な行動なくして、人類は持続可能な未来を迎えることができない——そんな認識がミレニアム前後に強まり、第三ステージへとつながっている。

　いまの時代において「よき企業市民」と認めてもらうためには、第一や第二ステージの経営スキルに加え、一歩進んだかたちで、環境・社会課題を解決するためのイノベーションが求められている。そのイノベーションを、自

社の研究開発や事業部門だけで実現できないことも多いため、社会の広い層のステークホルダーとの真剣な共創が必要であるとされている。NGOに寄付するといった社会貢献というよりは（あるいは、それに限定せず）、国際機関、NGO、地域社会、投資機関などと知恵を出し合い、課題への新しい解を協働によって生み出すことが求められている。

　なぜ、この第三ステージが2005年頃始まったと言えるか。第一から第二ステージのように、正確に年号を特定することはできないが、2005～2006年あたりは、企業のCSR・サステナビリティ経営に決定的に重要な変化がいくつも起きている。

　現在のESG投資（環境＝E、社会＝S、ガバナンス＝G）の流れを生んだ国連の責任投資原則PRIが制定されたのは2006年だが、その前年に、食品世界最大手ネスレは、マイケル・ポーターが提唱するCSV経営（CSV＝共通価値の創造）を大々的に掲げ始めた。同年、世界最大手のスーパーマーケット、ウォルマートの経営者は、ハリケーン、カトリーナの破壊力を目の当りにし、それまで考えらないほど積極的な3つの環境目標を世に打ち出した。同じく2005年秋に、米国を代表するコングロマリット、GEは、エネルギー効率や再生可能エネルギーの商品群を増やす経営戦略「エコマジネーション」を始動させ、一気に環境先進企業へと舵を切り始めた。どれも、自社の事業を通じて、課題解決型のイノベーションを強力に進めるといったメッセージを、産業界全体に送る出来事であった。

　第三ステージは、現在も進行中である。持続可能な地球社会を実現することが、史上最大級のビジネスチャンスでもあると、多くの企業が目覚めているかのようにみえる。これは大いに歓迎すべきことだと思うが、この「目覚め」は常に社会とのキャッチボールの中で起きていることを忘れてはならない。そのキャッチボールは、特に2015年頃を境目に、さらに活発に行われるようになっている。社会の変革ドライバーが、企業にさらなる脱皮とイノベーションの加速を促していると言い換えることもできよう。

2015年以降にさらに鮮明になった「社会の変革ドライバー」

2015年9月の国連総会にて、SDGsが採択された。正確に言えば、採択されたのは「持続可能な開発のための2030アジェンダ」だったが、その「アジェンダ＝議題」は、まさに、世界が共通して取り組む17の持続可能な開発目標（Sustainable Development Goals）に集約されている。

SDGsの概要説明は次章に譲るとして、ここでは、SDGs、ESG投資、パリ協定、そして顧客の価値観の変化を「社会の変革ドライバー」と捉え、企業経営への本質的な影響を考えてみることにしよう。変革ドライバーとは、社会から企業に対してさらなる経営変革と事業イノベーションを要請する「社会発の推進力」ということを意味している。

SDGs〈2030年に向けた17の共通目標〉	パリ協定〈人類活動による脱炭素化の加速〉
ESG投資〈環境、社会、ガバナンスの銘柄選定〉	顧客の価値観の変化〈B2G、B2C、B2Bにおける選択基準の変化〉

図：4つの変革ドライバー：新たな社会・環境イノベーションの推進力

SDGsが採択されたわずか3か月後、フランスの首都パリでは、大方の予想を覆して、「パリ協定」が満場一致で採択された。人類活動の脱炭素化に向けた道筋を示すパリ協定の詳細は割愛するが、企業にさらなる課題解決型イノベーションとステークホルダーとの共創を求めている強力な要因であることは、言うまでもなかろう。

ESG投資が2010年代半ばを経て、もはや完全に主流化しつつあるのも見落とせない変革ドライバーだ。ハーバードビジネスレビューが毎年公表している「最もパフォーマンスの高いCEOランキング」（Best Performing CEOs in the World）には、2015年秋、初めてESG的な評価項目も採用さ

れ、収益力だけでなく、社会的対応能力で経営者を評価する試みを開始した。その結果、それまで1位の座にあったアマゾンの創業者、ジェフ・ベゾス氏は、一気に87位に転落した。

世界最大の年金基金である日本のGPIF（年金積立金管理運用独立行政法人）も、同じく2015年に上で触れた国連の責任投資原則PRIに署名し、そして、2017年7月には、資産運用において3つのESG指標を採用すると発表した。ESG投資――つまり、環境、社会、ガバナンスの観点から投資銘柄を選定する資産運用――は2019年現在、世界の全運用資産の3割弱に達しており、欧州など一部の市場では既に50％超の割合となっている。

最後に触れるべき変革ドライバーは、顧客の価値観の変化である。B2CとB2Bの世界では異なる形で体現されるが、いずれの市場においても顧客は、環境と社会的配慮を以前よりはるかに求めるようになっている。B2Cでは、1981年以降に生まれたミレニアル世代後の生活者がサステナビリティを志向した消費に意欲を示している。B2Bの世界においては、多くの場合は取引条件の中に盛り込まれ、商売を行う上での基礎的な条件にまでなっている。

このように、2010年以降だけをとっても、SDGs、パリ協定、ESG投資、そして顧客の価値観の変化が大きな影響力を及ぼすようになっている。これらの動きは、いずれも「長期ベクトル」に基づいていることが重要なポイントだ。3年や5年で消える変革ドライバーではないのだ。むしろ、2030年や2050年にむけた企業経営そのものの変容が余儀なくされているとみるべき大潮流である。そう簡単にぶれない長期ベクトルが社会によって設定されていることをポジティブに受け止め、自社としての本質的な戦略刷新や事業革新に結び付けて初めて、21世紀半ばの市場にふさわしい企業力や競争力を獲得することが可能となる。

環境・社会イノベーションは「第5の競争軸」

企業は、常に競争にさらされる存在である。そして、時代とともに、競争

力を左右する「軸」が変化するのも事実である。戦後、日本が焼け野原から立ち上がり、大きな自己変革力をもとに、最初は価格で勝負し、その後、世界市場に出てマーケットシェアを獲得し、そして、1960年代になると、次第に品質経営で世界における確固たる地位を確立していった。この4つの要因——「ビジネスモデルを進化しつづける自己変革力」、「マーケットシェア」、「値付け」、そして「プロセスと製品の品質」——は、まさに20世紀後半まで、決定的に重要だった「競争軸」と言える。つまり、それらをマスターするか否かが企業の生存可能性に直接影響を与えていた。

　これら4つの競争軸は現在も大きな意味をもっているが、昨今は、SDGsを筆頭とする社会の「変革ドライバー」を受け、第5の競争軸が台頭している。その第5の競争軸を一言で表現すれば「サステナビリティ・イノベーション」になろう。つまり、自社の特性や強みを生かしたかたちで、いかにして持続可能な社会や持続可能な未来の実現に貢献するかが、競争力を左右する時代に入ったという見方である。念のために確認したいが、その「貢献」とは「社会貢献」とイコールでもなければ、「社会貢献」を軽視しているものでもない。事業においては事業そのものを通じて、オペレーションにおいてはその特性や課題をふまえ、そして必要な時には社会貢献をも通じて、主体的かつ新たな価値創出につながる行動が求められていることに他ならない。

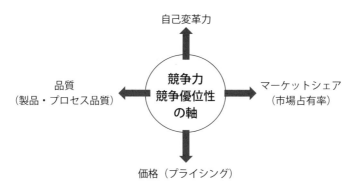

図：20世紀後半までの4つの競争軸

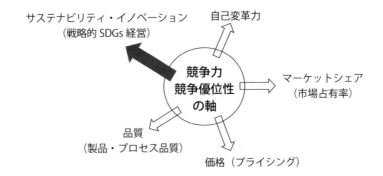

図：21世紀初頭から台頭している「第5の競争軸」

🌐 いまこそ「リフレーミング」が必要

　本章では、最初に企業と社会の関係性を400年の大きな歴史的な観点から捉え、その後、ここ30年強を3つのステージに分けてみてきた。企業が、誰によって操業・発展の許可を獲得し、何を社会に提供する存在であるかの非常にエキサイティングかつ創造的な「問い直しの時代」と捉えている。このような時代において、旧態依然のマインドセットや物事の解釈では、当然、求められる新しい解はみえてこない。

　米国の言語学者、カリフォルニア大学教授のジョージ・ラコフ氏はかつて、Reframing is social changeという名言を発したが、彼が指摘しているのは、メンタルモデルやマインドセットを抜本的に変えた瞬間に（すなわちリフレーミングが起きたその時から）変化・変革・イノベーションへの扉が開くということである。SDGsをはじめとした社会の変革ドライバーを的確に理解し、イノベーションに結び付けるためには、次ページの図が示すようなリフレーミングが必須となろう。リフレーミングができなければ、第三のステージで求められる「課題解決型イノベーション」を起こすための意思決定や、社内プレイヤーのベクトル合わせは困難を極めるだろう。ここで、いまなお喘いでいる企業も少なくないのではないだろうか。近年、日本において「CSR部」から「サステナビリティ部」への衣替えが続いていることは、リフレーミングの一環とみることができるが、当然、その取組内容のアップ

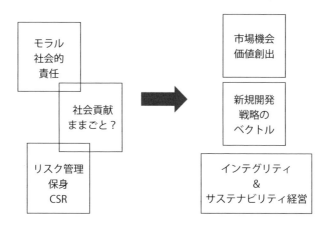

図：CSR経営から革新を生むサステナビリティ経営への「リフレーミング」

グレードもセットで必要になる。

　本書の目的は、SDGsと企業の経営・事業戦略の接点を探るところにある。これまでのCSR経営は、ややもすると企業価値の創出に直結していなかった、あるいはその関係性がみえていなかった。SDGsは企業価値創出へのリンクを強める1つの好材料とみることができる。社会と共発展できる企業こそ、ステークホルダーから積極的かつ優先的に選ばれ、長期にわたる発展・成長の許可を手に入れる——そんな時代に、私たちは一歩ずつ、紆余曲折の道を経ながら進んでいるのである。

第1章
世界共通言語SDGsとは

竹林　征雄

はじめに

　序章では、企業と社会が共存や共発展を模索する進化の旅を、いくつかのステージに分けてみてきた。本章では、これを受け、いまや世界の共通言語と称されるSDGsが生まれた背景と、社会・経済へ大きな影響をもたらしつつある点について述べる。

　2015年9月、ニューヨークにて開催された国連の「持続可能な開発サミット」では、近年の環境問題や社会課題の多発、経済の肥大化などによる地球崩壊の危機的状態を開発途上国、先進国の区別なく認識し、「共通課題の解決への達成すべき目標」を探ってきた数年の討議の成果として、持続可能な開発目標、通称SDGs（Sustainable Development Goals）が誕生する運びとなった。その具体的な構成要素については後述するとして、最初にSDGsに至る道をいくつかの歴史的な出来事から捉えてみる。

SDGsに到る系譜

　1945年の国際連合発足から、国際社会の主な議題は「戦争・平和・経済開発・人権」であった。そして、1960年代〜1970年代初頭に入るにつれ、環境課題も次第に大きくクローズアップされるようになっていった。

　SDGsに至る系譜の幕開けの1つは、半世紀前の1970年に発足したローマクラブからと考えても良かろう。1972年、デニス・メドウズらによって発行されたローマクラブの第一報告書『成長の限界』には、現在のままで人口増加や環境破壊が続くなら、資源の枯渇や環境の悪化によって100年以内に人類の成長は限界に達すると警鐘を鳴らした。破局を回避するためには地球の容量が無限であるということを前提とした従来の経済のあり方を見直し、世界的な均衡を目指す必要があると記述された。

　1980年には、国際自然保護連合、国連環境計画（UNEP）などがとりまとめた「世界保全戦略」に「持続可能な開発：Sustainable Development：SD」という文言が初めて出て来た。

その直後に、日本の観点からみて特筆すべき出来事が起きた。後に触れる「リオサミット」のちょうど10年前の1982年に、ケニアの首都ナイロビで開催された国連の環境会議において、日本の代表団から「環境と開発に関する世界委員会」を設置する提案がなされた。経済発展と環境保全の両立という世界的難題に挑むこの委員会は、その提案を受け、1984年から活動を開始。正式名は、World Commission on Environment and Development（WCED）」だが、委員長を務めたノルウェーのグロ・ハーレム・ブルントラント首相の名前から、「ブルントラント委員会」とも呼ばれている。著名な委員が日本を含む21ヵ国から結集したこの委員会は、3年の討議を経て、1987年に、東京の最終討議にて報告書「Our Common Future：邦題・我ら共有の未来」を発表した。序章でも紹介したように、そこには持続可能な開発の定義として、「将来世代のニーズを満たす能力を損なうことなく、今日の世代のニーズを満たす開発」と記されている。

　1992年、ローマクラブ第一報告書の続編『限界を超えて－生きるための選択』が発刊され、「資源採取や環境汚染の行き過ぎによって21世紀前半に破局が訪れる」という、更に悪化したシナリオも提示された。

　この報告書と同じ1992年のブラジルのリオ・デ・ジャネイロでは、「国連環境開発会議」、別称「地球サミット」が、12歳の少女セヴァン・スズキによる伝説のスピーチから始まった。

「＊争いをしない　＊話しあいで解決する　＊他人を尊重する　＊ほかの生き物をむやみに傷つけない　＊分かちあう　＊そして欲張らない」

　通称リオサミットとも呼ばれるこの国連会議には、史上空前の規模の約180ヵ国、1万人に及ぶ政府代表団、NGO（非政府組織）約2.4万人もの人々が参加した。ここで「リオ宣言」を採択し、加えて具体的な実効ルールとして、環境・資源保護を主軸に経済を持続可能なものとするべく、「気候変動枠組条約・生物多様性条約・森林原則声明・アジェンダ21」が採択された。1994年に「気候変動に関する国際連合枠組条約」を197の国・機関が締結し、その3年後の1997年には、日本で「地球温暖化防止京都会議、COP3」

が開かれ、温室効果ガス排出規制に関する国際的な合意を形成し、法的拘束力をもつ文書として京都議定書が採択された。そこでは、先進国の温室効果ガス削減目標（2008年〜2012年の5年間に1990年対比で、日本は−6％、米国は−7％、欧州連合（EU）は−8％）を規定するなど、数値目標の明確化を行った。

　2001年1月から、「ミレニアム開発目標Millennium Development Goals：MDGs」が実施に向けて動き出した。SDGsの前進となったMDGsは、2000年9月のミレニアム・サミットによる「国連ミレニアム宣言」のビジョンを具体化するかたちで、1つの共通の枠組みとして当時のコフィ・アナン事務総長の強い思いを背景に打ち出された。「極度の貧困と飢餓撲滅、初等教育達成、乳幼児死亡率削減、妊産婦健康状態改善、HIV／エイズ、マラリアなどの感染症防止、ジェンダー平等の推進と女性地位向上、環境の持続可能性確保、開発のためのグローバル・パートナーシップ構築」の8つの分野で、1990年を基準年とした具体的な数値目標を掲げ、2015年末に達成することを約束するものだった。

　MDGsの8目標には、21のターゲットと60の指標が設定された。改善が見られた目標もあったが、水準に及ばなかった「5歳未満児や妊産婦の死亡率削減やジェンダー平等」の分野もあった。MDGsの次の15年に向けての取り組みをさらに加速化させるとともに、解決すべき新たな目標と合わせて掲げたのがSDGsである。

　その後、2002年に南アフリカのヨハネスブルグ会議「持続可能な開発世界首脳会議」や、2012年のリオプラス20「国連持続可能な開発会議」が行われ、1990年以降、「環境・温暖化問題・持続可能性・開発」を地球社会全体の主題として取り上げ、行動を加速している。

　「パリ協定」が採択されたCOP21は2015年末に開催され、奇しくもMDGsの目標期限となる同年に先述の「国連持続可能な開発サミット」も開かれ、そこで提案された「我々の世界を変革する：持続可能な開発のための2030アジェンダ」が採択され、2016年に150ヵ国を超える国々により発効された。

　このアジェンダに「持続可能な開発目標Sustainable Development

SDGsに到る年表

年　代	内　　容
1945年～1970年	国際連合発足。第二次大戦を踏まえ国際平和と安全の維持、国際協力の達成のために設立され、ニューヨークに本部を置く国際機構。1970年頃までは「戦争・平和・経済・開発・人権」に関することが議題であった。
1970年	ローマクラブ発足。　1972年「成長の限界」出版
1972年	ストックホルムにおいて「国際連合人間環境会議」開催。「かけがえのない地球（ONLY ONE EARTH）」をテーマとし、環境問題を議論する初めての国際会議となった。
1970年代	上記に加え、環境課題が大きく浮上してきた。
1980年	1980年に国際自然保護連合（IUCN）、国連環境計画（UNEP）などがとりまとめた「世界保全戦略」に「持続可能な開発」の表現が初出。
1987年	ブルントラント委員会による「我ら共通の未来」公表。
1988年	気候変動に関する温室効果ガスの増加とそれによる影響が初めて議題となった。これに伴い、気候変動に関する政府間パネル（IPCC）設立。
1992年	ブラジル、リオ・デ・ジャネイロ「国連環境開発会議」開催。本文参照
1995年	第1回気候変動枠組条約締約国会議（COP1）
1997年	第3回気候変動枠組条約締約国会議（地球温暖化防止京都会議、COP3）
2001年	2000年にミレニアム・サミットが国連本部で開かれ、翌年ミレニアム開発目標が採択された。本文参照。
2002年	ヨハネスブルク「持続可能な開発世界首脳会議」
2012年	リオプラス20「国連持続可能な開発会議」
2015年	MDGs目標期限のこの年に「国連持続可能な開発サミット」が開催された。同時期に、パリ協定（COP21）」が開催。本文参照。
2016年	150を超える国により、2030アジェンダ発効。このアジェンダに「持続可能な開発目標（SDGs）」が含まれた。
2018年	ポーランドにてCOP24開催。パリ協定の本格運用に向け、実施指針を採択。

Goals：SDGs」が含まれ、MDGsの8目標を含むこれまでの系譜に加えて、世界の様々な市民団体や国々からの意見を併せ、統合的に作成されたものである。

具体的に SDGs とは何か

SDGsとは、世界の危機的状況にある「環境・社会・経済」という3側面から、包括的に課題を解決するための方策を示したものと言える。その具体的解決策として

① 「世界共通で、最優先で解決すべき課題」を抽出し
② 「望ましい将来像」を明示し、それに向けての
③ 「17のゴール（達成目標）、と目標を具体化する169のターゲット（下位目標）、さらに、進捗状況をモニタリングするための232のインジケーター（指標）」を設定し、
④ 「2030年を達成年度」と定めている。

この4点が、先述の「持続可能な開発のための2030アジェンダ」に明確に述べられている。
なお、公式なSDGsの翻訳は外務省、国連開発計画（UNDP）駐日代表事務所、国際連合広報センターより発表されており、本書最後に表として掲載した。目標の表現では、「地球環境保全」と「開発途上国における絶望的な貧困状態の改善」「持続可能な経済成長」に加え、これまでのアジェンダにない大きなポイントとなる「人間の平等と尊厳、教育、ジェンダーの平等、健康や社会的福祉、難民問題、失業、飢餓、働き甲斐」などと、人間そのものへ大きく光を当て、人に関連する目標項目は11項目にも及んでいる。
SDGsのコンセプトは「地球上の誰一人として取り残さない、または誰も置き去りにしてはならない（No one will be left behind）」とされ、これが大原則である。これは、アナン元国連事務総長が唱えた言葉である。
ここには、国や企業や産業や経済という言葉はなく、「誰一人という個人レベル」へ焦点を当てたボトムアップ的発想と考える。まず人という個が幸せ、生きがいを覚える社会こそが地域を、国を、世界を変える。結果、世界がこぞって強く望む「心の安心と社会の安全・安寧」な持続可能な社会へと連鎖してゆく。そのような社会を作り上げてゆくことが、持続可能な環境保

護、経済成長へと良好な循環を形成してゆくものと思う。それ故に、国連ではこれまで論じられることのなかった、先進国内での「格差」にも取り組むことを掲げられている。

　2015年の持続可能な開発サミットでは、幅広く大勢の市民、多くの企業を始めとしたあらゆるステークホルダーと国家間の交渉協力の上にSDGsを世に送り出した。国連総会で正式に採択された「2030アジェンダ」の発表を契機に、各国が行動を開始し、一挙に世界の潮流が変って来たと言える。

　このSDGsは、人類同士、国家間、各国内での不平等解消、そして将来世代がその望むところを損なうことなく、また現世代の欲求をも満たすような、あらゆる面での健全で持続可能な開発を目指すことを意味している。しかしながら、実際の現場では、その「持続可能な開発」とはどのようなものか、なぜ必要なのか、どのように行動し、達成に到るのかが大きな課題となっている。

　SDGsそのものが、行動を起こす際の人類と世界との「対話であり、社会的契約であり、行動指針、羅針盤」とも言え、また思想・哲学的なものである。それ故に先進国や途上国内、各国間においても、様々な障壁・差異があるなかで行動するための世界の共通言語とも称されるほど、世界中で等しく共通認識・概念として定着してきている。今では、SDGsは世界各国の政府、自治体、経済界のみならず、市民、教育関係でも語られ始めている。

　また、各国における取組目標設定では、17項目すべてを同時に取り上げるのは困難で、国情に合わせて重点項目を設定し優先順位を決め取り組んでいる。目標を達成するには国情、開発水準の差も大きく、それらへの配慮も必要となる。目標を掲げると、その達成度、遂行進捗状況、総合的評価が問われるのは当然である。しかし、年度を経てのその進捗状況、達成度評価は、各国レベルに合ったことしかできないことも事実なので、一律に比較をするには厳しいものがあり、今後の討議も必要とされている。

　そこで国連には、持続可能な開発に関するハイレベル政治フォーラム（High-level Political Forum：HLPF）という検討会があり、2018年は47ヵ国の政府関係、企業関係、市民社会などの多様なステークホルダーなど約千

人が参加し開催された。ここで、世界各地が課題解決、生活改善などを目指す「SDGs」の進捗状況・成果・問題点などを報告し合い、その状況の把握・議論・整理を行い、何がうまく行き、何がうまく行っていないのかの判断（レビュー・モニタリング）を行っている。なお、SDGs指標の232項目は、ティア1（Tier1）、ティア2、ティア3の3分野に分けている。ティア1は、概念が明確、かつ国際機関等の基準設定があり、定期的に発表しているもの、ティア2は、概念が明確、かつ国際機関等の基準設定があるが、定期的な発表に至っていないもの、ティア3は、基準設定もされていないもの、としている。これを指標として状況を把握、評価している。

　ちなみに、この国連の活動と連携してSDGs達成度評価ランキングなるものが、NGOの「持続可能な開発ソリューション・ネットワーク」（Sustainable Development Solutions Network（SDSN））とドイツの「ベルテルスマン財団」の2民間団体から共同で開発発表されている。

　2018年の日本は156ヵ国中、インデックススコア78.5の15位であり、先進国としてはかなり下位となっている。前年は11位だった。

　その理由は、目標5（ジェンダー）、目標12（責任ある生産と消費）、目標13（気候変動）、目標14（海の豊かさ）、目標17（パートナーシップ）の5つの目標が評価基準より低いためであり、達成度が高いのは目標4の教育のみである。その中で、昨年度より達成がさらに後退・減少しているとされたのが目標13（気候変動）と目標14（海の豊かさ）となっている。

　また、EUでは、SDGウオッチ・ヨーロッパ（SDG Watch Europe）という市民社会ネットワークが、「政策提言、実施についてのモニタリング・レビューの実施、市民組織や市民参加の促進、様々な改革・見直し」などの分野で活動している。

　このように、SDGsは、大変広い環境、社会、経済分野へ統合包摂的に考慮され、地球上のあらゆる人と生物の多様性を重んじ、先進国、途上国を問わず物事を普遍的に見ながら、具体的な行動を促し、法的拘束力はなく又はとても規範性を持っている。

日本におけるSDGs活動

　日本政府は、内閣に「持続可能な開発目標（SDGs）推進本部」を設置し、内閣総理大臣を本部長とし、オールジャパンで挑む『SDGsアクションプラン2018』が決定され、具体的には、以下の①②③を3本柱として掲げた。

①SDGsと連動した官民挙げての「生産性革命によるSociety 5.0」の推進
②SDGsを原動力とした地方創生
③SDGsの担い手である次世代・女性のエンパワーメント

　別途、政府側関係者及びNGO、NPO、有識者、民間セクター、国際機関、各種団体の関係者などのステークホルダー出席の下、SDGsの達成に向けた我が国の取り組みを幅広く関係者が協力して推進していくための意見交換を行う円卓会議も開催されている。
　政府は、優先課題と具体的な施策を策定し、以下の通り17項目のSDGsを複合的に8つにまとめている。

①あらゆる人々の活躍の推進：目標1、4、5
②健康・長寿の達成：目標3、6
③成長市場の創出、地域活性化、技術イノベーション：目標8、9、11
④持続可能で強靭な国土と質の高いインフラ整備：目標8、9、11
⑤省・再生可能エネルギー、気候変動対策、循環型社会：目標7、12、13
⑥生物多様性、森林、海岸等の環境保全：目標14、15
⑦平和と安全・安心社会の実現：目標16
⑧SDGs実施推進体制と手段：目標17

　さらに2018年12月に、「SDGsアクションプラン2019」が推進本部より出され、これにより政府動向を抑えることが出来る。

そのポイントは

① 「人間の安全保障」の理念に基づき、世界の「国づくり」と「人づくり」に貢献
② アクション2018に総力を挙げて取り組むため、具体化・拡大された政府取り組みをする
③ 2019年のG20サミット（大阪）、TICAD7（横浜）、SDGs首脳級会合（国連）と関連イベント

となっている。また、アクションプラン2019[1]は企業にとって、大いに参考となる。特に人の活躍推進、健康・長寿達成、市場創出、地域活性化、技術イノベーションなど26頁に渡り詳細な具体的取り組みが記載されている。

行動促進という意味合いでは、内閣府地方創生推進室の「SDGs未来都市」「自治体SDGsモデル都市事業」は、持続可能な都市・地域づくりを目指す自治体を選定し、支援している。特徴は、地域の取り組みを「経済」、「環境」、「社会」の観点から地域持続可能性を考えている。

また、政府は達成に大きく寄与、先進的な取り組みを実施している企業・団体などを表彰する「ジャパンSDGsアワード」を設置し、2017年に第1回表彰式が開催された。受賞すると総理大臣から表彰され、社会からも脚光を浴び、その企業は一層目標達成に加速が付き、大きな行動動機となっている。

一方、国内の状況ではSDG5とリンクする「ジェンダー・ギャップ指数」（世界経済フォーラム）というレポートでは世界114位という不名誉なランキングが出ており、さらにSDG1にあたる日本の相対貧困率に関しても先進国中ほとんど最下位という情けない状況が報道されている。

また、民間関係では、2017年末（一社）日本経済団体連合会の企業行動憲章の7年ぶりの改訂において、「Society 5.0」の実現を目指してSDGsが取り入れられた。特筆項目として「創造性とイノベーションの発揮」が盛り込まれている。この改訂版により企業のSDGsへの関心、取り組みが加速した

1　https://www.kantei.go.jp/jp/singi/sdgs/pdf/actionplan2019.pdf

と言える。また、市民活動として（一社）SDGs市民社会ネットワーク：略称SDGsジャパンが盛んに活動している[2]。ここでは、「SDGs達成のための政策提言・広報、普及啓発」、「市民社会と民間企業、政府、研究機関、国際機関などとの連携強化や問題解決策の提示」、「SDGs達成のための調査・研究」などが展開されている。

SDGsの世界的な2つの動向

　現在国連加盟の193ヵ国は、2030年までに掲げた17目標、169の達成規準に基づき行動計画を成し遂げる覚悟で歩み始めている。

　政治家、経済人、学者などで結成されている世界の二大グループでは、世界に先駆けてSDGsの啓発普及、調査、実施の促進などの具体的な行動を展開し、大きくSDGsに貢献している。

　1つは、1971年創立の世界を代表する企業経営者など3千人によるスイスの「世界経済フォーラム World Economic Forum：WEF」だ。保養地ダボスで毎年1月に開催される年次総会、通称「ダボス会議」の場で、各国のリーダーがSDGsを話題とし、これを契機にさらに世界経済や環境問題などの幅広いテーマとSDGsとを組み合わせて意見交換するきっかけとなっている。このことにより世界の優良企業、先進企業による取り組みは加速し、急速にSDGsが世界企業に浸透し始めた。2017年1月のダボス会議でのSDGsに関連する調査・データ発表があり、「飢餓に関する食料と農業、まちづくり、エネルギーと資源、健康と福祉」の4分野目標だけでも、2030年までに最低で12兆ドルの経済価値が生み出され（第2章参照）、最大では約4億人の雇用が創出される可能性があると発表し、大いに世界を刺激し、企業をSDGsへと駆り立てている。

　2つ目は、1992年にリオ・デ・ジャネイロで開催された地球サミットを契機に、経済人が集まり、「Eco-efficiency（環境効率）」という概念を提唱し、

2　https://www.sdgs-japan.net/

環境配慮による持続可能性の高い企業は、より競争力があると発表。それを始まりに、世界の約35ヵ国の著名参加企業の経済人が持続可能な開発を目指し、本部をスイス・ジュネーブにおく「持続可能な開発のための世界経済人会議 World Business Council for Sustainable Development：WBCSD」という連合体を結成し、持続可能な社会への移行に貢献するために活動している。

WBCSD参加企業は、政府やNGO、国際機関と協力し、持続可能な発展に関する課題への実践方策やその結果などを共有し、「グローバルもローカルにも配慮した経済成長」「生態系を考慮した環境保全」「社会の新機軸による開発」を中心に活動を続け、マルチステークホルダーとのパートナーシップ（目標17）により、SDGsを通じて国際平和（目標16）を実現するとしている。

SDGsとビジネス・企業

ビジネスの展開において、今が良ければ、自社が良ければ、利益があがれば良い、とするような短期的、刹那的な利益追求の時代はとうに終焉している。これまで環境、社会などを重視と言いつつも、経済成長、収益向上、効率重視などに拘泥しボランティア活動や企業の社会的活動は、利益のごく一部を還元することでお茶を濁し、業務とは少しは関連するが、主業務の周辺での補助的業務扱いや、ブランドイメージ向上のためにすることと思われていた。

「2030アジェンダ」の発表以降、世界的な企業は長期的に経済を見て、環境にも社会へも正面から取り組み、課題解決に向けた統合戦略的な事業展開を図らないと世界市場から脱落すると認識し、すべての関連取引企業を含めたサプライチェーンの再編成によるビジネス再構築が不可欠との行動を開始している。

金融にとり重要な投融資においても、生態系、自然環境保護や人権、情報開示などの非財務諸表項目面から企業活動を分析評価し、長期的投資判断が

行われ始めた。これをESG投資と称し、「環境・社会・統治：Environment・Social・Governance」の三方向からの投資判断基準とされ、SDGsと関係性は深いものと言える。

　ESG投資の世界全体の運用額は2,500兆円を超え、総投資の4分の1を占めるようになった。日本の年金を運用するGPIF（年金積立金管理運用独立行政法人）は、2015年国連が定めた「責任投資原則Principles for Responsible Investment：PRI」に署名したことを契機に運用方針の転換を図り、ESG投資を行い、その先の目標がSDGsであると位置づけている。法人の運用資産総額は約160兆円と世界トップクラスであり、今後のESG投資額を毎年数兆円規模とし、今後は財務諸表と非財務諸表を併せた視点から長期的投資運用を開始すると2017年に表明している。

　企業にとり、SDGsを達成すると何が良いのか？それは、以下のようなことになる。なお、32ページにある、SDGsに取り組む意義と併せてご覧頂きたい。

　SDGsの各目標は、どれをとっても企業に

① 「SDGsそのものが顧客・需要」であり
② 「ビジネスのチャンスとヒント」を提供し
③ 「事業戦略と遂行指針」となり
④ 「リスクチェック項目」

とも見なされている。

　SDGsは「攻め」と「守り」の持続可能な経営を行う「次世代ビジネススタンダード」と称されるようにもなった。これらを踏まえて、SDGs経営にいち早く取り組み、持続可能な永続的企業になることを目指すことが望まれる。

　「事業」に「SDGs」を重ね合わせることは、「事業ソリューションを見出す鍵」を「SDGsニーズ」へ差し込むことと言え、それが価値を創造する。それには、柔軟な発想力、創造・想像力が問われ、視点も人間そのものを起点とし、人がどんな気持ちを抱くか、世界の人々に共感や同感を得られるか

第1章　世界共通言語SDGsとは　31

などを考え、単純なモノづくりではなく、AI/IoTと併せたサービスやモノづくりとなろう。SDGsは新規事業展開への王道への入口であり、成長への力を与えるものである。

　例えば、アフリカにおける健康福祉を考えた時、住友化学、三井化学など数社のグループは、「機能性の蚊帳や室内散布虫よけスプレー」など、革新的なマラリア対策技術の開発をしてきた。それらの技術により、2000年以降のマラリア感染数は5分の1程度まで抑えられた。

　アフリカでは薪による炊事・暖房などの煙害により、2012年は年間430万人が生を終える（その6割が女性と女児）というIEA（国際エネルギー機関）レポート統計数字がある。このような燃焼効率も悪く室内を煙で充満させ、眼、肺などを悪くする薪かまどを減らすべく、世界銀行の支援もあり、小枝などをガス化してそのガスでの「高効率調理、LED点灯、携帯電話充電」などが行えるストーブがBioLite社から販売された。これは低所得消費者にも購買可能商品であり、これに関連するサービス、テクノロジー、流通チャネル整備、健康・福祉を改善することなどにより、社員、関連業者、およびサプライヤーの生産性までも改善された。

　この2つの例はSDGsの目標3、7、9とリンクして目標を達成させた好事例といえる。
　この様な事例から、企業のSDGsへ取り組む意義は、以下の通りである。

①まず、全世界で認知された共通課題が世界の大いなる需要と認識する
②そしてその需要を先取りして事業化する
③これを契機に企業の存在価値を一層上げる
④そのために、SDGsの行動目標と指針を、自社の事業と照らし合わせ、事業を新しい視点、新しい事業マインドから見直す
⑤また、世界市場へ進出、拠点形成のために、SDGsに違わぬ行動と地域の人的資源、あらゆる資源、エネルギーなどを共有確保することが、企業と現地の双方の経済活動への活性化に繋がる
⑥その際、併せてSDGs目標に沿うことが、当然ESG投資にも適い、サプ

ライチェーンと同時にバリューを向上強化する
⑦また、上記の行動が「グローバルで、風評についてのリスクマネージメントを行うこと（Global/Reputation Risk Management）」に繋がる
⑧国際連合で世界各国に合意されたSDGsの社会・環境配慮は「社会的規範：ソフトロウ Soft Law」となり、かつ良い意味での非関税障壁にもなる
⑨そして世界が必要とする健康と福祉（目標3）、平和と公平（目標16）を念頭に、事業の長期な安定性と成長（目標8）を図るものである
⑩最後に、企業がSDGsに則ることは、慈善事業や寄付行為（義務・費用＝コスト）などではなく、企業本来の本業での権利と正当な利益を挙げる投資として取り組むことにある。これで分かるように、SDGsを単なる自社事業のPR、紐づけ程度で終わらせることなく、もっと高度な広がりを含む視点で展開、イノベーションを行うことが望まれる。

ここで、SDGsを基軸に企業が、どの様な事業を行うにせよ、これだけの「社会構造の複雑多様化」、「人口の爆発的急増」「恐ろしいまでの猛スピードで高度化する情報化」という世界膨張と激変化のなかでビジネスを持続させるのは容易なことではない。

当然、企業間同士のパートナーシップ、顧客とのパートナーシップ、関連企業とのパートナーシップなどが重要であることは言うに及ばない。

SDGs達成のその先の世界をも考え、一企業内だけでのことではなく最適なパートナーと組み、事業枠組みを考え作り変える時代、アライアンス（同盟）の時代となった。

SDGsの目標17の「パートナーシップ」は、他の16目標すべてとリンクし、ビジネス面では特に強固に結びついていることを付け加えておく。

では、SDGs関連の市場規模はどのように見られているかの例を幾つか見てみる。統一基準のない数字だが、巨額であることは理解できる。

①デロイトトーマツコンサルティングによれば、「SDGs各項目における世界市場規模は70兆～800兆円」という膨大な数字とされ、その総累計

額は3500兆円以上としている。
② 国連環境計画（UNEP）は、エネルギーと関連する途上国での気候変動の影響を抑える適応ビジネスの市場規模だけでも、2015年から2030年に掛け14兆〜30兆円、2030年〜2050年には年間28兆〜50兆円と算出している。
③ 富士経済研究所によると、世界の新設風力発電市場規模は2030年度には約10兆円を見込んでいる。
④ 矢野経済研究所は2030年度の日本国内中小水力発電所の建設市場規模は年間20万kWの容量、2700億円と算出している。

地球規模で海外ビジネスを展開する方針であれば、まさにSDGsに関する事業市場はブルーオーシャンというのは言い過ぎであろうか。

企業において、「SDGsは良く分からない、難しい」から始まり、本業とSDGsを「結びつけるのが難しい」「達成できるかどうかがわからないものを何のために掲げるのか？」「どの部署で進めるべきか？」「経費が増えるばかりで利益に繋がるのか」など、理想と現実をどのように結びつけるか困惑しているケースも散見される。日本企業が世界の先頭に立ち、世界の産業地図をオセロゲームの如く塗り替える最大の機会である位の気概を持ち取り組む必要がある。

SDGsを経営に取り込むにあたり、従来と異なった思考方法が必要である

慶応大学大学院の白坂成功教授は、「近年のSystem of Systemsの出現により、単体のモノが価値を生み出す時代から、モノ同士やモノと人とのつながりが価値を生み出す時代に変わりつつある。今後は、製品やサービスの設計・運用は、コンポーネントベースからシステム全体で考えるシステム思考

へとシフトしていかなければならない」[3]と述べている。

　企業が、SDGsを事業の中に組み込み、新しい価値創造しようとする際には、System of Systems思考が重要で、まず選択した目標を白坂教授の言われる三つの軸（空間、時間軸、意味…目的志向性・手段）で俯瞰的に物事を見ることがゴールオリエンテッドとなる。

　1つの目標には、その目標を成し遂げるための相互に作用する多くのSub-Systemが必要であり、それをうまく組み合わせてゆくことで、Systemが形成される。これにはハードウェア、ソフトウエア、人、情報、技術、サービスなどが含まれる。

　企業は、目指す目標に向けて、持ちうる限りの上記のハードウェアからサービスまでを駆使し、事業を構築しなければならず、足りない部分はアライアンスを組むことも必要で、場合によりオープンイノベーションで成し遂げる。

　企業は、SDGsからヒントを得て事業を創出し、人類を含むあらゆる生命体に貢献し有意義で「消滅可能性を持続可能な発展」へと移行させ続ける作業そのものが事業となり、そこでまたSub-Systemが追加される。それらのことが、さらに正当な利潤を生む可能性を示唆している。この場合も部分最適ではなく、全体最適の視点、全体俯瞰が重要であることは申すまでもない。

　また、この複数のSub-SystemやSystemを組み合わせることでさらなる価値も創出されるだろう。もう一段ステップアップし、幾つかの目標を組み合わせることが出来るなら、一層繋がりと連携により大きな成果が見込まれる。

　SDGsは、人類史上初めてとも言える人類挙げての壮大な「System of Systems構築」を永遠に継続してゆく活動である。

　この章では、SDGsの全体概要とその取り巻く状況などを記述してきたが、次の第2章では、企業経営の実践の場に則し本来業務として取り組み活用する「経営ツールボックス（道具箱）」を詳細に説明するとともに、具体的なその使用法を述べる。

3　「IoT時代のシステム品質〜これからのシステムは品質確保がポイントとなる〜」慶應義塾大学大学院　システムデザイン・マネジメント研究科 教授　白坂成功

コラム

SDGsを取り巻く現状

　国際日本文化研究センター名誉教授、現静岡県補佐官兼ふじのくに地球環境史ミュージアム館長安田喜憲博士は、これまでの欧米の「肉食、物質エネルギー文明」は限界に達しつつあり、今は「欧米文明半分・日本文明半分の時代」[4]ではと疑問を投げられている。

　人類が知恵を持っていることが、技術を始め、政治、経済でも善にも悪にも転び、長い歴史の中で、愚行を繰り返し重ねてきた。SDGs17目標を、自分のそして企業の問題と認識し、目先の痛みやすぐ分かるリスクから転じ、先のリスクと大きなリスクに、もっと敏感となり対応行動を起こす時代だろう。この不安な時代にそろそろSDGsという力により新しい文明を構築し、後戻りの無い世界を創出するのが今ではないか。

　また、近年アダム・スミス研究が改めて注目を浴びている。田中正司著『アダム・スミスの倫理学』によれば「自然の原理に立脚した人間社会像と経済構造論を構築したスミス理論の奥の深さ、人間洞察の見事さが、現代の人々を引き付けている」[5]と述べている。それは、スミスの「富と徳」に書かれている福祉、消費者への目線や倫理観と諸国間対立・抗争に明け暮れ、私的利益追求に狂奔した260年前の欧州の社会状況と、経済・政治・倫理にわたる現代の人類の苦悩とが、重なる面が多いからとしている。アダム・スミスは単なる経済成長論者ではなく、人間の尊厳を基調にした商業文明を論じ、1759年の初版から第6版まで出版された『道徳感情論』とそれに基づく『国富論』を著した。そこには人の道徳心（共感・同感）の規範のもと、見えざる手（意図しない帰結）により経済が均衡し、得た利益で、国防、司法、公共投資への整備を行うことが重要と言っている。

　これらの状況と平仄を併せ、国が推進している「森、里、川、海」をつなぎ支えあう連関が形成する循環思想と安田博士の「稲作漁労文明」などが融

4　「文明の精神」安田喜憲　古今書院出版　2018年10月

5　「アダム・スミスの倫理学」増補改訂版　田中正司　　御茶ノ水書房

合一体化されつつある時代と感ずる。高度技術も新しい金融も重要ではあるが、自然と共にあり根源的な生命体を守るという共感・同感が大前提でSDGsは成立する。SDGsの2030年達成は、世界全員による新しい文明構築の一里塚を強く意識しているのではないかと考える。

　ここで、SDGsを取り巻く現状を見ておこう。

　人類は約1～3万年前の「狩猟採取社会」に始まり、続いて「農耕社会」の長い時代の後に「産業革命による工業社会」「20世紀後半のコンピューターを主としてきた情報社会」、そしてあっという間に現在は次世代通信規格5Gによる高速通信による「AI、IoT、ロボット、加え最新バイオテクノロジーとの融合」による「Society5.0」の時代と言われている。

　しかしながら、世界銀行によれば、世界の人口は2010年の70億人から2030年には85億人、2050年には98億人に増加する一方、先進国では高齢化が急速に進み、経済面では、世界の総投資に占める途上国の比率が2000年の5分の1から2030年にはその3倍の5分の3になると予測している。途上国の発展は、先進国同様の生活の向上と産業拡大を意味し、それは水や食料や鉱物資源やエネルギーの消費量の急拡大となることは明白、必至である。この状況下では、地球上の人間をはじめとしたすべての生命体を、持続的に維持し、人類の持続的発展を支えるには余りに無理がある。既に2017年の世界炭酸ガス排出量は増加に転じている。これが、地球温暖化の影響による異常・極端気象から気候崩壊と言われる事象へ、それがさらに大規模自然災害の引き金へと繋がってくる。

　それらのことから、あらゆる面で世界中が右往左往しているのが現状である。それ故、「人間同士や地域間での紛争と格差課題」、「世界人口の半分が一日2ドル以下で暮らし、さらにそのうちの12億人が1ドル未満で暮らす貧困状況」「開発途上国での資源採掘による環境破壊と子供の労働問題」、「炭酸ガス排出量の多い枯渇性座礁資産の石炭や原油から再生可能エネルギー（以下再エネと略称）への移行転換」「温暖化ガス削減から脱炭素社会への転換」など様々な報道とその解決・転換とが叫ばれてきた。

　このように「先進国と発展途上国間での経済を含めての摩擦とグローバル化による弊害」などがあり、世界は「複雑・非連続・急速な社会変化が錯綜

し膨れ上がった世界」となり、地球の破滅がイメージできそうな時代となってきた。ローマクラブ報告「成長の限界」どおり、人類が「安心、安全、豊か」に生存し続ける基盤のはずの地球は、エコロジカルフットプリントでは、地球が2.5個も必要となったと言われている。

　マクロ的な話から、焦点をぐっと絞ってみよう。

　そうすると、生態系のごく一部を見ても、アメリカなどからのミツバチの大量死亡増加報告、加え、気温上昇、気候変動によるドイツ、プエルトリコにおける「昆虫大量絶滅（造語はバグポカリプスBugpocalypse）」が起き、昆虫を餌とする蛙、トカゲ、鳥などの大幅な減少が報告されている。この連鎖を延長して考えると、人類生存危機に繋がる警告を発していると考えられる。

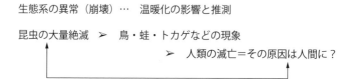

　地球温暖化は、地域により1.1℃から2.2℃の気温上昇をもたらし、赤道に7つもの列を成して同時発生した巨大台風が無防備な都市へ襲い掛かり、日本でもフィリピン、インドネシア、アメリカでも多くの死者と数兆円規模の被害をもたらし始めた。

　そして、今この瞬間にも社会変化と地球劣化が起き続けている。この状況は、瞬時にインターネットに乗り地球の隅々まで伝わり、情報の共有と同時に全地球的課題と認識され、その解決が全世界で望まれている。

　これまでの地球社会は、ありとあらゆる生態系の持続可能性を棄損させ、空気・水の浄化・食料・気候調整などの生態系からのサービスを人は受け取れなくなりつつある。この自然崩壊による生態系棄損は地球生命維持装置の衰退へと繋がり、それは人間を含めた地球上の全生命体の滅亡をも意味する。その元凶は生命体870万種のなかのたった一種の人間の生存と生産活動自身にある。つまり地球生命体の癌は、人間そのもので、明確に「地球には限界が来ている」のだと認識し、具体的に、「経済優先からの脱却、貧困・

文化・教育・健康・暮らし・安心と安全、そして生態系・気候変動・水・エネルギー・温暖化など」へと、幅広く包括的な目配りを必要とせざるを得ない事態に追い込まれた。

　もはや従来の社会構造の延長線上での経済活動の存続はあり得ない。外部経済の内部化、グローバル金融資本経済と自然資本経済への融合、地球上におけるすべての活動に関し長期的に持続可能な開発投資を志向する世界共通での新社会経済システムへの大転換点も始まった。

　繰り返すが、人間という種のみが爆発的に増え、至る所で矛盾だらけの格差が影響を及ぼし、かつ個人も企業も国も膨れ上がる欲望を抑えきれないことが様々な取り返しの付かないほころびに至っている。

　仮に多少の時間軸内で経済的成長が出来たとしても欲望が元となり一層の貧困、不衛生、飢餓、農林水産物の争奪、地域間紛争、自然破壊などを加速し、地球はますます大きく棄損し続け破滅への道を辿ることになるだろう。

　これらの全地球的課題の解決には、各国の政策、経済や新技術開発だけでは背負いきれない事態で、このままでは世界が消滅へとなる。

　そこで、社会、環境側面を含めた世界的な統合的解決策として国際連合による我々の世界を変革する「持続可能な開発目標17：SDGs17」が採択、実行へと世界が動きだしたのが現在である。

　よく言われることだが、「人間は見たいものしか見ない、見えない」または、不安なことは避けたいのが心情であるが、この瞬間にも、世界は有史以来最大の地球危機に瀕しており、しっかりと眼を開け、歯を食いしばり、「未来の子供たちへの責任、未来世代の権利を守る」気概が必要である。

　地球という船に乗っているのは、人間を含む生きとし生ける生命体である。

　生命体の中のたった一種にしか過ぎない人間が他の全生態系を棄損させることは、自分自身で船を難破させ、乗船全員を破滅へ導き巻き込むことを意味する。その人間同士の間でも、経済や社会側面における様々な不条理の下、紛争、差別、貧富、不公平、不公正、格差などが渦巻いており、その大きな渦の中へ引き込まれそうな地球船の操舵を人間が握っている。

　この辺りで道徳を無視し、生物界で唯我独尊を決め込んできた小賢しい我々は強欲で野蛮な行為を慎み、「持続可能な開発目標SDGs17」をしっか

り地球にコミットメントし、地球破壊とならぬよう、ノアの箱舟など不要な世界を構築し、人々に、「心の安心、社会の安定と安寧」を導き出し、すべての生き物へも大きな配慮で包み込むことが持続可能性にとり重要なことである。ここで世界の人々にはSDGsに加えて、仏教での「忘己利他」の精神を理解して頂きたいとも考える。

　SDGsの精神の根っこは「心の問題」であり、人間を見つめ直してすべての生態系を生かした世界再構築が「SDGs」であることを深く認識した上で、以降のビジネスへの展開に関する章をお読みいただきたい。

第2章

SDGs経営実践のための「ツール・ボックス」

ピーター D. ピーダーセン

共発展のキーワードは「トレード・オン」

「戦略」のそもそも論にまで手を伸ばすと、それだけで軽く一冊の本が埋まってしまう。ここでは、経営者および企業の実務者の観点からSDGsビジネス戦略の意味を考え、現場で活用できるいくつかの経営ツールを紹介する。そのような意味合いで、本章はSDGs経営の一種の道具箱＝ツール・ボックスとしてご活用いただけると幸いである。

なぜ、SDGs経営に戦略的に取り組む必要があるかといった、本質的な「WHY」については、序章でご確認いただきたい。本章では、「どのようにして、組織的に取り組み、価値の創出に結びつけるか」という、「HOW」の部分に重きを置いている。WHYに対する納得感と、HOWに対する理解を経て、最終的には自社として何をやるか、つまりSDGs経営の「WHAT」を決めることになろう[1]。

WHY、HOW、WHATのすべての前提として、個別の経営ツールを説明する前に、**図1**で示している「トレード・オン」の考え方を確認したい。序章でも少々触れたが、これからの企業経営において、自然環境や社会との「トレード・オフ」（二律背反）は、もはや許されるものではない。人類生存の観点からも、企業を取り巻くステークホルダーの要請からも、トレード・オフに甘んじることが「許されない」時代に入っている。

そこで、企業は大きな戦略的方向性として、反対の「トレード・オン」を志向することが必須となっている。「トレード・オン」は筆者の造語だが、簡単に言えばトレード・オフの反対を意味している。つまり、サステナビリティ経営やSDGs経営をきちんと行うことにより、社員の士気を向上させ、外部評価を高め、新たな事業機会を生み出す。その結果、企業価値も向上する。このように企業価値を高めた会社は、さらなる環境・社会イノベーションを推進し、課題解決に実質的に貢献する。トレード・オンとは、このよう

---

1 Why, How, What の順番で物事を進める効果については、サイモン・シネック氏提唱の「ゴールデン・サークル」参照。『WHY から始めよ！』、日本経済新聞社（2012）

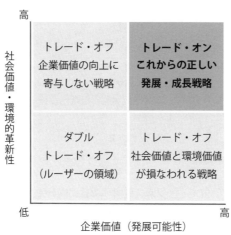

図1：トレード・オンの概念図

な「善の循環」や「ポジティブ・スパイラル」を意味する考えである。

単純なモデルのように思えるかもしれないが、その実現には確固たる意志と中長期的にもぶれない戦略的方向性の設定が欠かせない。その実践・実行のためのいくつかの処方箋を提示することが、本章の主な狙いである。

SDGs戦略の実践に向けての「基本姿勢」とは

SDGsビジネス戦略とは、SDGsなどといった社会の変革ドライバー（序章参照）を手あたり次第に扱うのではなく、はっきりした目的意識と選択眼に基づいて、「トレード・オン型」の取り組みを進めることを意味する。その取り組みを前に進めていくにあたって、図2のようなステップが含まれる。最終的に、これらのステップを経て、新たな、持続可能な企業価値の創出に結びつけることが求められる。ただし、「持続可能」と「持続的」がイコールでないことを、あえて強調しておきたい。持続的であっても、持続可能でない価値創出は、「トレード・オフ」の領域に該当する。「持続可能」と

「理解」
SDGsの深層理解、時代背景の理解、自社の立ち位置の理解

「行動」
一般的な行動ステップ、アイデア発掘、組織として一体的に動く手法

「表現」
情報開示を超える発信、ブランド表現の刷新、エンゲージメント

図2：SDGsビジネス戦略　実践に向けたステップ

「持続的」が同軸に乗って初めて、「トレード・オン」型企業への変容が可能になる。図2の3つのステップに沿って、戦略的に取り組むことが、その実現への着実な道になる。

しかし、言うはやすし、行うは難し。

コンセプトを掲げるのはさほど難しくないが、経営者としても、あるいは組織の実務責任者にとっても、社内の様々な優先順位にどのようにして折り合いをつけるかなど、頭の痛い課題が立ちはだかることは、事実である。そこでまず、SDGs経営に戦略的に取り組むための「3つの基本姿勢」を確認するところから始めることにしよう。これらの基本姿勢は、価値を生む正しいSDGsビジネス戦略の入口となる。

基本姿勢、その1：
CSR的とらえ方から脱却する

序章では、マインドセットやメンタルモデルのシフトを、「リフレーミング」という言葉で表現しているが、第一に、「CSR的発想からの脱却＝リフレーミング」が必要と言えるだろう。それは単なる精神論という意味ではなく、これからの企業経営の捉え方や組織体制そのものにも関わるテーマでもある。

企業が社会的責任（CSR）を果たすことは当然重要なことだが、保身、リスク管理、コンプライアンス偏重型では、戦略的なSDGs経営は実現しない。念のために確認しておきたいが、2017年以降の日本企業の（まさかの）不祥事の多発が物語るように、コンプライアンスの徹底と現場への落とし込みは、企業にとっての絶対的命題の1つである。しかし、それは、「SDGs経営」の土台や出発点でしかない。

　序章で紹介した1980年代以降の企業と社会の関係性の「3つのステージ」を縦に描くと、実は、これからの時代に求められるサステナビリティ経営の

課題解決型イノベーション 利害関係者との共創	ここでは、自社の強みを生かして、差別化につながる取り組みを実施、特に新しい価値創出が焦点となる ※戦略性の高い社会貢献は、このフィールドに入る
環境・社会課題の積極管理 情報開示・説明責任	ここでは、自社が直面する環境・社会課題を的確に捉え、最低でも社会の期待値に応える活動を実施する。期待値を超える活動を実施できれば、ステークホルダーのプラス評価につながる ※「当たり前」の社会貢献はこのフィールド
法順守・リスク管理 コンプライアンス	ここでは、粛々と、高いレベルの倫理観に基づき、経営の基礎を固める。漏れ・抜けが生じれば、ステークホルダーのマイナス評価や社会的な処罰を招く

戦略的な SDGs 経営は、特にこの 2 つの層における取り組みのことを指す

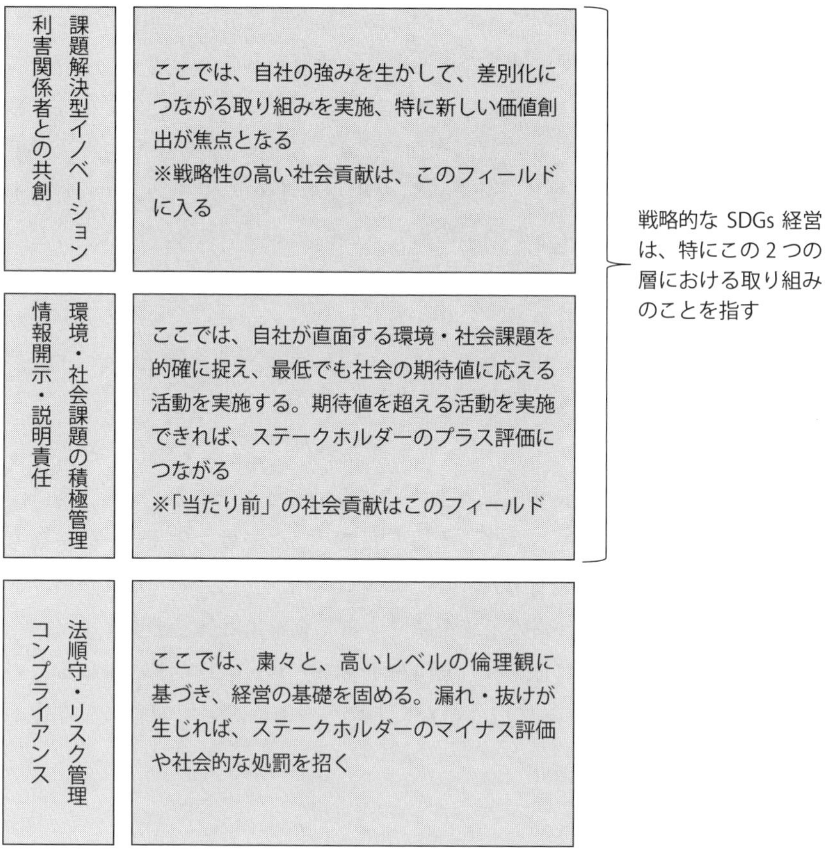

図3：サステナビリティ経営の階層

全体像が見えてくる。この理解を社内の重要なプレイヤーと共有することにより、ベクトル合わせがしやすくなるはずだ。

基本姿勢、その2：
SDGsを「イノベーション・ドライバー」として活用する

　SDGs、ESG投資、パリ協定、そして顧客の価値観の変化を、序章では「社会の変革ドライバー」とみてきた。企業に、社会課題解決に向けた更なるイノベーションと協働を促す外部の推進力という捉え方である。

　経営環境のこのようなメガトレンドには、どんなに大きな企業であっても抗うことはできない。むしろ社内においても、SDGs（など）を、自社の事業、製品、オペレーション、社会貢献の次なる「イノベーション・ドライバー」として活用する基本姿勢が極めて重要になる。つまり、社会からどのようなイノベーションが期待されているかを理解した上で、社内から新たな革新的取組を生み出す原動力になりうる。しかし、自ずとそうなるのではなく、主体的かつ全社的に取り組まないかぎり、おそらく中途半端で、「革新的」と言えない結果に終わってしまう。

　ここで、「イノベーション」と一言で言っても、どんな活動に、どこから着手すれば良いかは、具体的に浮かんでこないのかもしれない。SDGsに関わるアイデア発掘については後述するとして、ここでは、OECD（経済協力開発機構）が2005年に発行したイノベーション経営に関する「OSLOマニュアル」でのイノベーションの定義を紹介する。企業にとって必要なイノベーションは、製品や技術に限らず、**図4**の4つのフィールドで求められるという。SDGsイノベーションに取り組むにあたっても、大いに参考になる捉え方ではないだろうか。

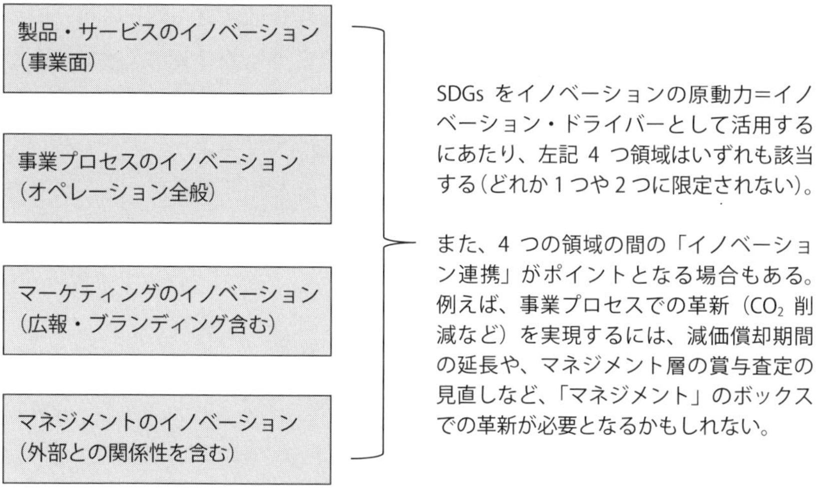

```
製品・サービスのイノベーション
（事業面）

事業プロセスのイノベーション
（オペレーション全般）

マーケティングのイノベーション
（広報・ブランディング含む）

マネジメントのイノベーション
（外部との関係性を含む）
```

SDGs をイノベーションの原動力＝イノベーション・ドライバーとして活用するにあたり、左記 4 つ領域はいずれも該当する（どれか 1 つや 2 つに限定されない）。

また、4 つの領域の間の「イノベーション連携」がポイントとなる場合もある。例えば、事業プロセスでの革新（CO_2 削減など）を実現するには、減価償却期間の延長や、マネジメント層の賞与査定の見直しなど、「マネジメント」のボックスでの革新が必要となるかもしれない。

図4：OECD　Oslo Manualにおける「イノベーションの4区分」

基本姿勢、その3：
パートナーシップと協働の重要性を認識する

　SDGsに戦略的に取り組む最後の基本姿勢として、目標17に盛り込まれている「パートナーシップ」や協働の重要性を指摘したい。当然、図4の4つのイノベーションのフィールドにおいて社内、あるいは自社グループだけで実現できることも多々ある（例えば、新しい製品を企画することや、ブランド・コンセプトを刷新することなど）。

　しかし、2030年を見据えた根本的な課題解決を成し遂げるには、必ずや業界、他社、行政、市民セクターなどとのパートナーシップがカギになる。自前主義だけで必要なスケール、規模、スピードでの社会変革を起こせないだけでなく、パートナーシップが下手な企業は、事業創出とブランド価値向上においても、機会損失に直面することになろう。

　日本企業にとって、グローバル社会における不慣れな相手との協働や共創は、決して得意技ではないような気がするが、SDGs経営の1つの発展的命題として、ぜひこれまで以上にトライすることをお勧めしたい。

3つの基本姿勢に対する社内の理解が薄弱な場合は、第一にそのベーシックなリテラシーの醸成に取り組む必要があろう。さもなければ、後に紹介するHOWやWHATの多くが実を結ばない可能性がある。

　次に、いよいよと実践へのステップに焦点を当ててみよう。大きく分け先述の「理解のフェーズ」、「行動のフェーズ」、そして「表現のフェーズ」を順に紹介する。

SDGs経営—理解のフェーズ

SDGsの深層理解	時代背景と将来社会のボトルネックの理解	自社の立ち位置の理解

SDGsの17目標の深層理解

　17のグローバルゴール（SDGs）のそれぞれの内容については、第1章、第3章を参照されたい。ここではその解釈や深層理解のために、重要なポイントを2、3点確認しておきたい。筆者の経験から言えば、SDGsの多くの目標が微妙に誤解される場合があり、その結果、社内での理解もややゆがんだ形で進んでしまう。さて、どのような注意点があるのか。

　まず、17目標の短い、キャッチーなタイトルでは、十分理解が得られないだけでなく、和訳が間違っているものも存在している。そのため、SDGsの真の理解を促すために、第一に目標の正式な説明文をきちんとみること、第二に目標の下にある「ターゲット」を深読みすることが必要になる。参考までに、3つの具体例を挙げてみよう。

例、その1—「目標のタイトルが内容を十分に語っていない」
目標2：飢餓をゼロに
　多くの企業は、「うちは飢餓と関係ない」と思われているかもしれない

し、実際、そのような声をよく耳にする。しかし、この目標の正式な内容は、次のようなものである。

「飢餓に終止符を打ち、食糧の安定確保と栄養状態の改善を達成するとともに、持続可能な農業を推進する」

食糧の安全保障、栄養状態の改善、そして持続可能な農業までもが含まれていることがわかる。狭義な意味での「飢餓の撲滅」ではなく、かなり多くの企業と関係があることがみえてくるはずだ。

例、その2－タイトルの和訳が間違っている
目標9：産業と技術革新の基盤をつくろう
　残念ながら重大な誤訳と言わざるを得ない。もともとの英語では、Industry、innovation, infrastructureとなっており、正式な説明文をみると次のように表現されている。

「レジリエントなインフラを整備し、包摂的で持続可能な産業化を推進するとともに、イノベーションの拡大を図る」

　目標のタイトルの日本語からは、到底その内容を正しく理解することができない。インフラ＝「技術革新の基盤」という狭い意味ではないし、イノベーションはそもそも技術革新と同義ではなく、より広い概念である。インフラというものも、「産業の基盤」ではなく、「社会・都市・暮らし全般の基盤」という、極めて広い概念である。

例、その3－ターゲットまで見ないと、中身がよくわからない
目標8：働きがいも経済成長も
　ほとんどの企業はおそらく「そうだ、当たり前だろう！うちも取り組んでいる目標だ」と考えがちだが、まず、その正式な内容をみてみることにしよう。

「すべての人々のための持続的、包摂的かつ持続可能な経済成長、生産的な完全雇用およびディーセント・ワークを推進する」

誰一人取り残さない「包摂的で完全な雇用」を目指すこと、そして、持続可能な経済成長を志向することが、ここでの重要なポイントになっている。しかし、それだけでも「どのようなイノベーションを起こし得るか」がよく見えてこない可能性がある。目標8のみならず、すべての目標について言えることだが、目標に紐づくターゲットをみると、より具体的なイメージが沸いてくる。目標8の場合は、計12のターゲットがあり、そのうち3つほどを参考として紹介する。

8.3 生産活動や適切な雇用創出、起業、創造性、およびイノベーションを支援する開発重視型の政策を促進するとともに、金融サービスへのアクセス改善などを通じて中小零細企業の設立や成長を奨励する。

8.4 2030年までに、世界の消費と生産における資源効率を漸進的に改善させ、先進国主導の下、持続可能な消費と生産に関する10カ年計画枠組みに従い、経済成長と環境悪化の分断を図る。

8.9 2030年までに、雇用創出、地元の文化・産品の販促につながる持続可能な観光業を促進するための政策を立案し実施する。

この中だけでも、途上国における起業・ベンチャー支援、金融へのアクセス改善の支援、持続可能な経済成長の一種の定義、現地の文化を尊重する持続可能な観光業の推進など、実に多種多様な要素が含まれている。

明らかに、一企業で解決できるようなターゲットばかりではない。だからこそ、ターゲットを深読みすることにより、外部とどのようなパートナーシップや協働ができるかも、比較的鮮明に浮かび上がってくると言える。自社取組の入口としてのみならず、パートナーシップ発掘の機会としても、SDGs個別目標の深層理解が意味をもつ。

筆者は、様々な日本企業と接してきた中で、SDGsの浅はかな理解が意思決定を下す経営層の間でも見られることに、一種の危機感を覚えている。例えば、目標8にある「持続可能な経済成長」や、目標9に含まれる「持続可能な産業化」は、その前置詞である「持続可能な」の理解なくして、ほぼ何ら意味を成さないのである。SDGsは、旧態依然の発展モデルとの一種の決別宣言でもあるということを理解する必要がある。正式な説明文や個別のターゲットをきちんと深読みすると、随所に「包摂的」と「持続可能な」が付されていることがわかる。そこからしか、「戦略的なSDGs経営」へのしかるべき道筋は、見えてこない。

外部環境の変化を理解する
―地球社会の「ファンダメンタルズ」と「ボトルネック」

　さて、仮に頭でSDGsの内容を理解したからといって、経営や事業に効果的に落とし込めるとは限らない。それは、ある意味無理もない話なのかもしれない。会社を動かすキープレイヤーは、日々こんな状況に直面しているのではないだろうか。

- 経営者は、多種多様な課題を同時に扱い、それぞれの深層理解に時間が足りない（SDGsは複雑で、総論賛成でも各論となると…）
- 事業部門の長は、厳しいKPI（必達目標）に直面し、目先の課題に忙殺されている
- 市場における競争は激しく、グローバル化と技術の加速度的な発達に追いつくのがやっとのことである

　下手をすると、会社の価値創出に一番近いプレイヤー（経営者、事業部門や研究開発の部隊）は、「また横文字3つで、何を言っているんだ！こっちは忙しいぞ」という思いに駆られてしまうのかもしれない。そこで重要になってくるのは、これからの地球社会の本当の「ファンダメンタルズ」（基礎的な要因）と、避けて通れない「ボトルネック」（制約）の構造的な理解である。

自社を取り巻く社会や経営環境の大きな潮流の変化を、多くの企業は比較的丁寧に分析している。しかし、時と場合によっては、「木を見て森を見ず」の状態に陥ってしまう。これからの地球社会や経済全体の根底にある「ファンダメンタルズ」、そして、2030年〜2050年を展望した時に必ずや直面する本質的な「ボトルネック」を押えていただくことが、「森の理解」として欠かせないと考える。実に簡単な方程式で、地球社会やグローバルな経済社会を今後動かしていく最も根本的な「ファンダメンタルズ」を描くことができる。

> 人口増加　×　豊かさへの欲求　＝　ボトルネック（制約条件）の厳格化
> ＋
> 地球社会における事業機会の拡大

　2030年〜2050年を見据えた時、この方程式は大きな力を発揮する。当然、日本のように人口減に直面している国も多く（20か国を超えている）、また、世界における豊かさの分配の不平等さも、どちらかと言えば増す傾向にある。それらは、SDGsからみて取り組むべき重要課題だし、日本企業にとっては、労働力の確保などといった難題も立ちはだかる。しかし、人類の生存そのものを危うくする抜本的な要因は、上の単純な方程式で十分に理解ができる。そして、仮に島国ニッポンであっても、その影響を免れることは不可能である。

　2000年〜2030年までの地球人口の純増は、序章でも触れたように毎日約

	2000	2030	% Change
世界人口	61.3億人	86億人	＋40%
途上・新興国人口	49.0億人	71億人	＋45%
都市人口	29.0億人	50億人	＋72%
中流階級	14.0億人	49億人	＋250%
世界GDP（2%＋/ry）	33兆米ドル	104兆米ドル	＋215%

図5：2000年〜2030年までの地球社会の「ファンダメンタルズ」の変化
出典：「レジリエント・カンパニー」東洋経済新報社（2015）を参考に数字の一部を改定、経済成長の予測値は非常に保守的で、おそらくこの値を上回ることになる

210,000人である。これは、「純増」の数字としてである。この増加の大部分は、これから物質的により豊かになろうとする新興国や発展途上国でみられる（**図5**参照）。

一例として、アフリカ西部の大国、ナイジェリアを考えてみよう。人口は、2019年現在の1.9億人超から、2050年には4.1億人超へと、倍増することが国連によって見込まれている。そして、新たに生まれるほとんどのナイジェリア人は、現在よりはるかに大きな資源・エネルギー消費を必要とするだけでなく、雇用の創出、インフラの整備、教育と医療の提供など、非常に大きな社会課題が山積する。反対に言えば、事業機会も極めて豊富にある。図5を俯瞰するだけで、現在の地球社会で進行中の「ファンダメンタルズ」を理解できるはずだ。

図5をみれば、どこで、どのような成長が見込まれるが一目瞭然だし、地球全体としてみると市場が先細りではないことも明らかである。米国のブルッキングス研究所の分析によると、最も急速に増えるのは、消費者入りをはたす新興国の「中流階級」であり、彼らは、経済成長を促し、企業にとっ

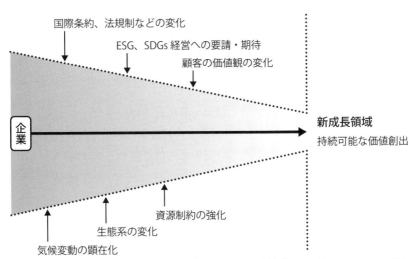

※このモデルは、ミラノ工科大学エツィオ・マンツィーニ氏の"Strategic Design"モデルを参照している

図6：企業を取り巻く「制約条件の進化」

第2章　SDGs経営実践のための「ツール・ボックス」　53

て莫大なビジネスチャンスをもたらす存在でもある。

　しかし、その経済成長の果実を享受するために、いくつものボトルネックを潜ることが必要になることも、同じ数字から読み取ることができる。企業を取り巻くこの経営環境全体の大きな変化を、友人の一人であり、ミラノ工科大学で長年教鞭を取っていたエツィオ・マンツィーニ教授は、図6のような漏斗の図で的確に表している。彼は、この図を「制約条件の進化」と名付けている。先細りの未来像でないことは、漏斗の右側に広がる世界から明らかだが、問われているのは「どの企業が、そこに到達するための狭いボトルネックを通り抜けるか」である。これから、経営手腕が問われるところである。

　簡単に、ここでのポイントを確認してみよう。ある意味単純明快な話だが、その構造的な理解を社内できちんと醸成できれば、SDGs経営を実際に進めるための腹落ち感も増してくるはずだ。タイムフレームを、まずSDGsと同じ「2030年」と想定する。

①企業は時間とともに右に移動するが、社会制約も、環境制約も厳しさを増す

　社会制約は、例えばESGを志向する投資家の要求や、国際社会が求めるSDGs実現への参画、NGOからの要請などである。環境制約は、例えば温暖化による災害の激化や、資源調達の困難さとコスト増などである。

　2030年を見据えた時、これらの社会・環境制約がいきなり「緩く」なることは、上述の「ファンダメンタルズ」から言えば、断じてあり得ない。いかなる技術革新を進めたとしても、制約条件はこのタイムフレームでみると、「厳しくなる」と考えるのが賢明である。

②人口増加×豊かさへの欲求は、実体経済の着実な成長をもたらす（漏斗の右側）

　実体経済（筆者は、生きるための「人間経済」とも呼ぶ）の成長は必ず続く。ビジネスチャンスは、グローバルで捉えると、大きく拡大する。それは、B2G、B2B、B2Cのいずれの領域においても同じである。

③したがって、**企業にとって重要になるのは、制約条件の機会転換である**
- 制約条件の変化を正しく察知するか、できれば先取りし、
- 自社ならではの中長期的ビジョンや未来社会の理解をふまえ、
- 壁にぶつかることなく、ボトルネックを抜け出すための航海スキル
を継続的に高めることになる

　一言で言えば、③は、サステナビリティ経営やSDGsビジネス戦略そのものだ。ここで、SDGsの台頭によって、一体何が変わったのだろうか。国際社会の総意として、国連や国際機関、国家、非営利団体、そして企業が手を携えて問題解決に挑むための共通言語と共通の枠組み、共有された具体的な将来目標ができたことに意義がある。「持続可能な経営・事業戦略」を打ち出すためのベクトル合わせやパートナーシップの締結は、以前より行いやすくなっている。ここに大きな希望があると同時に、これからの市場における勝者と敗者を分ける1つの境目にもなる。

　このあたりの基礎的な理解を押えたうえで、次に重要になってくるのは自社の現状や立ち位置を正しく知ることになる。その自社点検を次のテーマとして取り上げる。

🧰 ツールボックス

（ツールは、本章のワーク編で紹介する）
ツール1：自社独自の「制約条件マップ」

リソース：国連のSDGsウェブサイト（英語）：
　　　　https：//www.un.org/sustainabledevelopment

日本の「国連広報センター」のウェブサイトでも、日本語にてSDGsやその前進MDGs（ミレニアム開発目標）に関する詳細情報を掲載：
http://www.unic.or.jp/activities

自社の立ち位置を理解する

　自社のサステナビリティ経営全体の現状や他社との違いを把握するために、多くの大手企業は世界的な格付けやランキングを参考にし、その組み入れを目指してきた。1999年に運用が始まった世界で最も早い本格的なサステナビリティ株価指標の1つ、米国ダウジョーンズのDJSI（Dow Jones Sustainability Index）や、その2年後に始まった英国のFTSE4Good Indexは、その代表格と言っていいだろう。世界的なベンチマークとして、自社の総体的な強弱を把握し、取り組みの向上を促す非常に有効な情報源であり、また触媒とも言える。

　ただし、時と場合によっては、その組み入れや採用そのものが目的化してしまうケースも見受けられる。今後の投資資金へのアクセスという観点からは、特に大手企業にとってやむを得ないところもあるが、ここではもう少し深く、社会と自社の双方が利するトレード・オン型の価値創出に向けて、SDGsを意識した現状把握に焦点を当てたい。

　世界のリーディング・カンパニーや業界他社のビジョンと活動のベンチマークを行い、そこから自社の取り組みを検討して、決める。SDGsの台頭以前から、日本企業のサステナビリティ経営においては、このような方法論が多くみられた。しかし、その結果、例えばネスレが掲げてきたCSV経営（CSV＝共通価値の創造）をもじって、○○SVを掲げるケースがある他、世界で最も外部評価が高いユニリーバの価値創出モデルをほぼ真似るような取り組み方もみられる。他社の活動をベンチマークすることは、自社の立ち位置理解のための有効な手段だが、それを「二番煎じ的な活動」に結び付けることは、少なくとも筆者の考えでは過ちである。

　世界の先進企業の取り組みをみて、「うちは、ちょっとそこまではできないが、一歩ずつ取り組んでいく」というコメントを、日本で何度耳にしたことか。申し訳ない表現かもしれないが、未来を自らが切り開いていく主体性を感じない、よく言えば保身的、悪く言えば負け犬の発想である。ここに、2つの問題が見え隠れするような気がする。1つは、背景として日本の経営層や事業部門のトップなど会社の価値創出を担うプレイヤーの勉強不足があ

る。言い換えれば、未来社会の行方に関する見識が、これまで不足していたということになる。2つ目の問題は、他社の真似や二番煎じによって市場におけるリーダーシップを実現できず、競争優位性も確立できないことである。

　時代背景の深層理解を踏まえ、自社の適切な現状分析を行い、「課題の克服」と「可能性の開拓」の両面から真剣に取り組んではじめて、市場における差別化に寄与できるSDGs経営が実現する。世界で展開される未来シナリオの「フォロワー」になるのではなく、そのシナリオを自ら描く「シナリオ・ライター」に、より多くの日本企業にぜひ転じていただきたい。そのために、まず、SDGs経営に取り組む自社の実力測定と、活動を進めていく上での戦略的なマッピングが有効になるだろう。

SDGs経営の実力測定

　筆者はかねてから、企業の社会性を英語のアラインメント（alignment）という表現で捉えて来た。社会の潮流や大切なステークホルダーの期待値の変化に対して、戦略的なベクトル合わせができているかどうかを意味している。

　しかし、このように「アラインする＝ベクトルを合わせる」からといって、決して後追い、真似、二番煎じになる必要はない。むしろ、時代の行く先を的確に読み取り、早期に戦略的なベクトルを設定できる企業こそ、先手を打つことが可能になる。1つの分かりやすい例は、トヨタ自動車が1997年に発売したハイブリッド自動車、プリウスと言えるだろう。1997年は、気候変動に関する国連会議COP3が京都で開催され、世の中では全般的にCO_2や気候変動をめぐる世論が高まっていた。その中にあって、トヨタ自動車は将来的な動向の分析も行った上で、初代プリウスという世界に例がなかった「ハイブリッド自動車」を船出させた。

　同じようなことが、2000年代の電気自動車の世界でも起きている。日産自動車が将来的な気候変動の進展、世界における行政と市民の価値観の変化などの体系的な分析と、当時、社長だったカルロス・ゴーン氏の決断力を背景に、戦略車として電気自動車「リーフ」を世に送り出した。

いずれのケースも、時代の行方を読み、戦略的にベクトルを設定しているという意味で「アライン」しているが、後追いではない。時代を読んでいるからこそ先手を打っているのだ。当然、このような決定にはリスクも伴うが、かつて経営学の大家ピーター・ドラッカーが指摘したように、リスクのないビジネスは存在しない。重要なことは、リスクを取らないというのではなく、可能な限り「正しいリスク」を取ることだ。これは、SDGs経営においても言えることである。その正しいリスクを取るための、簡単な実力測定を6つの観点から行うことをお勧めしたい。

SDGs経営実力測定—6つの側面

①**根本的な理解・リテラシー　Basic Literacy**
　わが社は経営環境におけるSDGs関連のメガトレンド（潮流）を正しく捉え、時代を読む眼力と、社会的感度の向上をどこまで図れているか。

②**内部の推進力　Internal Drive**
　社内のキープレイヤーは、自らSDGs経営の重要性の理解をふまえ、推進役になっているか。部門間での創造的な連携により、SDGs関連のイノベーションを起こすための「内なるドライブ」がかかっているか。

③**実行能力・スキル開発　Implementation Capacity/Skill Development**
　社内にSDGsビジネス戦略を推進するための実行能力が充分あるか、または、その能力やスキルを向上させるための取り組み、トレーニングなどが行われているか。

④**戦略ベクトル（の整合性）　Strategy Alignment**
　自社の事業、オペレーション、マーケティング、組織運営（イノベーションの4区分）において、トレード・オンを志向したビジョンと戦略に基づき、体系的な取り組みを展開できているか。

⑤ブランド・アイデンティティへの落とし込み　Brand Alignment

自社の取り組みをインナーブランディングや、外部向けブランディングに深く組み込み、社会性を含んだブランド・アイデンティティの構築に取り組めているか。

⑥協働・共創能力　Partnership Readiness

外部ステークホルダーの意見に耳を傾け、そのインプットを活かし、さらに、コラボレーション推進のための共創的関係に向けた姿勢があり、スキルの向上ができているか。

実力測定のための採点やレーダーチャートの作成については、本章末のワーク編にゆだねるが、この体系的なスコアリングの他に、もう1つ明らかにしたい自社の現状がある。それは、ある意味組織的な「運動論」と関係するところである。社内の様々なプレイヤーのベクトル合わせや、コストの問題と理解不足などと言った現実的な悩みの種を乗りこえるにはどうしたらよいか。実際にコマを前に進めるために、SDGsに積極的に取り組むことによって社会に提供できる新たな価値や、自社として享受できる価値の明確化が必要となる場合がある。そこで、関係する社内の部署との調整や連係に活用できる「SDGs戦略マップ」という、簡単なツールもワーク編にて紹介する。

ツールボックス

ワーク編で紹介する
ツール2：SDGs経営実力測定（30問、レーダーチャート）
ツール3：SDGs戦略マップ

リソース：DJSI（Dow Jones Sustainability Index Series）：
　　　　　www.sustainability-indices.com

　　　　　FTSE4Good Index Series：
　　　　　www.ftse.com/products/indices/FTSE4Good

SDGs経営―行動のフェーズ

| 一般的な行動ステップ | 価値を生む行動の発掘・特定 | 一体的に行動をとるための手法 |

一般的な行動ステップでSDGs経営を前進させる

　企業は、行動を通じて価値を生む集団である。

　これまでみてきた「社内の理解醸成」そのものも、既に立派な企業行動と言えるが、最終的には「価値の創出、維持、向上」に貢献するアクションを見出し、正しいリスクを取りつつ、ビジネスのフィールドの中で実践することが求められる。最初に、一般的に提唱されているSDGs経営に向けた行動ステップを2つの観点から紹介する――SDGコンパスの5つのステップと、ビジネスと持続可能な開発委員会が提唱した6つの行動である。

　2015年末に、国連グローバル・コンパクト、企業のサステナビリティ報告のガイドラインを策定している非営利団体GRI、そしてスイスに本部を置くWBCSD（持続可能な開発に関する世界経済人会議）の協働により「SDGコンパス」が発行された。この「SDGコンパス」は、かなり早期に打ち出されたことも影響し、一般的な行動指針として世界で最も広く使われてきたツールの1つである。本書執筆時では既に、日本語を含む13か国語に翻訳されており、世界各地で参照されている。

　SDGコンパスは、SDGsを経営に統合するための5つのステップを提唱している。実は、その大目的の説明の中に、上でも触れている「アライン＝ベクトル合わせ」という英語が使われている――「SDGコンパスの目的は、企業が戦略のベクトル合わせ（アライン）を行い、SDGsへの自社貢献をどのように測定・管理すればよいかに関する指針を示すところにある」（筆者訳）。

SDGコンパス　5のステップ

ステップ1：SDGsを理解する

SDGsとは何かを紹介し、なぜSDGsに企業が取り組むべきかの責任や理論的根拠を紹介。

「理論的根拠」のポイント：
- 将来的なビジネスチャンスの見極め
- 企業のサステナビリティ経営の価値補強
- ステークホルダーとの関係強化、新たな政策展開との歩調合せ
- 社会と市場の安定化
- 共通言語と共通の目的としての活用

筆者コメント：「理解」とは、ただ単にSDGsの内容の把握ではなく、企業にとって何故取り組むことが重要であるかの理解を含む。

ステップ2：優先課題を設定する

バリューチェーンのマッピングをベースに正と負の影響を明らかにし、自社として優先的に取り組むべき領域（指標）を特定する。

筆者コメント：サプライチェーンでなく、価値が実際に生まれるビジネスの下流を含むバリューチェーン全体を俯瞰することが重要。

ステップ3：目標を設定する

ステップ2で特定した優先課題に対する具体的な達成目標（KPI）を設定する。

筆者コメント：目標設定においては、自社都合や自前主義によるインサイド・アウト・アプローチより、世界的・社会的ニーズから導き出せるアウトサイド・イン・アプローチがイノベーションを喚起すると主張。

> **ステップ4：経営へ統合する**
>
> CEOや幹部層のリーダーシップの下、SDGsを着実に企業活動に定着・統合させ、すべての部門に組み込むことが重要であると指摘。
>
> *筆者コメント：専門部署に留まっていては戦略的な行動を生み出せない。バリューチェーンにおける連携、自社業界のイニシアティブ、外部ステークホルダーとのパートナーシップも経営への統合の1つの手段として重要であるという。*

> **ステップ5：報告とコミュニケーションを行う**
>
> ステークホルダーのニーズを理解し、それらに適切に応えるために、サステナビリティ報告の一環としてSDGs取り組みの進捗についてコミュニケーションを図る。
>
> *筆者コメント：第一にコミュニケーションは双方向のものであるべきだと指摘していて、第二に信頼醸成、価値創出、そして社内の意思決定の促進のためにコミュニケーションが重要であるという。*
> *単純な「報告書発行」が目的ではないことに留意したい。*

SDGコンパスは、非常に使い勝手のよいフレームワークを提供してくれているが、正しく活用するためには、表面的にではなく、ぜひ深読みすることをお勧めしたい。単なる「宿題」としてSDGsに取り組むのではなく、「課題解決」と「価値創出」に寄与する活動につなげるために、ここが1つのポイントになる。

■ ビジネスと持続可能な開発委員会が提唱する「6つの行動」

ユニリーバなどのグローバル企業、国連、国際機関、グローバルな非営利団体などが2018年1月まで2年間のプロジェクトとして推進していた「ビジネスと持続可能な開発委員会」は、2017年1月に『より良きビジネス、より良き世界』（原題：Better Business, Better World）と題する報告書を発行

し、SDGsを追求するビジネス上のメリットを分析している。食と農業、都市、エネルギーと材料、健康とウェルビーイングの4分野における60の事業機会をマッピングし、2030年までに約12兆ドル（1300兆円超）の新たなビジネスチャンスが生まれると試算している。

　この機会マッピング自体も非常に有効なアプローチであり、個別企業で大いに取り入れるべきものだが、ここでは、その果実を企業が実際に享受するために必要だとしている「6つの行動」に着目したい。自社の全プレイヤーの志を鼓舞し、必要なコミットメントを引き出し、そして市場そのものを変容させるために、いずれも「トップからのリーダーシップ」が欠かせないと指摘している（下記は、筆者による要点の翻訳である）。

アクション1：「正しい成長戦略」としてのSDGs

自社内のグループや企業および産業界全体において、SDGsが「正しい成長戦略」として重要であるという理解・支持を醸成する。

アクション2：SDGsを企業の戦略に組み込む

SDGsの目標を、戦略のすべての側面に反映させる——担当役員の任命、戦略計画とイノベーションの舵を「持続可能なソリューション」に向けて切る、消費者が持続可能な選択をするための製品・サービスのマーケティング、そして社内のリーダーシップ育成、女性のエンパワーメントなどにおいて活用する。

アクション3：業界他社とともに、「持続可能な市場」への転換を前進させる

自社の業界全体や市場そのものをより持続可能な方向に向けて転換させることで、より大きなビジネスチャンスが生まれる。既定路線のビジネスでは、このような大きな市場の変革は実現できない。数社のパイオニア企業によるディスラプティブ・イノベーションだけでも不十分である。業界や産業界全体が連携して動くことが必要である。

> **アクション4：政策立案者との協働により、天然資源・人的資源の正しい
> コスト算出を可能にする**
>
> カーボンコスト、水のコストなど、これまで「外部不経済」とされてきた要因を正しく算定できるための共通的な枠組みが必要であり、これは産業界だけでも構築できず、市民社会や行政機関との連携が必要になる。正しいコスト設定は、正しい競争の土台としても欠かせない。

> **アクション5：金融システムがより長期投資志向になるための後押しをする**
>
> SDGsの目標を達成するための資金は世界に充分に存在しているが、不確実な市場において、多くの投資家は流動性の高い資金獲得や、短期利益に走る。企業からも、長期思考に根ざしたより持続可能な投資が行われるための働きかけや協働を行うことが求められる。

> **アクション6：「社会契約」の再構築**
>
> 企業と社会の関係性に関する相互理解を、ここではフランスの哲学者、ジャック・ルソーの言葉、「社会契約」で表現している。企業が社会との発展的な共存関係にあるためには、相互信頼が必要であり、企業としては、まず透明性をもって納税を行い、操業している国や地域に対して、建設的な貢献をすることが求められる。そして、SDGs全体を達成するためにも、政府、消費者、労働者、市民社会との開かれた協働が必要となる。

ハードルの高い6つのアクションに思われるかもしれないが、企業が主体的かつ自社の組織の境界線を越えた取り組みに大胆に挑戦しない限り、環境・社会的なトレンドはさらに悪化し、最終的には法規制による厳しい縛りに直面することになるとも指摘している。目標17の「パートナーシップ」がいかに重要であるかを、これら6つのアクションが如実に表している。リーダーシップを発揮する企業は、持続可能なビジネスが主流化するこれからの市場において、5～15年程度の先行者利益を享受することができ、事業上も有利になるとしている。

> **ツールボックス**
>
> リソース：SDGコンパス（和訳版あり）：
> https://sdgcompass.org
>
> ビジネスと持続可能開発委員会／
> 『より良きビジネス、より良き社会』
> http://businesscommission.org
> http://report.businesscommission.org/uploads/Japanese.pdf
> 他にも、関連する多数の報告書がある。
>
> 国連グローバル・コンパクト　企業のための説明・関連資料
> https://www.unglobalcompact.org/sdgs/about （英語）
> http://www.ungcjn.org/sdgs/index.html （日本語）

価値を生む企業行動の発掘・特定

　一般的な行動ステップから、今度は自社にとっての社会・市場における価値創出へのリンクを張ることが必要になる。多くの日本企業も既に始めているが、自社にとって関わりが深いと思われるSDGsに対して、2030年に向けたリスクと機会マッピングがその1つの手法になる。単に、関連するSDGs目標の紐づけではなく、実際に操業している国や市場のこれからの状況に鑑み、具体的にどのようなリスクや機会が想定できるかの本格的な検証が重要になる。

　一方で、ある日本のメーカーの担当者のように、「自社からみて関わりが薄いと思われるSDGs目標」においてこそ新規のポテンシャルがあるとみて、新鮮なアプローチでの機会マッピングに取り組んだというケースもある。一見逆説的のようにみえるが、このような発想から想定外のイノベーションが生まれる可能性も確かに否定できない。

　ここでは、社内の複数の部門のメンバーが協同的に取り組めるワーク

ショップのツールとして、SDGsトレード・オン・マッピングを紹介する。その名の通り、自社にとって「トレード・オン」を追求できる領域を体系的に検証するためのツールとなっている。実際のツールの説明は本章ワーク編に記載しているが、概要は次の通りである。

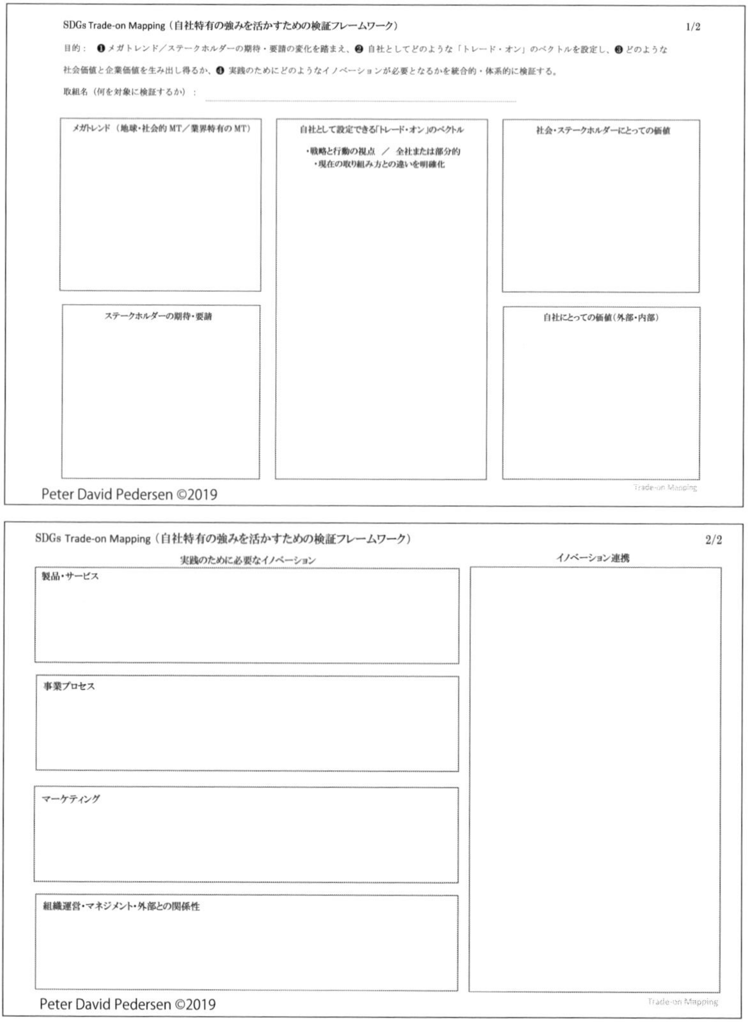

図7：SDGsトレード・オン・マッピング（2枚）

このフレームワークを活用するポイントは、次の5点になる。先述のとおり、ワークショップにて活用することが前提となっている。

1. 社内のアイデア発掘と主体的な参画意識醸成のために活用する
組織・機能横断的に取り組むこともできるし、ある事業部門の中で活用することも可能。様々な場面や組織で活用することにより、理解が深まり、より多くのアイデアが発掘される。

2. 取組名は、SDGsの目標を選定することもできるが、必ずしもそのような設定である必要がない。自社の将来的な事業領域における取組設定や、オペレーション系の取組設定も可能である。
例1：高齢化する日本における健康的な食の提供
　　　アジアにおける新エネルギー分野での事業発掘
例2：工場の脱炭素化に向けた革新的な取組
　　　社員食堂における資源循環・ロス撲滅

3. この取り組みに鑑みて、自社を取り巻く社会や業界の変化（メガトレンド）と、お客様、取引先、市民社会などから想定される（あるいは既に実現している）新しい要請を体系的に分析することが、「トレード・オン」に資する活動を発掘する入口となる。

4. 具体的に「トレード・オン」が実現できると思われる活動のアイデアを挙げたあとに、その妥当性を検証するために、あえて生み出し得る「社会やステークホルダーにとっての価値」と「自社にとっての価値」を明確に定義する。この両方が相乗効果を生んで初めて「トレード・オン」が実現する。

5. 図7の2枚目では、図4で紹介したOECDのイノベーション経営の4区分を活用し、実施に向けて、どのような新しいイノベーションが必要になるかを分析する。

その右側に、「イノベーション連携」とあるが、あるボックスの中での革新を実らせるためには、しばしば他のボックスでの取り組みがカギを握る。ここは結構重要なポイントなので、具体例を挙げてみよう。

乳製品やミネラルウオーターで世界最大手の一社、フランスのダノンは、2007年に、5年以内に自社のCO_2排出を30％削減する（原単位）という大胆な目標を掲げた。これを実現するためには、当然「事業プロセス」のボックスでのイノベーションが必要になる。しかし、その事業プロセスのイノベーションを前進させるために、ダノンは「組織運営・マネジメント」のボックスで、非常に革新的な取り組みを複数実施した。

- 世界全体で、ジェネラルマネージャー級約1500人の賞与査定において33％を二酸化炭素排出削減などサステナビリティ目標と連動させた。
- 二酸化炭素排出削減のための設備投資の償却期間を通常の7年から9年に延長した。このような取り組みは、Green Capex（グリーンな設備投資）と呼ばれる。
- 世界の主要なグループ企業（全部で当時140社）に「カーボン・マスター」という、脱炭素化の「チャンピオン」に該当する担当者を設置した。

これは一例に過ぎないが、実に多くの場合、「イノベーション連携」が結果を生み出すために必要となる。製品・サービスとマーケティングのイノベーション連携、製品・サービスの企画と外部との関係性のイノベーション連携など、さまざまなケースがありうる。「イン・ザ・ボックス」という、ある取り組みに関するアイデア出しを"ハコの中"に閉じ込めず、「アウト・オブ・ザ・ボックス」の発想を促すよい思考エクササイズでもある。

**ツールボックス**

ツール4：自社にとってのSDGsリスク＆機会マップ

これに関しては、さまざまなフォーマットが活用されているが、自社単体で実施するのか、バリューチェーンにまで広げて検証するかがポイントの1つとなろう。

自社と既に関わりの深いSDGs目標についてのみリスクと機会マッピングを行うか、それともあえて、新規の発想を促すためにも、関係性が薄いと思われるSDGs目標を対象するかも、一考の価値あり。

ツール5：SDGsトレード・オン・マッピング

あえて「マッピング」と名付けているのは、ワークショップなどを通じて、プロセスの中でしか価値を生まないフレームワークであることを強調するためである。

一体的に行動をとるための手法

SDGsのような新規で場合によっては壮大かつ中長期的な目標に組織的に取り組むには、未来計画への新しいアプローチが必要になるケースも少なくない。従来どおりの中期経営計画の手法で成功する場合が、むしろ少ないはずだ。現在の延長線上に未来があるのではなく、組織的なストレッチが必要になると同時に、社内の様々な部署やプレイヤーの一体的な行動とベクトル合わせが欠かせないものになる。

そこで、ぜひお勧めしたいのは、バックキャスティングやロードマッピングの活用である。SDGsのように新しく、挑戦的な目標の達成に向けた一体的な組織行動を促すための「バックキャスティング手法」の具体的な実施方法を紹介する。これは、もちろんSDGs経営においてのみならず、他にも中長期的な目標達成に向け、さまざまな社内外ステークホルダーを巻き込んで取り組む時に活用できる有効なツールだ。

■ バックキャスティングの実施方法

　バックキャスティングの基本は、現在から未来を考えるのではなく、未来のあるべき姿から発想し、現在へとつなぐことだ。将来的なビジョンや目標を掲げ、そこから「逆算して」現在を考えると言われることも少なくないが、これは必ずしも正しい説明ではない。なぜなら、「逆算」なんかできないからだ。バックキャスティングは、もっと現実的でいつでも活用できる新しい未来計画の手法の1つと捉え、さまざまな場面に取り入れられるものだ。図8に、実施しやすくかつ、発想の飛躍をもたらしうるシンプルなバックキャスティングの方法論を紹介する。

　その前に、どのような状況においてバックキャスティングが最も効果的であるかを確認しておきたい。バックキャスティングは、1970年代ごろから、米国のエネルギーの専門家で、友人の一人でもあるロッキーマウンテン研究所創立者、エモリー・ロビンスらによって考案され、その後、とりわけ環境・持続可能な発展の分野において世界で広く使われている。特に有効とされるのは、次のような場面である。

バックキャスティングが有効なシチュエーション		
長期的な計画を立てる時／不確実性が高い時	複数のステークホルダーが関わり、複雑なシステムである場合	現在の「ドミナント・トレンド」そのものが問題（クリアしたいハードル）の原因である場合

図8：バックキャスティングが有効な状況

　つまり、「3年計画」のような場合ではなく、SDGsが求めるような長い時間的視野の時に価値が出る手法だ。そして――ここが結構重要なポイントだが――社内外のいろいろな利害関係者が絡んでいて、複雑なシステムに関わる課題に取り組む場合に力を発揮する。中長期的な共通目標から発想することが、目先の利害関係を乗り越える最善のアプローチであると同時に、ともにワークを通じてその達成に向けた道筋を描くことで、連帯感や各々の主体性も生まれる。図8にある最後の「ドミナント・トレンド」とは、社内や社

会にある支配的な考え、慣習（社風）、社会動向そのものが問題となっていて、乗り越えるための糸口がみえてこない時のことを指す。

概論より実践——バックキャスティングを行う具体的な4つのステップを確認してみることにしよう。こちらも、上で紹介しているトレード・オン・マッピングと同様に、ワークショップ形式にて実施する（※ワーク編に手順の詳細説明あり）。

ステップ❶
目標年度と目標内容（望ましい未来像）の設定
目標、未来ビジョンとその目標年度は、幅広いチャートの一番右側に書き込む。
目標・ビジョンの発掘に、SDGsトレード・オン・マッピングが活用できる。

ステップ❷
その目標・未来像と照らし合わせて、「現在」にある自社の「課題・弱み」と「可能性・強み」の両方をできるだけ詳しく挙げる。
これらは、チャートの一番左に書き込む。

ステップ❸
時間軸を一切気にせず、また実現可能性も考慮せずに、自社の「課題」を乗り越え、「可能性」を活かしつつ、目標・ビジョンに向かうための具体的なアクション項目をポスト・イットなどを活用し、できるだけ多く挙げる。量が質に転換する場合があるため、テンポよく数多くのアクション・アイテムを挙げたい。

ステップ❹
最後に、アクション項目を、メンバー間で議論しながら時間軸に貼っていく。動かしたり、内容を足したり、アクション項目の間の線を引いたりするなど、ダイナミックに未来への道筋を描いていく。

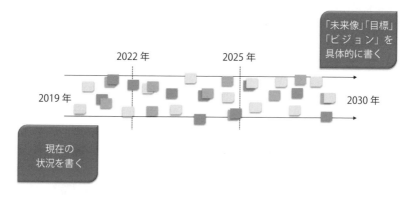

図9：バックキャスティングのイメージ図

　発想の飛躍をもたらすことは、しかし、そう簡単ではない。

　そのためにも、若手、外部の人、他部門など「異なった視点」をもったメンバーをワークショップに参加させることがカギとなる。筆者は、複数企業が共同で実施している例を多くみてきたが、自社のメンバーより他社から真新しい発想が生まれるケースが少なくない。もちろん、オフサイトで実施するなど、クリエイティブな場の設定も大きな効力をもつ。

　当然、このようなグループワークで作業が終了するわけでも、具体的な工程表（ロードマップ）が完成するわけでもない。新規の発想を生み出し、多種多様なプレイヤーを主体的にかかわらせることが、バックキャスティング手法の魅力の1つだ。

ツールボックス

ツール6：バックキャスティング手法

リソース：デザイン・ロードマップ（Design Roadmapping）
バックキャスティングをふまえ、多種多様なプレイヤーと共有できるDesign Roadmapの作成が、現在世界的に注目されている
推薦図書："Design Roadmapping", Lianne Simonse, 2018

SDGs経営—表現のフェーズ

情報開示を超える　　ブランド表現の刷新　　エンゲージメント

情報開示を超える

　SDGsの理解と行動を経て、次に重要になるのは社内外への発信と自社の広報・ブランディング活動である。これらを全部ひっくるめて「表現のフェーズ」と捉えているが、ここでも近年大きな変化が起きていることを認識する必要がある。

　SDGsの各目標に沿ってこれまでの取り組みを再整理し、CSR・サステナビリティ報告書で（SDGsのアイコンを付けて）発信することは、最初の一歩としてはよいだろう。しかし、「コミュニケーション＝情報開示」という時代は、既に幕を閉じている――戦略的にSDGs経営を行うにあたって、その認識が必要不可欠である。もはや、「報告書を作って、ほっと一息」する段階になく、「コミュニケーション」の進化を図るべき時に差し掛かっている。その進化においては、少なくとも3つのポイントがある。

❶データとストーリーを分けたコミュニケーションを行う
❷ブランド・アイデンティティを再構築する
❸双方向性コミュニケーション、エンゲージメント、パートナーシップを
　通じて協働能力を高める

　まず、「データ」と「ストーリー」を分けて伝えることについて。
　ESG投資（環境・社会・ガバナンスを基準とした銘柄選定）が世界の全運用資産の3割に達しようとしている中、投資家向けのより正確かつダイナミックな「情報開示」が重要であることは言うまでもない。特に、大手企業であれば、昨今「データブック」などを通じて、ESG関連の情報開示を強

化しているケースが増えてる。本来、ここでは大量に印刷をする必要はなく、オンラインで閲覧性が高い形での開示や、ダウンロードできる電子ブックなどといった形態で、十分に投資家やグローバルな非営利団体など「プロフェッショナル・ステークホルダー」の情報ニーズに応えることができる。SDGsの観点からも、紙での大量印刷を可能な限り削減すべき時代であると言える。

　一方の「ストーリー」とは、一体何を意味するのか。
　顧客（ターゲットとしたい未顧客含む）、従業員、学生など、狙いたいコミュニケーションの受け手を明確にしたうえで、自社がどのような理念を背景に、そして、SDGsやサステナビリティに対してどのようなコミットメントをもって取り組んでいるか。得意分野を通じて、どのような主体的な貢献を目指しているか。あるいは、自社特有の環境・社会課題に対して、どのような覚悟と革新性をもって取り組もうとしているかを、自社らしいストーリーとして伝えることが必要である。
　ここでは、大手企業でなくても、むしろ中堅や地域企業が巧みだったりする場合もある。例えば、横浜にある1881年創業の印刷会社、大川印刷。大きな会社ではないが、ストーリー性を重視した上手なコミュニケーションを図っている。ホームページにアクセスすると「The Social Printing Company」と銘打って、「環境印刷で刷ろうぜ！」などと明確に自社の主張を発信している。随所に、この会社の魂とも言える部分が感じられるストーリーの表現に成功している。
　現在の顧客や、これからターゲットとしたい未顧客にとってだけでなく、これから雇用が売り手市場になるなかでも、未来に向けたストーリーを描けない会社は、おそらく求人で苦労することになるのではないだろうか。
　重要な注意点として、「内容なきストーリーやコミュニケーションがステークホルダーの反発を買う」ことを忘れてはならない。自社のストーリーを、説得力をもって語るためには、活動内容の刷新・向上が欠かせない。さもなければ、環境配慮をしているかのように装い、うわべだけのコミュニケーションを図るという「グリーンウォッシュ」ならぬ、「SDGsウォッ

シュ」と批判されかねない。日本企業で(特に役員層が)、「うちはコミュニケーションが下手なんだよな――もっと上手にやっていることを伝えないと」と、実務担当者に注文を付けるシーンを度々目の当りにする。しかし、SDGsは「いかに上手に伝えるか」以前に、「イノベーションの起爆剤として活用し、課題解決能力を引き上げ」、そのうえで、データとストーリーを分けて、巧みに伝達・発信することが求められる。

ブランド表現の刷新

　もう1つ最近起きている「表現のフェーズ」での変化は、マーケティングやブランディング・コミュニケーションにおけるSDGsとサステナビリティの重要性と言える。これまで、CSR関連のコーポレート・コミュニケーションと、広報的なコミュニケーションは、多くの企業では驚くほど乖離していた。それぞれの部署の担当者もお互いを知らなかったし、広報担当部門においては、サステナビリティやCSRに対する理解が、正直、かなり低かったと言わざるを得ない。しかし、SDGsは、この状況を変えつつあることを見落としてはならないのではないだろうか。

　2030年に向け、SDGsが世界的に注目される中、企業はブランド表現やブランド・アイデンティティそのものを再考することが求められている。社会性を含んだ骨太なブランド表現ができない企業は、厚みと深みのある強い企業ブランドや製品ブランドを築くことができないと筆者は考えている。すぐに乗り換えられてしまう「薄っぺらいブランド」をつくるか、「厚みがあり、ステークホルダーと共鳴を生むレジリエントなブランド」を築くかが問われている。ブランド・アイデンティティに、従来型の性能的卓越に加え、自社の社会的卓越がどこにあるかも併せて組み込むことが必要となっている。簡単な図で表すことができる（**図10**参照）。

　ブランド・アイデンティティを再考し、場合によっては再構築するにあたって、「何を」、「どんなチャンネルや手法を使って」、「誰に伝えるか」を今一度検証する必要がある。小手先の作業ではなく、自社のDNAやアイデンティティまで掘り下げていくことが肝心である。この観点から、**図11**では簡単に、「これまで」と「これから」のブランディング活動の違いを描い

従来型のブランド表現

性能的卓越（performance excellence）：
自社の品質、製品・サービスの機能性、デザイン性など

SDGs の時代におけるブランド表現

性能的卓越（performance excellence）
自社の品質、製品・サービスの機能性
とデザイン性など

社会的卓越（social excellence）
社会・環境・SDGs への自社の姿勢
（ストーリー）と具体的な活動や、
製品・サービスを通じた課題解決
への貢献

「ダブル・エクセレンス」の表現と
それを可能にするブランド・アイデンティティの構築

図10：ダブル・エクセレンスに資するブランド表現

てみた。既に、積極的に新しいブランド・アイデンティティの構築に取り組んでいる企業にとっては、当たり前に思える内容かもしれないが、本腰を据えて、CSR・サステナビリティ専門部署と広報関連部署がきちんと連携を図っているケースは、少なくとも日本では稀である。

ピーター・ドラッカーはかつて、「企業の目的は顧客の創造である」という名言を発したが、当時は確かにそう言えたのかもしれない。しかし、これからの時代においては、少し書き換えた方がよいのかもしれない。

「企業の目的は、時代の課題に真摯に取り組んでいることを社会と顧客に伝え、その信頼を獲得し、顧客を創造することである」

これからの時代において、「企業価値」は顧客によって創出されるだけでなく、社会における自社の評判（レピュテーション）や様々な社会的な評価（格付け、ランキングなど）が回りまわって、最終的に自社に対する信頼と信用へとつながる。選択肢の多い時代において、この信頼と信用こそ「未顧客が顧客化する」が否かの非常に重要なファクターになってきている。

このような観点から、「メッセージ」を刷新するだけでは不十分であり、「チャンネル・手段」における双方向性と、「対象」の拡大も求められる。こ

	これまで	これから
メッセージ 「何を」 Message	主に「性能的卓越」を伝えてきた	「性能的卓越」＋「社会的卓越」の同時発信（ダブル・エクセレンス）
手段 「どのように」 Methodology	主にマス媒体やセレブを活用した一方通行型	従来の手法に加え、多種多様なチャンネルを通じた双方向性コミュニケーション、対話、協働、パートナーシップを通じて
対象 「誰に対して」 Target	顧客＋ターゲットとしたい未顧客が中心	顧客、未顧客に加え、「社会における広い層のステークホルダー」を含む

図11：ブランディングの変化—ダブル・エクセレンスへ

れを総合的に検証し、強化することが、「サステナブル・ブランディング」への第一歩となる。

　ワーク編には、これからのブランド・アイデンティティを検証するための簡単なワークシートを紹介する。ぜひ、SDGsを担当する専門部署と、広報活動を担当する部署の共同作業により、これからの骨太なブランドを作り上げていかれることをお勧めしたい。ブランド・レジリエンスを向上するためにも、急務の課題と言える。

エンゲージメント

　表現のフェーズの最後に、「エンゲージメント」という概念にどうしても触れる必要がある。エンゲージメントを正確に日本語に訳すと「関わり合う」という言葉になろう。ただ単に「関わる」のではなく、「関わり合う」ということがポイントであり、コミュニケーションを超えて、社員だろうが、外部ステークホルダーだろうが、双方向性のあるプロセスの中で、お互いを表現し、本当の意味での「共創＝co-creation」へと近づけることが求められている。

　実は、ブランディング活動においても、目指すべきところは、「ブランド・エンゲージメント」と言われている。単なる「コミュニケーション」を超え、インナーブランディングであるにせよ、顧客・社会向けのブランディングであるにせよ、目指すはより深い関わり合いの実現である。日本語で言

う「絆」をイメージするとわかりやすいのではないだろうか。相手に「何かをただ伝える」というのではなく、どのようにして長続きする「絆」を築けるがSDGsの時代における自社表現の要になる。

「エンゲージメント」のポイントは、参画と協働である。
　その結果として生まれるのが共創的なアウトプットや強固な絆といえる。具体的に言えば、例えば社員に対しては、自社のSDGsへの取り組みをレポートやeラーニング・研修などで「伝える」だけでなく、一社員あるいは一生活者として、自分の思いも込めて、主体的に参画できる仕掛けを用意するということだ。組織論とサステナビリティに長年取り組まれた米国のデイヴィッド・クーパーライダー氏は、社員に対するその絶大なる効果を次のように語っている（SDGsが打ち出された前の、彼の経験に基づく考察である）。

　「人類が直面している大きな挑戦に対して、組織を総動員して新しいイノベーションを設計（デザイン）することほど、スピーディーに、一貫して、力強く人々の良さやイニシアティブを引き出すものは存在しないのである」[2]

　社員のSDGsへの「エンゲージメント」は、「モチベーション」を生み出し、そのモチベーションこそ「イノベーション」の源泉となる。戦略的SDGs経営の最も摘み取りやすい果実は、社内のエンゲージメントによる自発的なイノベーション力の強化と言えるかもしれない。ここをぜひ、軽視しないでいただきたいものである。
　当然、顧客エンゲージメントやステークホルダー・エンゲージメントも、自社へのロイヤルティ、購買意欲、レピュテーション向上などをもたらしうる。投資家に対しても、ただ単に「ESGアンケート」が届くのを待って回

---

[2] "Flourishing Enterprise – The New Spirit of Business", Stanford University Press（2014）より引用

答するのでは、高い評価が獲得できない。投資家にも積極的に働きかけ、彼らの要望も聞いてエンゲージするところから、自社理解が深まり、評価も高まるのだ。

　ましてや、市民社会を代弁するNPO・NGOになると、積極的に関わり合うことは、早期のリスク発見や新たな機会特定にすらつながる。筆者は、かねてから「最善のリスクマネジメントは関わり合いである！」と考えてきた。グローバルかつ複雑化する事業環境におけるすべてのリスクを完全につぶすことができないため、さまざまなアンテナを張るNPO・NGOとの共創的関係を築くことで、彼らは「リスク発見機関」としての機能も果たしてくれることがある。

　内部エンゲージメント（社員、取引先など）と外部エンゲージメント（顧客、投資家、市民社会など）はいずれも長期にわたる価値創出の大切な下支えになるものだ。ぜひ果敢に挑戦していただきたい領域である――パートナーシップに長けた企業になることをSDGsへの取り組みの1つの目標に据えてみることをお勧めしたい。

> **ツールボックス**
>
> **ツール7：ブランド検証ワークシート（ダブル・エクセレンス）**
> これからのブランディングにおける新しい「メッセージ」、「チャンネル・手段」、「対象」を体系的に検証するためのワークショップ・ツール。想定される使用者は、経営企画、SDGsを管轄する専門部署、広報関連部署の合同チーム。
>
> リソース：国連の目標17「パートナーシップ」の情報プラットフォーム
> https://sustainabledevelopment.un.org/partnerships
> SDGsに関するマルチステークホルダー・パートナーシップおよびボランタリー・コミットメントを目標ごとに登録できるプラットフォーム。自社にとって最適のパートナーシップを「探求」する第一歩として活用できる。

SDGs経営実践のための「ツール・ボックス」ワーク編

　ここでは、第2章の本文で紹介している7つのツールをより詳しく説明し、その活用方法について取り上げる。ワーク編の紙面からそのままツールをご活用いただくことも可能だが、ツールのテンプレートはすべて下記URLから、無料にてダウンロードすることができる。

ワーク編で紹介している7つのツール

　　ツール❶　自社独自の制約条件マップ
　　ツール❷　SDGs実力測定
　　ツール❸　SDGs戦略マップ
　　ツール❹　SDGs機会＆リスクマップ
　　ツール❺　トレード・オン・マッピング
　　ツール❻　バックキャスティング手法
　　ツール❼　ブランド検証ワークシート（ダブル・エクセレンス）

経営ツールのテンプレート　ダウンロード先：

 https://sdgs-strategy.jp/toolbox-templates/

ダウンロード用パスワード：sdgs1719sheet

（アミタホールディングス主宰「SDGs戦略研究会ページ内」）

　これらのテンプレートをご自由に加工し、社内外でご活用ください。
（出典元を明記してください）

ツール1：自社独自の「制約条件マップ」

> **ツールの概要**
> 自社を取り巻く重要な社会・環境制約の具体的な描写をふまえ、自社市場の将来展望・自社として持つべき長期ビジョンの要素を検討し、必要な取り組みの強化に繋げる

> **活用方法**
> 1：担当部署にて分析・記入の上、経営・幹部層および関係部署と共有する
> 2：社内研修の1つの具体的な学習材料として活用する
> 3：ワークショップにて、制約条件の議論をふまえ、将来ビジョン、今後の活動内容検討に活かす

制約条件マップ

社会制約（一般的な例）：国際条約、法規制、市民社会の要求、投資家の要請など

環境制約（一般的な例）：自然災害の頻発、資源調達難、資源調達コスト増、汚染リスクなど

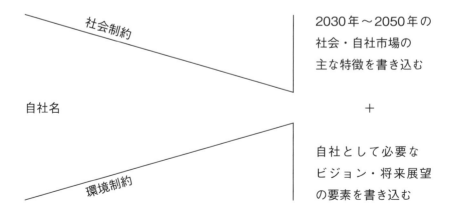

第2章　SDGs経営実践のための「ツール・ボックス」

実施のステップ

前ページの制約条件マップおよび下記のワークシートを使用する。

❶自社特有の、具体的な制約条件をマップに記入する。

❷2030年以降を見据えて、社会・自社市場の主な特徴を整理し、記入する。

❸制約に縛られることなく、もしくは制約を機会に転換するために、今後自社に最も必要と思われる取り組みを記入する。

課題1：自社が特に注視すべきSDGs関連の社会・環境課題とその将来的な影響について書いて下さい。

課題2：2030年〜2050年の社会像・自社市場の将来像を具体的に描いて下さい。

課題3：制約条件を機会に転換し、ボトルネックを潜り抜けるために最も必要と思われる自社の取り組みを3つ挙げて下さい。

ツール２：SDGs 実力測定

> **ツールの概要**
> ６つの側面から、自社のSDGsへの対応能力の現状を測定する
> 所要時間：約60～90分（アセスメント回答、レーダーチャート記入、行動案記入）

> **活用方法**
> １：担当部署が実力測定を行い、結果を経営層への助言や組織強化・活動内容の強化に活かす
> ２：ワークショップにて、複数グループで実力測定を行い、結果について議論する

実力測定の６側面

1：基礎的理解・リテラシー
　　Basic Understanding/Literacy
2：内部での推進力
　　Internal Drive
3：実行能力・スキル開発
　　Implementation Capability/Skill Development
4：戦略ベクトル（戦略への統合）
　　Strategy Alignment
5：ブランド・アイデンティティへの落とし込み
　　Brand Alignment
6：協働・共創能力
　　Partnership Readiness

採点方法

ステップ❶

それぞれの設問（計30問）に対して、自社の現状を4点（最高）〜0点（最低）で採点する。「希望的観測」ではなく、「現在の状況」を可能な限り客観的に評価する。

 4：非常に高いレベルにある／素晴らしく機能している
 3：高いレベルにある／よく機能している
 2：どちらともいえない／平均的
 1：低いレベルにある／あまり機能していない
 0：存在しない／全く機能していない
 該当しない　＝　NA

ステップ❷

それぞれの側面（計6）の合計点と、平均点を割り出す。
例：合計点13点÷5問＝平均2.6点
※「該当しない」項目がある場合、その設問を除いた平均値をとる。

平均点×25で、100点満点でのスコアを計算する。
例：2.6×25＝65点

ステップ❸

そのスコアに従い、レーダーチャートに結果を記入する。

ステップ❹

「強み」のさらなる強化と、「課題」の克服に関する行動案をワークシートに書き込む。

SDGs実力測定（6側面／30問）

1：基礎的理解・リテラシー
Basic Understanding/Literacy

スコア

問1　中長期的な社会・環境関連のメガトレンド（潮流）は、積極的に分析され、社内の議論に活用されている　☐

問2　自社業界特有の社会・環境関連のメガトレンドは、経営の重要な判断材料として活用されている　☐

問3　経営・幹部層はSDGsの概要を理解している
（ある程度自分の言葉で語れる）　☐

問4　事業部門など、価値創造に関わる社内プレイヤーはSDGsの概要を理解している（事業との関連性をある程度把握している）　☐

問5　社内には、広く環境・社会課題に関する基礎的な知識・理解が醸成されている　☐

　　側面1　合計点：　　　　　　平均点：　　×25　＝＿＿＿

2：内部での推進力
Internal Drive

問6　経営・幹部層は自ら、SDGsなど環境・社会関連の取り組みの牽引役になっている　☐

問7　部長層以上は、「トレード・オン」（社会・自然環境と自社事業の好循環）の重要性を認識し、自ら新しい取り組みの推進

役になっている

問8 事業部門、研究開発部門、広報部門などは、SDGsがこれからの重要テーマであると理解し、革新的な取り組みを推進しようとしている ☐

問9 「環境対策＝コスト」、「社会への取り組み＝社会貢献」を超えた発想、つまり「トレード・オンを目指すことが企業価値の向上につながる」という認識が社内に広く浸透し、行動ともリンクしている ☐

問10 SDGsを担当する部署（もしくは役員）があり、全社に対して効果的に働きかけている（推進役となっている） ☐

側面2　合計点：＿＿＿＿　　平均点：＿＿＿＿　×25　＝＿＿＿＿

3：実行能力・スキル開発
Implementation Capacity/Skill Development

問11 学習・研修などにおいて、SDGsは重要テーマとして取り上げられている ☐

問12 SDGsや社会・環境関連がこれからの重要な「イノベーション・ドライバー」（推進要因）であるという認識が広くみられる ☐

問13 学習・研修を超えた、SDGs（環境・社会全般でも構わない）関連のイノベーション力強化に向けた施策が打ち出されている ☐

問14 社内や自社グループ内で、組織横断的な取り組みとして、SDGs（環境・社会全般でも構わない）に関するイノベーションが推進されている（組織の垣根を超えたイノベーション連携） ☐

問15 若手、女性の意見など、これまでと異なった視点がSDGs等への企画・活動において積極的に活用されている ☐

　　　側面3　合計点：＿＿＿＿　　　平均点：＿＿＿　×25　＝＿＿＿＿

4：戦略ベクトル（戦略への統合）
Strategy Alignment

問16 自社の中期的な経営計画（3〜5年未満）に、社会的要素・環境的要素が含まれている ☐

問17 自社には、中期経営計画を超えた長期展望（5年以上）があり、その中に社会的要素・環境的要素が含まれている ☐

問18 メガトレンド（潮流）の変化や自社のステークホルダー（利害関係者）の新しい要請は、実際に自社の戦略議論に活用されている（重要な参考情報として参照される） ☐

問19 SDGsなど社会・環境関連課題に関する骨太（本気）の戦略が立案され、行動計画に落とし込まれている ☐

問20 SDGsなど社会・環境課題（国内外を問わず）を、自社の価値創出や事業価値向上につなげるための取り組みが継続的に行われている（現場においても） ☐

側面4　合計点：　　　　　　平均点：　　　×25　＝＿＿＿＿

5：ブランド・アイデンティティへの落とし込み
Brand Alignment

問21　従来型の「性能的卓越」（主に、品質・機能性・デザイン）に加え、「社会的卓越」（ソーシャル・エクセレンス）も重要であるという認識は経営・幹部層の間で広くみられる（部長職以上）　☐

問22　外部コミュニケーション、広報、ブランディングを担当する部署（もしくは役員）は、同じくその重要性の認識の下、積極的な取り組みを前進させている　☐

問23　社員に対する「インナー・ブランディング」においても、自社がSDGsなど（社会・環境課題全般でもよい）に取り組む意義や、自社らしいストーリーが発信されている　☐

問24　外部向けコミュニケーションにおいて、SDGsなど自社の社会・環境課題解決への取り組みは、安易な広告宣伝を超え、新しいブランド・メッセージの1つとして発信されている　☐

問25　外部に向けて発信しているSDGsなど社会・環境関連のメッセージと、自社の研究開発や事業開拓は連動している（発信していることと、自社の現場での取り組みの間に整合性がある）　☐

側面5　合計点：　　　　　　平均点：　　　×25　＝＿＿＿＿

6：協働・共創能力
Partnership Readiness

問26　社員が社外で学び、SDGsをはじめとした社会・環境関連の課題についての新規の知識・知見を獲得することは、奨励されている　☐

問27　経営・幹部層は、外部や社会とのパートナーシップがSDGs関連（社会・環境関連全般でもよい）のイノベーションを実現するために重要であると認識している　☐

問28　自社を取り巻く実質的な利害関係者（取引先、金融機関・投資家、工場・営業所が置かれている地域社会など）と、社会・環境関連の対話や情報のやり取りが積極的に行われている　☐

問29　NGOやNPO（市民団体）などとの継続的な交流があり、良好な関係を築く取り組みが推進されている　☐

問30　外部ステークホルダー（実質の利害関係者＋市民社会など）との協同的取組や共創（co-creation）の試みが積極的に行われている　☐

側面6　合計点：＿＿＿　　平均点：＿＿＿　×25　＝＿＿＿

SDGs実力測定　レーダーチャート

合計スコア（100点満点）

1：基礎的理解・リテラシー　　　　_____
2：内部での推進力　　　　　　　　_____
3：実行能力・スキル開発　　　　　_____
4：戦略ベクトル（戦略への統合）　_____
5：ブランド・アイデンティティへ落とし込み　_____
6：協働・共創能力　　　　　　　　_____

全体平均スコア：　　　　　　　　_____

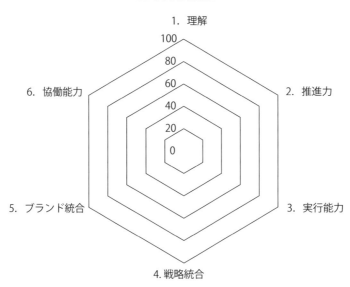

課題1：自社の強みを維持・強化するための具体的なアクションを書いて下さい。

課題2：自社の課題を克服し、より戦略的な SDGs 経営に必要なアクションを書いて下さい。

ツール3：SDGs戦略マップ

> **ツールの概要**
> 自社としてSDGsに戦略的に取り組む活動の検討、それによって実現できる価値の定義、さらに、取り組むにあたっての主な課題とその対策を検証するためのワークシート

> **活用方法**
> 1：担当部署が分析を行い、結果を経営・幹部層への助言や組織・活動内容の強化に活かす
> 2：ワークショップにて、複数グループで検証を行い、アイデア発掘と社内対策強化に活かす

実施のステップ

SDGsに関する一定の学習・検討が既に行われていることが前提となる。

❶自社にとって取り組める／取り組みたいSDGsの具体的な行動案を戦略マップ右上のフィールドに書き込む（特定には、ツール4 機会＆リスクマップ、ツール5 トレード・オン・マッピングが活用できる）。事業面、オペレーション、社会貢献のいずれでも良い。

❷左側に、新たな取り組みによって得られる自社の価値と、社会・ステークホルダーに提供できる価値を書く（必ず新規の価値の視点を盛り込むこと）。

❸実践・推進するにあたって、想定される社内の主な課題を挙げる（具体的に）。
　例：人材がいない／理解不足／資金調達が必要／未踏の領域であるなど

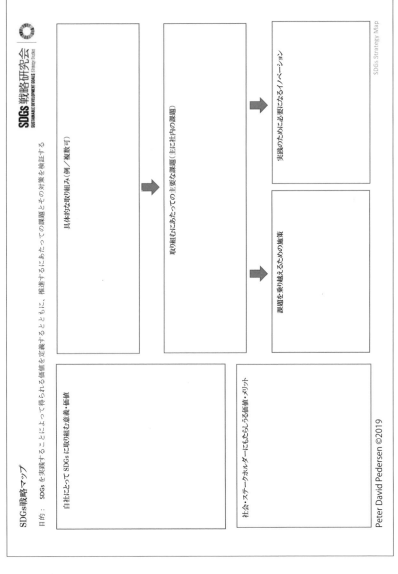

❹課題を克服するために必要と思われる行動を右下のフィールドに書く。さらに、実践のために必要なイノベーションを挙げる（本ワークシートだけで書き切れない可能性がある）。ここでは、本章の本文で紹介している「イノベーションの4区分」を念頭に入れて、検討する。

イノベーションの4区分（OECDオスロ・マニュアル）

製品・サービスのイノベーション （事業面）	事業プロセスのイノベーション （オペレーション全般）
マーケティングのイノベーション （広報・ブランディング）	マネジメントのイノベーション （外部との関係性を含む）

ツール４：SDGs 機会&リスクマップ

> **ツールの概要**
> 自社にとってのSDGs関連の機会とリスクを俯瞰するためのマップ。制約の機会転換（ツール１参照、ツール３参照）のアイデア発掘にも活用できる

> **活用方法**
> １：担当部署が分析を行い、結果を経営・幹部層への助言や組織・活動内容の強化に活かす
> ２：ワークショップにて、複数グループで検証を行い、機会創出・リスク回避に活かす

参考情報

　自社業界特有の機会を特定するために、KPMGと国連グローバル・コンパクトが産業別のSDGs手引きとして作成したSDG Industry Matrixが１つの参考情報として有効である。日本語版は、グローバル・コンパクト・ネットワーク・ジャパン（GCNJ）のホームページより入手可能[3]。

　下記のセクター毎のSDGs Industry Matrixが作成されている：
- 食品・飲料・消費財
- 製造業
- 金融サービス
- エネルギー・天然資源・化学産業

英語版は、上記産業に加え、「ヘルスケア・ライフサイエンス」と「運輸」が含まれる）：https://www.unglobalcompact.org/library/3111

　さらに、気候変動がどのような機会をもたらし得るかを取り上げている資料も作成されている（上記のすべての産業が対象／日英ともに入手可能）。

3　http://ungcjn.org/activities/topics/detail.php?id = 204

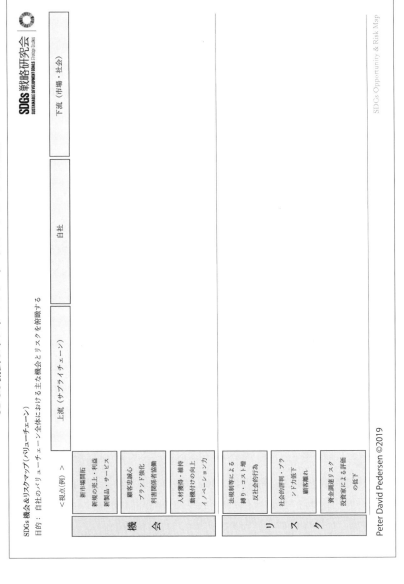

第2章 SDGs経営実践のための「ツール・ボックス」

実施のステップ

SDGsに関する一定の学習・検討が既に行われていることが前提となる。

ワークショップにて活用する場合は、手元用のワークシート（A3）の他、模造紙サイズ程度に拡大し、使用されることをお勧めする。

❶自社のバリューチェーンの主な構成要素を確認する＝対象を明確にする。（上流／自社／下流の構成要素を具体的に書き込む）

❷例示として示されている「機会側面」「リスク側面」が十分であるか否かを検証し、必要に応じて、修正・加筆する。

❸関連部署の情報提供をふまえ、またはグループワークにて、SDGs関連で思い当たる機会とリスクをできるだけ多く挙げる。リスクより新規の機会の発掘が難しいため、よい長い時間を確保することや、新しい視点を盛り込むことが望ましい。

❹その後、機会要素、リスク要素をそれぞれ集約し（まとめる）、優先順位を議論しながら拡大版のマップに張り付ける（ポスト・イットなどを活用）。この作業を行いつつ、位置を変えたり、または新たな要素を追加することもできる。集約・優先順位付けのためのスコアリングを行うと、納得感が高まる。そのスコアリング（採点）の側面は、ワークシートに記載されている「機会」と「リスク」の側面から抽出できる。

❺経営・幹部層や関係部署とのSDGs機会＆リスクの議論に活用する。

※この時点では、機会とリスクを俯瞰することに重きが置かれている。これまで注目されていなかった機会とリスクの発掘にも有効である。当然、次のステップとして、より詳細な分析をふまえ、機会創出のための取り組みの検討や、リスク回避のために必要な施策を議論・決定する必要がある。

ツール5：トレード・オン・マッピング

> **ツールの概要**
> 自社にとって「トレード・オン」を追求できる領域・活動を体系的に検証するためのワークショップ・ツール（事業面、オペレーション、社会貢献を問わず）

> **活用方法**
> 1：ワークショップにて、可能であれば社内横断的なメンバーにより、SDGs関連の具体的なアクション項目の発掘に活用する
> 2：他社事例や他社のベンチマーキングの整理にも活用できる

SDGsトレード・オン・マッピング（計2枚）

　トレード・オン・マッピングは、具体的なアイデア発掘に有効なワークショップ・ツールである。社内横断的にワークショップを、できるだけ多くのグループや回数にて実施することにより、アイデアの幅を広げることができる。同時に、ワークショップに参加したメンバーの主体性も醸成される。

実施のステップ

　SDGsの基礎知識がなくても実施可能。ただし、SDGsをある程度学習した上の方がより効果的に活用できる。社内横断のグループ編成（複数グループ）が望ましい。

❶取組名は、SDGs関連のものでも、直接紐づいていないが環境・社会関連のものでもよい。事業面、オペレーション、社会貢献のいずれもありうる。

　例1：高齢化する日本における健康的な食の提供
　　　　アジアにおける新エネルギー分野での事業発掘

SDGs Trade-on Mapping（自社特有の強みを活かすための検証フレームワーク） 1/2

目的：❶ メガトレンド／ステークホルダーの期待・要請の変化を踏まえ、❷ 自社としてどのような「トレード・オン」のベクトルを設定し、❸ どのような社会価値と企業価値を生み出し得るか、❹ 実践のためにどのようなイノベーションが必要となるかを総合的・体系的に検証する。

取組名（何を対象に検証するか）：

メガトレンド（地球・社会的 MT／業界特有の MT）	自社として設定できる「トレード・オン」のベクトル ・戦略と行動の視点 ／ 全社または部分的 ・現在の取り組み方との違いを明確化	社会・ステークホルダーにとっての価値
ステークホルダーの期待・要請		自社にとっての価値（外部・内部）

Peter David Pedersen ©2019

Trade-on Mapping

SDGs Trade-on Mapping（自社特有の強みを活かすための検証フレームワーク）

実践のために必要なイノベーション

イノベーション連携

製品・サービス

事業プロセス

マーケティング

組織運営・マネジメント・外部との関係性

Peter David Pedersen ©2019

例2：工場の脱炭素化に向けた革新的な取り組み
　　　社員食堂における資源循環・ロス撲滅
例3：将来の有望市場（海外）における戦略的社会貢献によるブランド認
　　　知向上

❷関連する主なメガトレンドとステークホルダーの期待・要請を整理する。
ここでは、地球・社会全体のメガトレンドも対象となるが、自社市場特有
のメガトレンドも重要となる。また、ステークホルダーの期待・要請は、
「これまで」のものに限らず、2030年以降を視野に入れて、「これから」
想定される期待・要請も挙げる。

❸これまでの取り組みの強化や、新規の取り組みを通じて、新たにどのよう
な「トレード・オン」のベクトル設定ができるかを、個人ワークとグルー
プワークの組み合わせによって検証する。個々人がアイデアを持ち寄り、
グループ内で議論するなどし、個人の思いとアイデア×グループでの議論
により、幅を広げる。ここで設定する方向性（ベクトル）は、シートの上
部で書き込んだ「取組（名）」に対して、できるだけ具体的な方がよい。

例：高齢化する日本における健康的な食の提供

　　　アジア発の安価で安全なオーガニック食品を製造し、
　　　「長寿命・健康寿命」をテーマに、中高年をターゲットとし、
　　　独自商品ラインとして展開する

例：工場の脱炭素化に向けた革新的な取組

　　　RE100（再生可能エネルギー100の国際的なプラットフォーム）
　　　に参加する他、社用車は段階的に電気自動車に替え、

電力等によるCO_2排出はカーボン・オフセットで相殺する

❹「トレード・オン」が実現できると思われる活動の具体的なアイデアを決めたあとに、その妥当性や価値を検証するために、あえて生み出し得る「社会やステークホルダーにとっての価値」と「自社にとっての新たな価値」を明確に定義する。できるだけ「これまでになかった価値」とは何かに焦点を当てる。企業価値＋社会価値の両方が相乗効果を生んで初めて「トレード・オン」が実現する。

❺ワークシートの2枚目では、本章の本文で紹介したOECDのイノベーション経営の4区分を活用し、実施・実行に際して、どのような新しいイノベーションが必要になるかを分析する。そのフィールドの右側に、「イノベーション連携」とあるが、あるイノベーション分野での革新を実らせるためには、しばしば他の分野での取り組みがカギを握る。本章の本文で1つの具体例を紹介しているが、イノベーション連携には、例えば次のような例が含まれる。あくまでも例にすぎず、実際は、自社の現状と取り組む活動の性質によって異なるものである。

製品・サービスとマーケティングのイノベーション連携：
新しいSDGs関連の事業を成功させるためには、これまでと違ったマーケティング・コミュニケーションや市民社会との協働が必要となる場合がある。

事業プロセスとマネジメント（外部との関係性含む）のインベーション連携：
工場やオフィスなどで例えば革新的な環境施策を成功させるためには、魅力的なネーミングでのマネージャー職を設けること、減価償却期間を通常より延長すること、賞与の在り方を変えること、外部連携による新規のアイデアを取り込むことなどが求められる可能性がある。

マーケティングとマネジメント(外部との関係性含む)のイノベーション連携:
SDGsを意識した新しいブランド・アイデンティティを構築するためには、広報部門、経営企画、CSR・サステナビリティ担当部門などの合同チームによるタスクフォースの設置が必要となることが考えられる。

ツール6：バックキャスティング手法

ツールの概要

設定された将来ビジョンや活動目標に対して、実現のための道筋を描くために活用できる未来計画手法の1つ。「現在」を立脚点に議論するより、中長期的な「未来を起点に」議論するで、2つの効果が得られる。①新規の発想が生まれやすい、②目先の利害関係を乗り越え、共通の目標を持って、取り組みに対するオーナーシップを醸成することができる

活用方法

1：ワークショップにて、可能であれば社内横断的なメンバーにより、SDGs関連の中長期的なビジョンやアクションに対して、具体性のある道筋を描くために活用する

2：バックキャスティングを経て作成されるロードマップ（工程表）は、経営・幹部層および関係部署とのビジョン共有と連携強化に活用できる

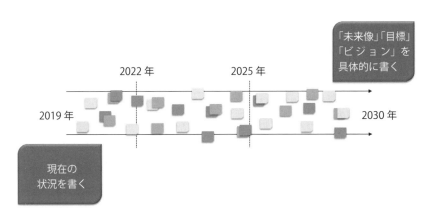

バックキャスティング　イメージ図

グループ編成と必要な材料

　複数グループ（1グループ最大6名）にて実施し、議論された内容を共有することでアイデアの幅を広げる。

必要な材料：・ポスト・イット（75×75ミリ以上）最低2色
　　　　　　・ペン（黒もしくは複数色）
　　　　　　　（鉛筆や普通のボールペンでは、記載内容が見えない）
　　　　　　・模造紙、1グループにつき2〜3枚
　　　　　　　（もしくは同サイズの大きなチャート）
　　　　　　・模造紙、チャートを横に貼れるホワイトボードなど
　　　　　　　（壁に貼ることも可能）

実施のステップと所要時間

所要時間：3〜4時間（半日）
所要時間は目安。時間をより短縮し、すべてを2時間以内で実施することも可能。

ステップ❶

目標年度と目標内容（望ましい未来像）の設定
目標、未来ビジョンとその目標年度は、幅広なチャートの一番右側に書き込む。具体的に書くことが望ましい（抽象的な表現では、アイデアが出にくい）。目標・ビジョンの発掘に、SDGsトレード・オン・マッピングなどが活用できる。
所要時間：活動目標・ビジョンを事前に設定するか、グループ内にて設定するかによって、ワークショップの所要時間が異なる。
　　　　　前者の場合は、その活動目標・ビジョンの説明に約5分、後者の場合は、議論のための所要時間は最低30分。

（5〜30分）

ステップ❷

その目標・未来像と照らし合わせて、「現在」にある自社の「課題・弱み」と「可能性・強み」の両方をできるだけ詳しく挙げる。これらは、チャートの一番左に書き込む。ここでの目的は、未来像に対しての一種の棚卸を行うところにあるのと同時に、次のステップのアイデア発掘の1つの出発点にもなる。

(45分)

ステップ❸

時間軸を一切気にせず、また実現可能性を考慮せずに、「課題」を乗り越え、「可能性」を活かしつつ、活動目標・ビジョンに向かうための具体的なアクション項目を、ポスト・イットなどを使ってできるだけ多く挙げる。量が質に転換する場合があるため、テンポよく数多くのアクション・アイテムを挙げたい。

How/What：ポスト・イットを2色使用し、片方の色に「実現のためのwhat＝どんな活動や行動が必要か」を記入し、他方に「実現のためのhow＝必要な仕組み、メカニズム、組織的な仕掛け」を記入すると、後の整理に役立つ。

(25〜30分)

ステップ❹

最後に、アクション項目を、メンバー間で議論しながら時間軸に貼っていく。動かしたり、内容を足したり、アクション項目の間の線を引いたりするなど、ダイナミックに未来への道筋を描いていく。

(45〜60分)

ステップ❺

全体共有（所要時間は1グループ10分未満）
複数のグループで実施した場合は、全体共有を行い、その違いについて議論する。

(60分)

ステップ❻

まとめ→ロードマップ作成

複数グループの場合は、事務局にて（後日）全体まとめを行い、必要に応じた検証・議論をふまえ、より具体的なロードマップ（工程表）に落とし込む。

（後日）

このようなバックキャスティングでは、発想の飛躍が最も難しいところであり、時間軸の上でも先になればなるほど手薄になる傾向にある。そのため、関係者以外の視点を取り入れ、若手の参加、他社の方の参加、外部の有識者の参加など、発想に飛躍をもたらしうるメンバーをワークショップに加えることをお勧めする。

ツール7：ブランド検証ワークシート（ダブル・エクセレンス）

ツールの概要
自社のブランド・アイデンティティ再考・再構築のために、「何を＝メッセージ」、「どんな手段で＝チャンネル」、「誰に対して＝ターゲット」発信するかを検証するためのワークシート。
狙いは、自社のブランディングにおける「ダブル・エクセレンス」の実現：

性能的卓越（パフォーマンス・エクセレンス）
＝品質、機能性、デザインなど
＋
社会的卓越（ソーシャル・エクセレンス）
＝環境や社会に対する姿勢と行動

活用方法
1：ワークショップにて、広報担当部署、経営企画、CSR・サステナビリティ担当部署の協働によって検証し、その後のブランド活動に活かす

検証側面（ワークシート左側）の説明

Message ＝何を伝えたいか

これまでの時代と異なるところ、あるいは追加したいメッセージとは何かを検証する。社会的卓越の発信のために、自社のブランドプロミスや発信内容の刷新を検証する。

「ダブル・エクセレンス」に資する厚みのあるレジリエントなブランドを実現するためのエッセンスとなるところである。

ブランド検証ワークシート

ブランド検証ワークシート

目的：自社のブランディングにおけるダブル・エクセレンス（性能的卓越＋社会的卓越）の実現に向けた素材出し。最終的には、より強固かつ厚みのあるレジリエントなブランドの実現

SDGs戦略研究会

	これまでの自社の取組・内容	SDGsの時代における違い・新たな要請	これからの自社の取組・発信内容
Message 何を伝えたいか			
Channel どんなチャンネルや手段を通じて伝えるか			
Target 誰に対して伝えるか			

Peter David Pedersen ©2019

Double Excellence Worksheet

Channel＝どんなチャンネルや手段を通じて伝えるか

　これまでの媒体や発信の手段で十分なのか。双方向性のコミュニケーションやNGO・NPOとの協働などによる新しい発信方法がないかを多面的に検証する。

　手段の多様化と、エンゲージメント・協働を重視したコミュニケーションが求められる。

Target＝誰に対して伝えるか

　ピーター・ドラッカーはかつて、「ほとんどの企業は、顧客が二種類存在する」と指摘したように、対象が複数存在する可能性がある。
例：食品・飲料メーカーは、「小売り・流通」と「エンドユーザー」がいる。
　　等しくターゲットとなるか、それともターゲット別のコミュニケーション戦略が必要となるかを考える必要がある。

　さらに、重要な認識として、SDGsの時代におけるブランディングは、「顧客やターゲットとしたい未顧客」に対してだけでなく、「社会全般や顧客以外のステークホルダー」に対する発信の重要性も増している。自社に対する信用や社会的な評判は、影響力が大きい投資家、市民団体、有識者などによって大きく左右される。

　ターゲットが拡大・多様化している可能性が高く、通り一遍のターゲット設定では、十分な効果が得られない場合が多い。

実施のステップ

❶ Message, Channel, Targetのそれぞれのフィールドにおける「これまでの自社の主な取組・発信内容」の簡単な棚卸を行う。

❷ 次に、SDGsなど社会の新たな「変革ドライバー」（序章および本章参照）を受け、どのような新しい視点、新しい発信内容、新しい取り組みが必要

になるかを一般論＋自社業界特有の観点から検証する。

❸最後に、自社として今後「ダブル・エクセレンス」を実現するために、どのようなメッセージを、どのような手段を通じて、誰に対して発信するかを検証する。ここでは、他社の活動との比較やベンチマーク調査なども有効になるだろう。

第3章
企業が取り組むべきSDGs

企業活動で特に重要な 12 の目標

　ここでは12の目標を取り上げる。それは、「2 飢餓をゼロに」、「3 すべての人に健康と福祉を」、「6 安全な水とトイレを世界中に」、「7 エネルギーをみんなに そしてクリーンに」、「8 働きがいも経済成長も」、「9 産業と技術革新の基盤をつくろう」、「11 住み続けられるまちづくりを」、「12 つくる責任 つかう責任」、「13 気候変動に具体的な対策を」、「14 海の豊かさを守ろう」、「15 陸の豊かさも守ろう」、「17 パートナーシップで目標を達成しよう」である。

　17の達成目標から、12項目を選定した理由は下記のとおり。

* 企業が行動開始するにあたり17目標、169ターゲット、232インジケーターは余りに多すぎる。理解するのも多大な労力を要し、すべてを取りあげる必要性も弱いので、少し無理があるが企業・事業にとって目標が共通し・関連性が強く・普遍的なものと考えられる目標項目を選んでみた。
* また、企業セクターにとり、長期計画策定となる2030年の将来絵姿をフォアキャストからではなく、バックキャストによる検証とアライアンスやオープンイノベーションなどを含めて戦略的に取りあげ進むことが肝要という視点も入れ選定した。
* 実務的に、意欲的過ぎて多くの複数目標項目を含めて特定事業を検討することは、その全体最適、包括的な関連付け活動も欠かせないが、そのことは、膨大な労力を要することになるので、無視せず配慮はするが影響力の少ない目標は外さざるを得ない。その観点からでは、国や自治体の関与度合いが大きいと考えられる目標や、明確に取り組む筋道が見える項目はやむを得ず外した。

　企業のビジネス特性、事情により、本書で取り上げた目標以外からの目標を検討・選定・行動を起こすことは当然ありうると言える。

本書での12の目標の内容はある程度統一して記述している。
　一番目にその目標そのものの枠組み、大まかな説明を述べ
　二番目にその目標の持つ、世界、日本の課題と動向を
　三番目にその目標を達成する際に求められる対応、考え方などを
　最後の四番目では、その目標に対して、想定される企業の具体的取り組み内容としている。完璧ではないが、熟読され、自社の状況と併せ、比較検討、そして大きく突出したアイデアを出していただけることを期待する。

目標2　飢餓をゼロに

国連WFP日本事務所

> **目標2.** 飢餓を終わらせ、食料安全保障及び栄養改善を実現し、持続可能な農業を促進する

目標2とは？　飢餓のない世界を目指して

　SDGs目標2は、飢餓に終止符を打ち、食料安全保障と栄養状態の改善を達成し、持続可能な農業を促進することを目指している。

　紛争の影響を受けている人々や、大地震や大洪水の被災者、気候変動による影響を受けた人々は、直ちに緊急の人道支援を必要としている。国連WFPはそういった支援の最前線で食料を提供し、人々の命を救っている。

　また、栄養が足りていない妊産婦や幼い子どもたちに対する栄養支援や、長期的な視野に立った自立支援も行っている。子どもの発達にとって良好な健康と栄養状態ほど大切なものはなく、特に、「人生最初の1000日間（子どもが母体に宿ってから2歳の誕生日まで）」が重要である。将来にわたって子どもの発育阻害を防ぎ、健全な成長を促進することは社会全体の持続的な発展につながる。

　「飢餓」とは、慢性的に栄養が足りなくなる状態のことで、世界が抱える諸問題の根源となっている。例えば、人々は食料難に陥ると食べ物を求めて移動を始めるため、難民問題が発生する。また、健康や子どもたちの成長が阻害されると地域の経済発展を阻む要因ともなる。これらがまた貧困を生み、人々に食料難をもたらす。この「負の連鎖」を断ち切らなければならない。「飢餓をゼロに」することがこのような社会課題に取り組む第一歩になるのである。食料問題に取り組むことが他の課題解決への糸口となる。

日本の課題
世界の動向

増加に転じた世界の飢餓人口

　2018年9月に発表された2018年版「世界の食料安全保障と栄養の現状」報告書（原題：The State of Food Security and Nutrition in the World 2018）によると、2017年に世界で栄養不足や飢餓に苦しむ人の数（飢餓人口）は前年に比べて1,600万人以上多い約8億2,100万人と報告された。この数は3年連続で増えており、世界人口の9人に1人にあたる。世界の飢餓人口は10年来減少傾向にあったが、2015年から再び増加に転じ、「10年前のレベルに逆戻りした」と報告書は指摘している。国連WFP、国連食糧農業機関（FAO）、国際農業開発基金（IFAD）、国連児童基金（UNICEF）および世界保健機関（WHO）の各機関は共同の序文の中で「食料不安やさまざまな形態の栄養不良の憂慮すべき増加の兆候は、食料安全保障と栄養改善に関するSDGsの目標達成に向け、『誰一人取り残さない』ようにするためには、依然として相当の努力が必要である」と警告している。

　飢餓人口が増加に転じた主な要因は、各地で多発する「紛争」と「気候変動」である。食料難に直面している人々の6割にのぼる4億8,900万人が紛争の影響を受けている地域に暮らしている。国連WFPによる最大規模の緊急支援が実施されているのも、イエメンやシリア、南スーダンなどの紛争地域が主である。特に、世界最大の人道危機といわれるイエメンにおいては、長引く紛争の影響で、2018年末現在で約2,000万人が食料危機に陥り、定期的に食料を得ることが難しい状況にさらされている。紛争の影響を真っ先に受け、より脆弱な立場に置かれるために、その栄養状態が心配されるのは子どもたちや妊産婦である。イエメンでは約180万人にのぼる子どもたちが急性の栄養不良を抱えている。そして約300万人の5歳以下の子どもと妊産婦が、栄養不良の予防と治療のための支援を必要としている。重度の急性栄養不良の子どもが適切な治療を受けられなければ、同じ年齢の健康な子どもに比べ、死亡リスクが11倍高まる。重度の栄養不良は、食料不足、乏しい家庭での食事習慣、体調不良、水や衛生システム、病気の流行、経済の崩壊など、複合的な要因によって悪化する。こういった事態に対処するため、紛争下においても、食料支援を必要とする人々に確実に支援を届けるための、円

滑なアクセスが求められる。

　2018年版「世界の食料安全保障と栄養の現状」報告書は気候変動の飢餓への影響についても指摘しており、雨水に頼って農業を行っていたり、干ばつにさらされている国で飢餓が深刻化していることを示している。飢餓の犠牲者の多くは子どもたちであり、2億人もの子どもたちが発育阻害や低身長に苦しんでいる。過去2年間で子どもたちの栄養状況はわずかに改善されているが、2億人というのはあまりにも多い数であり、決して見過ごすことはできない。

　報告書が私たちに伝えていることは、「飢餓をゼロに」するという目標達成が厳しいものになっているという現実であり、時間との闘いだということである。飢餓をなくすためには、世界中のあらゆるプラットフォームを使って、最も貧しい人々が自立力をつけ、変動し続ける気候に適応していけるための投資と強い政治的意志が必要である。

求められる対応　日本の食品ロスは国連WFPによる食料支援量の"2倍"

　私たちがまず目を向けなければならないことは、世界で8億2,100万人が食料難に苦しんでいる一方で、世界の穀物生産量は年26億トン以上あり、地球上のすべての人が十分に食べられる量が生産されているという事実である。先進国では食べ物が消費段階で廃棄される「食品ロス」が問題となっている一方で、途上国では食料貯蔵設備の不備や、農家が作物を市場に届けるためのアクセスがままならないことが原因で、収穫された作物が生産段階で無駄になっている。

　日本は、食べ残しや賞味期限切れなど、食べられるのに廃棄される「食品ロス」の量が多く、2015年には推計646万トンにのぼった。一方で、国連WFPの2017年の食料支援量は380万トンである。世界80ヵ国以上に対して配給されている国連WFPの食料支援量の2倍に近い食料が、日本一国のみで捨てられていることになる。

　私たちの食卓にのぼる食べ物の多くは、世界各地で生産、加工され、届けられたものだ。毎日の食事も、世界共有の資源だと捉えると見方が変わるかもしれない。日本の食品ロスの削減に取り組み、食料問題に対する関心を高

め、さらには世界の食料問題に目を向けていくことが求められている。

実際には？　革新的な技術を食料支援の現場へ

　2030年までに飢餓のない世界を実現するためには、各国政府、市民、そして民間企業が共働していく必要がある。これはまさにSDGs目標17「パートナーシップで目標を達成しよう」を体現していくことである。国連WFPは、支援を受ける国の未来を構築していくために、学校給食やコミュニティーの自立を促す生計・防災支援などを政府やNGO、また民間企業と連携しながら実施している。

　最先端の技術を食料支援に活用することを目的に、国連WFPはドイツのミュンヘンに「イノベーション・アクセラレーター（Innovation Accelerator）」を立ち上げ、国連WFP職員のみならず、民間企業から広く多様な事業案を募り、選抜された革新的なアイディアから新規の事業を生み出して、食料支援活動に活用している。この仕組みを通じて国連WFPは、ヨルダンの難民キャンプにブロックチェーンを活用した現金支援のプラットフォームを導入した。これにより、支援を受ける難民の食料購入データを安全で透明性の高い方法で管理することが可能になった。ブロックチェーンの幅広い展開の他にも、国連WFPは「イノベーション・アクセラレーター」を通して、モバイルアプリを活用した小規模農家の市場アクセス支援、循環式の水耕栽培技術を活用した砂漠での農産物の栽培や、さらにはAIとドローンを組み合わせた自然災害の早期モニタリングシステムの開発などを活用し、支援の効率化の向上を図っている。

　国連WFPのグローバルパートナーシップの例として、マスターカード（Mastercard）をあげることができる。マスターカードは、学校給食キャンペーンをグローバルに展開し、カード利用に応じた寄付を行っている。例えば、カード利用者がレストランや食料品店でマスターカードでの支払いを済ませるごとに、学校給食一食分（日本では30円※国連WFPが提供する学校給食の平均額）を国連WFPに寄付している。これは「カードで支払う」という一人一人のアクションから、飢餓に苦しむ子どもたちへの学校給食支援

につなげるという取り組みであり、「寄付」をこういった商品やサービスに紐づけることによって、個人が社会貢献活動に参加する間口を広げ、さらには、世界の飢餓問題に対する認識の向上に役立っている。またマスターカードは、国連WFPの食料支援の現場においても自社の技術を通じて、食料支援が必要な人が電子マネーや食料引換券を使って食料を購入できるようにサポートしている。

　民間企業に蓄積された技術やノウハウ、プラットフォームは、食料や栄養支援の現場において活用されるだけでなく、先進諸国の人々の飢餓問題に対する関心を広く集めたり、支援を募ったりする手段として役立てられる可能性がある。日本では飢餓が「遠い国のこと」と感じられるかもしれない。しかし、「おいしいものをお腹いっぱい食べたい」「安全で栄養のある食事を家族で囲みたい」という思いは世界中の誰しもが抱いているものである。そして、私たちの食卓自体が世界各地の生産者とつながっている。今こそ世界の「持続可能な食」について考える必要があるのではないだろうか。SDGs目標2「飢餓をゼロに」の達成は、一人一人の意思、そしてアクションにかかっている。

目標3　すべての人に健康と福祉を

公益財団法人 未来工学研究所 22世紀ライフェンスセンター
主任研究員　小野直哉

> **目標3.** あらゆる年齢のすべての人々の健康的な生活を確保し、福祉を促進する

目標3とは？　目標3について（概説）

　SDGsの前身であるMDGsでは、環境・人権・平和をキーワードに、発展途上国向けの開発目標として、2015年を期限とする8つの目標（①貧困・飢餓、②初等教育、③女性、④乳幼児、⑤妊産婦、⑥疾病、⑦環境、⑧連帯）を設定し、極度の貧困半減（目標①貧困・飢餓）やHIV・マラリア対策（目標⑥疾病）等、一定の成果を達成したが、一方で、サブサハラアフリカや後発開発途上国、内陸開発途上国、小島嶼開発途上国では、乳幼児や妊産婦の死亡率削減（目標④乳幼児、⑤妊産婦）等、母子保健及び性と生殖に関する健康の目標は依然として未達成であり、今後の課題として残された。SDGsでは、MDGsの未達成目標も含め、MDGsの保健医療福祉に係る目標を基礎にSDGs目標3を構成し、特にMDGsの未達成目標の中でも最も脆弱な部分である後発開発途上国などの重視すべき国々に対する適切な支援計画による集中した拡大支援を行うことで、全てのMDGsの保健医療福祉に係る目標の完遂を目指している。

　以上を踏まえ、目標3が扱う保健医療福祉の新たな課題は、身体的及び精神的な健康と福祉の増進並びにすべての人々の寿命の延長のために、ユニバーサル・ヘルス・カバレッジ（Universal Health Coverage：UHC）と質の高い保健医療福祉へのアクセスの達成である。UHCは「すべての人が、適切な健康増進、予防、治療、機能回復に関するサービスを、支払い可能な費用で受けられる」ことを意味し、すべての人が経済的な困難を伴うことな

く保健医療福祉サービスを享受することを目指している。UHCは世界の国々の人々の健康のリスクと保健医療福祉の費用負担による貧困化のリスクからの解放を意味し、「人間の安全保障」の理念を健康の側面から具現化する概念とも言える。UHCの達成には「保健医療福祉サービスが身近に提供されていること」、「保健医療福祉サービスの利用にあたって費用が障壁とならないこと」が必要であり、「必要不可欠な公的保健医療福祉サービスの適用範囲」と「家計収支に占める健康関連支出が大きい人口の割合」がSDGsでのUHC指標となっている。UHCの達成には、3つのアクセス(①物理的アクセス:必要とされる質の確保された保健医療福祉サービスを全ての人に普遍的に提供するためのインフラの整備と保健医療福祉人材の確保・育成及び偏在の解消、②経済的アクセス:保健医療福祉の費用負担が原因で、保健医療福祉サービスを利用できない状況を解消し、高額医療費の負担に起因する貧困化を防止するための保健医療福祉保障制度の整備、③社会慣習的アクセス:世界各国における保健医療福祉サービスの利用を妨げる慣習的・文化的な要因を取り除くための地域住民への啓発や地域社会への働きかけ)の改善に加え、それらを支援する2つのアクセス(④質的アクセス:提供されるサービスの質の向上と確保、⑤持続的アクセス:①②③④の全てにおいて、人口動態や疾病構造、所得水準など外的要因の変化に伴う永続的な調整を行う組織・制度の能力の強化)が必要不可欠となっている。以上のことから、「我々の世界を変革する:持続可能な開発のための2030アジェンダ」[1]の目標3では、巻末に示すターゲットを掲げている。

日本の課題 / 世界の動向　目標3に対して、日本が抱えている課題　世界の動向

日本では、目標3におけるUHCは、日本の医療保険制度が1961年に国民皆保険制度として成立して以来の過去50年以上の日本の経験と実績に基づき、SDGsに取り入れられたものであり、日本の「人間の安全保障」に基づく国際協力の実践とされている。目標3のターゲットの内容は、UHCを含む近代西洋医学による保健医療福祉が充足していない開発途上国の保健医療福祉の状況改善に対応するものが多く、先進工業国の保健医療福祉の状況改善に対応するものは少ない。既にUHCを含む近代西洋医学による保健医療

福祉が充足している日本では、目標3のターゲットの内容は既に達成されているものが多い。

しかし、SDGsは、開発途上国の開発の課題のみならず、先進工業国も含めた世界各国の経済・社会・環境の課題は不可分であり、調和させる統合的取り組みとして作成された普遍的な目標である。そのため目標3も、開発途上国と先進工業国が共に取り組むべき国際社会全体の普遍的な目標である。従って、目標3を達成するには、日本も開発途上国の開発に協力する姿勢で取り組むだけでは不十分であり、国際協調主義の下、国際協力への取り組みと共に、国内の経済・社会・環境の課題と同様に、目標3も国内問題として取り組みを強化し、国際社会全体の課題としての取り組みが日本に求められている。また、日本では超少子・高齢・人口減少・独身社会が急激に進展しており、日本政府の「持続可能な開発目標（SDGs）実施指針」[2]では、これらの日本の現状の文脈に即して、「我々の世界を変革する：持続可能な開発のための2030アジェンダ」[1]に掲げられている5つのPにおいて8つの日本の優先課題（People：人間：①あらゆる人々の活躍の推進、②健康・長寿の達成、Planet：地球：③成長市場の創出、地域活性化、科学技術イノベーション、④持続可能で強靭な国土と質の高いインフラの整備、Prosperity：繁栄：⑤省・再生可能エネルギー、気候変動対策、循環型社会、⑥生物多様性、森林、海洋等の環境の保全、Peace：平和：⑦平和と安全・安心社会の実現、Partnership：パートナーシップ：⑧SDGs実施推進の体制と手段）を再構成している。目標3に対しては、優先課題（People：人間：②健康・長寿の達成）において、推進のための具体的施策が行われている。

一方、目標3に係る世界の動向として、世界保健機関（World Health Organization：WHO）と国際連合児童基金（United Nations Children's Fund：UNICEF）による、以下の保健医療福祉に係る国際宣言の動きがある。1978年9月6日から12日、旧ソビエト連邦（現カザフスタン共和国）アルマトイにて、WHOとUNICEF主催による第1回プライマリ・ヘルス・ケア（Primary Health Care：PHC）の国際会議が開催された。この会議では、世界中のすべての人々の健康を守り促進するために、すべての国々、特に開発途上国において、技術協力の精神と新国際経済秩序との調和の下で、

PHCを発展させ、実践するために、すべての政府、保健・開発従事者、世界の市民社会が国家的、国際的に緊急且効果的な行動を取る必要性が議論され、アルマ・アタ宣言（Declaration of Alma-Ata）[3]が採択された。アルマ・アタ宣言は、世界中のすべての人々の健康を守り促進するには、単に特定の疾病治療を行うのではなく、日常の人々をケアし、人々が保健医療福祉制度と最初に繋がる場であるPHCにより、人々の人生を通して個人の健康上の必要性を満たす包括的で、アクセス可能な、地域密着型のケアが提供される大切さを明示した最初の国際宣言であった。アルマ・アタ宣言以降、PHCは「すべての人々に健康を」（Health For All：HFA）イニシアティブの目標達成の鍵としてWHO加盟国に受け入れられてきた。しかし、アルマ・アタ宣言によりPHCの基盤は構築されたが、その後、約40年間に亘り、PHCの進展は不均等で、少なくとも世界人口の半数は、伝染病や非感染性疾患の治療、母子保健、精神衛生、性と生殖に関する健康を含む基礎的な保健医療福祉を受けることが出来なかった。また、PHCは、目標3及びUHCを達成するための基盤でもある。そこで、すべての人が達成可能な最高水準の健康を享受するために、今日の健康と医療制度の課題を持続的に解決するための最も効果的な方法であるPHCへの取り組みに焦点を絞り直すことが世界的に必要となった。

そのため、2018年10月25日から26日、カザフスタン共和国アスタナにて、WHOとUNICEF主催によるPHCの国際会議が開催された。この会議では、アルマ・アタ宣言を記念すると共にその内容を再確認し、普遍的な保健医療福祉の保障とSDGs及びUHCを達成するために、PHCの役割の重要性を強調し、PHCへの取り組みの強化と更新が議論され、新たにアスタナ宣言（Declaration of Astana）[4]が採択された。アスタナ宣言では、4つの主要分野（①すべてのセクターにわたって健康のための大胆な政治的選択を行う、②持続可能なPHCを構築する、③個人やコミュニティのエンパワメントを行う、④国家の政策や戦略、計画に対する支援を実施する）が誓約され、PHCに関する構想やPHCのための取り組みなどがまとめられた。PHCの強化に言及した部分では、「PHCは、人々の身体的および精神的健康、ならびに社会福祉を高める最も包括的かつ効果的かつ効率的なアプローチであ

り、UHCや保健医療福祉に係るSDGsのための持続可能な保健医療福祉システムの基礎であると確信している」とされている。

求められる対応　企業がその課題に対して事業・非事業においてどのように対応していけばいいのか

　日本において目標3に係る課題は、厚生労働省が管轄し、規制する保健医療福祉の課題であり、官制ビジネスとして、非営利法人の医療法人などにおける多職種の保健医療福祉専門職が保健医療福祉サービスにより直接的に対応されている。保健医療福祉の課題は、世界各国の国民の生命に直接関わることから、各国政府の保健医療福祉を管轄する公的機関の関与が強い。そのため、目標3に係る課題に対して民間ビジネスとして、営利法人の企業の事業や非事業において直接的な対応は困難である。

　しかし、営利法人の企業でも、目標3を考慮した医薬品や医療機器、医療消費部材など保健医療福祉に係る事業を行っていれば、その事業を通じて、各国の保健医療福祉サービスによる目標3に係る課題に対する直接的対応への直接的支援が可能である。また、保健医療福祉に係る事業を行っていない営利法人の企業でも、目標3を考慮した事業や非事業を通じて、各国の保健医療福祉サービスによる目標3に係る課題に対する直接的対応への間接的支援が可能である。

　保健医療福祉は、各国の法律や制度、伝統や文化、経済や財政状況等に強い影響を受ける分野であり、各国の保健医療福祉サービスの供給体制や保健医療福祉ニーズには差異がある。各企業が目標3に係る対応をする際は、対象国の保健医療福祉サービスの供給体制や保健医療福祉ニーズを把握する必要がある。その上で、各企業は、事業や非事業を通じて、商品やサービスの取引や提供、ボランティア活動や寄付行為等により、対象国の保健医療福祉制度・政策、保健医療福祉機関、保健医療福祉関連の非営利団体等の保健医療福祉サービスによる目標3に係る課題に対する直接的対応への直接的又は間接的支援を行うことが可能となる。これは、対象国のPHCやUHCを促進し、目標3の達成への貢献に繋がり、各企業の社会的責任（Corporate Social Responsibility：CSR）の評価向上にも繋がると考えられる。

また、各企業が、従業員の健康管理を経営的な視点で考え、戦略的に実践する「健康経営」の側面から、企業理念として従業員への労働環境の改善とPHCに係る健康投資を行うことで、従業員の活力向上や生産性の向上等の組織の活性化をもたらし、各企業の業績向上や株価向上に繋げることが考えられる。これは、各企業の従業員の保健医療福祉の費用を抑制することにも繋がり、各企業が間接的にPHCやUHCを促進し、目標3の達成に貢献することにも繋がると考えられる。

実際には？　想定される企業の取り組み内容

　想定される企業の取り組みとしては、例えば、目標3のターゲット3.9「2030年までに、有害化学物質、ならびに大気、水質及び土壌の汚染による死亡及び疾病の件数を大幅に減少させる」において、各企業は国内外の事業を通じて、「有害化学物質、ならびに大気、水質及び土壌の汚染」に繋がらない商品やサービスの取引を行うことで、「死亡及び疾病の件数を大幅に減少させる」ことへの間接的支援が考えられる。また、ターゲット3.a「すべての国々において、たばこの規制に関する世界保健機関枠組条約の実施を適宜強化する」において、各企業は国内外の非事業を通じて、「たばこの規制」を奨励することにより、たばこ由来の疾病や健康被害を減少させることへの間接的支援が考えられる。

　今後、想定される企業の取り組みを検討する際の参考として、既に目標3に取り組んでいる日本企業の活動概要の事例を表1に示す。これらの企業の活動内容は、各企業の事業や非事業を通じて、開発途上国における目標3の達成に係る直接的又は間接的支援が行われている事例である。何れもこれらの活動が評価され、日本政府による第1回ジャパンSDGsアワードを受賞している。

　企業が、国内外の事業や非事業を通じて、積極的に目標3に取り組むことは、間接的に世界のPHCやUHCを促進し、目標3の達成に貢献することであり、世界の保健医療福祉の改善を力強く支援する企業として、投資選択される企業と成る取り組みでもある。

表1．SDGs目標3に取り組んでいる日本企業の活動概要の事例

企業	活動概要
サラヤ株式会社	● ウガンダとカンボジアにて、市民と医療施設の2方向から、手洗いを基本とする衛生の向上のための取組を推進。 ●「100万人の手洗いプロジェクト」として、商品の出荷額1％を、ウガンダにおけるユニセフの手洗い普及活動の支援に当てている。また、ウガンダに「現地法人サラヤ・イーストアフリカ」を設立し、現地生産の消毒剤やその使用方法を含めた衛生マニュアルを提供。 ● 持続可能なパーム油類（RSPO認証油）の使用や、アブラヤシ生産地の生物多様性の保全に取り組むと同時に、消費者へのエシカル消費の啓発を実施。
住友化学株式会社	● MDGsから継続してマラリア対策に統合的に取り組んできた経験を踏まえ、SDGsの達成に向けては、全事業を通じて全社員で取組む考え。そのため、トップの強いリーダーシップの下、2016年から「Sumika Sustainable Solutions（SSS）」と、「サステナブルツリー」を開始。 ●「SSS」では、環境面からSDGsに貢献する製品・技術（現在34製品・技術）を認定、売上高として達成目標を掲げて、実効的にSDGsに貢献。「サステナブルツリー」では、「SSS」と連携しつつ、社員のための専用ウェブを通じて、SDGsの正しい理解と主体的な取組を促進。 ●「オリセット®ネット」事業を通じて、感染症対策のみならず、雇用、教育、ジェンダー等幅広い分野において、経済・社会・環境の統合的向上に貢献。

出典：外務省．JAPAN SDGs Action Platform．ジャパンSDGsアワード．第1回ジャパンSDGsアワードの結果．SDGs副本部長（外務大臣）賞．サラヤ株式会社https://www.mofa.go.jp/mofaj/gaiko/oda/sdgs/pdf/award1_5.pdf及び住友化学株式会社https://www.mofa.go.jp/mofaj/gaiko/oda/sdgs/pdf/award1_6.pdf（2019年2月4日検索）より作成．

【注記・参考文献】

1) 外務省．2015年9月25日第70回国連総会で採択．我々の世界を変革する：持続可能な開発のための2030アジェンダ（仮訳）．https://www.mofa.go.jp/mofaj/gaiko/oda/sdgs/pdf/000101402.pdf（2019年2月4日検索）

2) 外務省．日本 持続可能な開発目標（SDGs）実施指針．2016年12月22日SDGs推進本部決定．2017年3月31日．https://www.mofa.go.jp/mofaj/gaiko/oda/sdgs/pdf/000252818.pdf（2019年2月4日検索）

3) Declaration of Alma-Ata - World Health Organization. https://www.who.int/publications/almaata_declaration_en.pdf?ua=1（2019年2月4日検索）

4) Declaration of Astana - World Health Organization. https://www.who.int/docs/default-source/primary-health/declaration/gcphc-declaration.pdf（2019年2月4日検索）

目標6 安全な水とトイレを世界中に

グローバルウォーター・ジャパン　代表　吉村和就

> **目標6.** すべての人々の水と衛生の利用可能性と持続可能な管理を確保する

目標6とは？　水がなければ、17の目標は達成されない

　世界中の人々が安全な水を飲めなければ、それは健康を害し、その命すら危険にさらされる。それのみならず、水がなければ作物の生育もかなわない。トイレが居住家屋になく、危険な野外での用を足す多くの人々が世界には居る。水は万物のみなもとで、衛生的で安全、且水を確保するインフラ（家庭用水、農業用水、工業用水）は根源的な課題と言える。水ストレスという言葉があり、人口一人当たりの最大利用可能水資源量が年間1700m^3を下回る事を言う。World Resources Instituteによれば、世界の37ヵ国が「極めて高いレベルの水ストレスにさらされている」状況との記述が見える。

　日本は水が豊富にあるように見えるが、水輸入大国でもある。いわゆる、食料輸入に伴うバーチャルウォーターのことを指すことを多くの方はご存じのはずであるが、この点なども思い出して欲しい。

　SDGsで水項目として「安全な水とトイレを世界中に」（目標6）がうたわれているが、これは狭義の解釈である。水は17目標すべてを支える極めて重要な位置を占めている。つまり「水がなければ、17目標は達成されない」とも言える。では17目標と水との関係を述べる。

日本の課題／世界の動向　世界と日本における水資源の現状と課題

(1) 地球上の水資源

　地球上には水資源がどの位有るのだろうか。海水と淡水を合わせて14億km^3の水資源を約76億人の地球人口が使い、暮らしている。水資源のうち

海水が97.5％、淡水が2.5％だけで、その淡水の殆どが氷山、氷河、それから深い地下水に固定されているので簡単には使えない。我々があまりエネルギーをかけずに地表面で使える水の量は水資源全体のわずか0.01％しかない。世界人口は2050年には90億人に達するとみられユネスコ（国連教育科学文化機関）は「2030年に世界人口の47％が水不足に直面する」と懸念を表明している。国連では2018年「持続可能な開発のための水」（水の国際行動の10年）を提唱し、水に関するハイレベル会合にて、全世界の指導者に緊急の水対策を呼び掛けている。

(2) 日本の水資源

日本は水資源が豊富な国だと思われている。確かに水資源として年間1,600mmの平均降水量があり水資源総量として6,400億m^{3}になるが、そのうち2,300億m^{3}は蒸発し、3,270億m^{3}は海へ直行する。日本が現在、実際に使っているのは830億m^{3}の水資源で、その内訳は河川水が87％、地下水が13％の割合となっている。水の用途は、農業用水が66％、生活用水が19％、工業用水が15％である。東南アジアでは当然のことながら農業用水量が一番多く水資源全体の6割から8割を使っている。

日本は水循環がうまく行っているので今のところ、水不足になっていない。日本は周りを海に囲まれているので、常にフレッシュな降水（雨水）があって川の流れが早ければ汚染される機会が非常に少ない。つまり一泊二日の水循環で成り立っているのが日本である。日本の川の長さは世界から見ると大変に短く滝のようなものだ。ヨーロッパでは山に降った雨が、海に流れるまで2週間以上かかり、当然河川水は汚染される。豊かそうに思われる日本の水資源も、その3割は実は梅雨と台風、積雪で支えられている。今後の地球温暖化の進行に合わせ、積雪の急激な減少などにより、人口減少下の日本でも、今後の水資源不足が懸念されている。

求められる企業の対応や視点のありかた

水がなければ、17項目の目標は達成されない、この視点から「水がささえるSDGsの17項目」を具体的にみてみよう。

● SDGs17項目と水との関係

目標1　貧困をなくそう

　貧困の始まりは、水がないことから始まる。身の周りに安全で十分な水資源があれば、生活だけではなく、農業生産が可能になる。世界文明がチグリス・ユーフラテス川、ナイル川、インダス川、黄河の4大大河文明から始まったように、水が生命を支え、生活ができ、農耕が出来れば、貧困が撲滅できる。

目標2　飢餓をゼロに

　飢餓は食糧不足から始まる。水さえあれば農業生産が可能だ。最近は地球温暖化現象で洪水と干ばつが多発している。水資源は必要な時に、必要な水量、必要な水質が確保されなければ使えない。水インフラ（ダム、貯水池、水路、維持管理）の整備が飢餓をゼロに近づけるだろう。

目標3　すべての人に健康と福祉を

　身の周りに安全な水がないと、水系伝染病にかかるリスクが増大する。いうまでもなく水道普及の第一目標は「公衆衛生の確保」であった。中世ヨーロッパでは黒死病（ペスト）で欧州人口の1/3が減少した。日本においても海外から持ち込まれたコレラが流行したのが文政5年（1822年）と安政5年（1858年）で江戸だけで死者10〜26万人出たと言われている。健康と福祉を支える"安全な水の供給"は近代においても、益々重要な位置を占めている。

目標4　質の高い教育をみんなに

　アフリカをはじめ、中南米でも特に女性や子供たちが毎日水汲み、水の運搬に人生の大半を費やしている。家と水源（安全でない水が多い）を数時間かけて往復するために教育の機会、仕事の機会を失っている。その地域に共同水栓でもあれば婦女子に教育の機会や雇用の機会が得られるのである。

目標5　ジェンダー平等を実現しよう

　目標4で述べたように途上国において水汲みの主役は女性である。水汲み

の仕事や水運搬にかかる時間を減らせば、女性の教育機会、雇用の増進が図られジェンダーの格差解消となる。

目標6　安全な水とトイレを世界中に

2000年のミレニアムサミットで提唱されたMDGs「安全な飲料水と改良された衛生施設（例えば衛生的なトイレ）を利用できない人を半減させる」という数値目標は達成されたが、それでも未だに世界人口の10分の1の人が安全な水へのアクセスが出来ていない。例えば筆者は2018年5月にインド訪問したが、同国の携帯電話の普及率は約55％だが、家庭内トイレの設置率は40％以下であり、特に若い女性や子供たちが身の危険をさらしながら野外排泄を続けざるを得ない状態が続いている。人間の尊厳を守るためにも一刻も早く達成されなければいけない水項目である。

目標7　エネルギーをみんなに そしてクリーンに

エネルギーと水との関係を歴史的に考えると、まずジェームスワットの蒸気機関である。ここから産業革命がはじまり、エネルギー消費が急拡大した。水資源は水力発電、いまや再生可能エネルギー源として再び注目を浴びている。もちろんバイオマス資源利用も水がなければ成り立たない。火力発電所・原子力発電所では純水装置、復水脱塩装置、冷却水装置が重要な施設であり水なしで運転不可能である。このように世界のエネルギーを支えているのが水資源である。国際エネルギー機関（IEA）の試算では2035年にはエネルギー生産に必要な水資源の年間使用量は、現在の660億m^3／年から1350億m^3／年に倍増すると予測している。

しかし大きなジレンマも存在する、水資源の確保（取水、配水、海水淡水化など）でさらに大きなエネルギーが必要になる。水資源を増やす為のエネルギー消費をいかに抑えるかが、今後の大きな課題である。

目標8　働きがいも経済成長も

すべての経済活動は水で支えられている、水脈は金脈に通じる。

目標9　産業と技術革新の基盤をつくろう
　すべての産業や技術革新に水が関与している。賢い水の使い方として節水や水のカスケード利用が待たれている。

目標10　人や国の不平等をなくそう
　ライバルの語源はリバーと言われるように、ヒトの大きな争いは「川の水をめぐる争い」から始まっている。ナイル川の水争い（上流国とエジプト）、メコン川など国際河川の水資源の分配を公正かつ効率的に水を分かち合うことが人々や国家間の不平等を解決する。

目標11　住み続けられるまちづくりを
　自然災害に強い日本とも思われるが、災害リスク世界比較では17位と低い。これは「世界リスク報告書2016年版」で世界171カ国の自然災害（地震、台風、洪水、干ばつ、海面上昇）とそれぞれの国の脆弱性を評価した結果である。住み続けられるまちづくりは、常に「水との戦い（洪水や干ばつ）と調和（賢い水利用）」である。

目標12　つくる責任　つかう責任
　生活に必要なモノを作るには、すべて「水」が関係している。生産財としての水資源の確保、使った後の水の再生利用、環境調和型の水の管理など、これからの課題である。

目標13　気候変動に具体的な対策を
　気候変動の影響は、すべて水の姿となって我々の前に現れる。高潮、洪水、干ばつ、水災害など、気候変動による災害の防止は、すべての水問題を解決することであり、一層の治水政策が待たれている。

目標14　海の豊かさを守ろう
　下水処理場を完備し海の水質汚染を守るのは当然として、海に囲まれた日本は、魚類や藻類（海苔）などの資源循環を促進するために、佐賀県などが

取り組んでいる下水処理水からの栄養塩類の放出による地域産業（海苔、養殖）の育成に努力し、海の豊かさを守っている。その成果を世界に発信することが求められている。

目標15　陸の豊かさも守ろう
　陸の豊かさもすべて健全なる水循環で支えられている。植林や適切な伐採、水インフラの構築・整備が待ったなしである。

目標16　平和と公正をすべての人に
　水は地域に属する特有な天然資源である。適切な地域の水分配と水循環が世界平和を支えるだろう。特に国際河川（ナイル川、メコン河など）の平和的な水問題解決が急がれている。

目標17　パートナーシップで目標を達成しよう
　あらゆる経済活動で水資源が益々重要な位置を占めてきている。世界各国のパートナーシップで水問題を解決することが持続可能な発展をさらに進展させることが出来る。

実際には？　期待される企業の取り組み姿勢や対応

　水資源は、その国やその地域に属する特有な天然資源であり、うまく循環させれば、何回でも使える循環資源である。前述した水を中心とする視点に基づき、企業は具体的な取り組みに挑戦することが求められている。

(1)　グローバルな視点での水の管理
　企業にとり安全で豊富な水へのアクセスは必須であり、特に水不足により深刻なリスクに晒されるのは、サプライチェーンの中に水依存度の高い製造工程を抱えている産業セクターである。世界的な企業は「ウォーター・スチュワードシップ」（責任ある水資源の総合的な管理に向けた行動規範）を基準に企業経営効率と水質汚染防止、環境保護に主眼を置いてきたが、その結果持続的な水の安定供給を確実にするという、根本的な解決に至っていな

い。繰り返すが水資源は、その地域に属する特有な天然資源であり、1企業の努力では統合的な水管理は難しい。水の供給を適切に管理するためには、その国の政府や研究機関、大学等と連携し①地域の水資源に関する科学的理解を推進、②工場のある地域およびグローバルな水政策目標の立案、③地域住民を含む多様なステークホルダーと連携、ニーズの掘り起こし、④水に関する災害対策などに取り組むことが急務である。

(2) 新たな水処理技術の開発と普及

　水を浄化しリサイクルするために、多くの水処理技術が開発されてきた。特に最近世界的に注目されているのは、新たな水資源の確保で海水の淡水化である。すでに海水淡水化の市場は、中東から北アメリカ、最近では東南アジアにまで広がってきている。海水淡水化装置には日本が得意とする逆浸透膜（RO膜）が多用されている。RO膜の価格は、淡水化装置の拡大に連れ、低下してきたが、問題は建設費と運転コストである。建設コストは従来の淡水を主体とする水リサイクル施設に比べ約2〜3倍であり、また運転コストは同比較で5〜8倍である。運転コストの約半分は電力コストであり、淡水浄化処理（$0.5 kWh/m^3$）に比べ海水淡水化電力（$4 kWh/m^3$）は約8倍となっている。いかに省エネにするか、新たな海水淡水化膜の開発や、エネルギー回収装置など技術の課題解決が求められている。

さいごに

　水に関するSDGsへの取り組みは始まったばかりで、世界各国が智慧と行動力で日夜邁進している。

　筆者も国連本部会議で「日本の水資源管理」を述べたが、日本には個別で優れた技術が沢山あるが、全体システムを「持続可能な発展に向けて」結集するアイデア、人材が不足している。2030年には世界中で47％の水資源量が不足すると予測されている中、日本の優れた水関連技術や経験・ノウハウにより世界の水環境問題を俯瞰し国際貢献をすることが求められている。

【注記・参考文献】
・日本の水資源の現況（平成29年度版）　国土交通省国土保全局水資源部
・飛び出せ水ビジネス　下水道協会誌　48（588）1、2011 - 10 - 15
・世界の水問題および上下道インフラ事業の現状と課題　土木学会誌　96（7）44-47, 2011-07-15
・吉村和就　水ビジネス110兆円水市場の攻防　角川書店　2009年11月
・吉村和就　水ビジネスの動向とカラクリがよくわかる本（第二版）秀和システム　2016年12月

目標7 エネルギーをみんなに そしてクリーンに

日本サステイナブルコミュニティ協会　竹林征雄

> **目標7.** すべての人々の、安価かつ信頼できる持続可能な近代的エネルギーへのアクセスを確保する

目標7とは？　エネルギーは世界の中心課題

エネルギーが無ければ社会は成立せず、目標7は全SDGと関係し、最重要目標の1つである。歴史のなかで、エネルギーが「文明の興亡」と密接に大きく関わっていることからでも分かる。

目標7は5ターゲットと6インジケーターからなっている。

目標コンセプトは、「世界のすべての人々が、手ごろな料金で容易に信頼できる持続可能で安定した危険のない近代的エネルギーへのアクセスを確保する」とある。近代的とは、スイッチひとつで電気からあかりや情報などが得られ、熱源として乾燥畜糞・薪なども含まず、原子力発電所事故などによる危険を生じないエネルギーという意味合いがある。世界には電気の無い生活者は10億人弱とされ、調理や暖房等の燃料として、薪、乾燥農業残渣、牛馬の乾糞といった古代からのバイオマス（有機系資源）燃料をエネルギー源とする人が30億もいることが課題である。

さらに重要な点として、エネルギーは、気候変動を助長する最大の要素で有り、全世界の温室効果ガス排出量の約60％を占めていることだ[1]。

では、エネルギーとは何か、これには2つの意味合いがあり

①エネルギー資源そのもの
②仕事をすることのできる能力

を意味している。②においては、熱（煮炊き・冷暖房）、光（あかり）、動力（駆動・移動運搬）、音（音楽）と分類される。

工学、技術的にエネルギーを活用するには、「位置エネルギー」「運動エネルギー」「熱と電気のエネルギー」「化学エネルギー」「光エネルギー」「核エネルギー」をきちんと理解して省エネ、創エネ、蓄エネと賢く使う。

暖房・煮炊き熱源用に薪を使うエネルギー時代が長く続き、その後、人、牛馬や風水力が動力・移動運搬用として、数世紀前まで使われた。18世紀頃よりの産業革命以降は石炭の大量消費が始まり、木材と水力と石炭の共存時代が150年程続いた。その後は、使い勝手のよい流体の石油が出現し、近年ではさらに環境面で有利な天然ガスなどへとエネルギートランジッションが行われてきた。

しかし今また、大きなエネルギートランジッションの波が来ている。地球温暖化問題阻止の観点から、CO_2を大量に排出する座礁資産の化石燃料からカーボンフリーの「太陽、風、水」などの自然エネルギーと「バイオマス（木質、糞尿や生ごみ）」による近代的木質ガス化やバイオガスへの転換である。

目標7は目標13と大変密接な関係があり、表裏の関係とも言え、また、生活の場である、まちづくり（目標11）に大きな影響を及ぼす。それ以外の12項目のSDGとも関連する重要な項目であり、大きなビジネスチャンスをもたらすと同時にリスクチェック項目であり、また関連のステークホルダーへの利益をもたらすものである。

日本には昔から金銭、食料の困窮者へは融通、施しを行い、金融の未発達の時代での講による事業救済が行われ、利潤だけを追い求めないことを説く「論語と算盤」、経済面と社会面からの好循環を意識した「三方良し」などがあった。他、「少欲知足」の仏教界での教えもあった。倹約とリサイクル、ゼロエミッションは似たところがあり、これも重要なポイントだ。欧米化のなかで薄れていた日本の倫理感が、SDGsの提唱と重なり、今一度企業人は日本古来よりの良い点も思い起こしながらSDGsに取り組んで欲しい。

今現在、人口増加、生活の利便性（家電製品、自動車など）追求と技術の

高度化（AI、IoT、電子機器の氾濫）などにより、一層のエネルギー源の奪い合い、紛争、消費量の増大となりつつある。

　また、フランス・パリの国連環境計画（UNEP）に本部を置く「Renewable Energy Policy Network for 21st Century：REN21」の自然エネルギー世界白書2018では、再生可能エネルギーの最終利用比率は、まだ世界平均約20.5％、電気に限ると26.5％で、目標7には再エネ導入の促進をさらに増加させる狙いがあると記述されている。日本の自然・再エネによる発電比率は大型ダム水力発電を含めてもようやく15％と約10ポイント以上も低く、日本国内だけでも一大ビジネスチャンスが有ることが分かる。

日本の課題
世界の動向　**再生可能エネルギーへ大転換**

　米国の自然災害による被害総額は、2016年で約22兆円、2017年には約35兆円と過去最高となった。この9割弱の額は3個の大型台風によるものである。2018年も、カリフォルニア州での前代未聞の11月の異常な乾燥状態下で起きた山火事により、犠牲者約90名、焼失面積は東京都23区面積に近い約5万ha、被害総額も最大1.5兆円と報道されている。100年に一度の大災害が、今では5年に一度、いや、毎年となりそうな気配だ。異常気象が極端な気象に、さらに気象崩壊という表現も使われ始めた。述べた事象は、ほんの一例に過ぎない。

　このような危機的状況にもかかわらず、米国は国連気候変動枠組み条約締約国会議（COP）からの離脱を表明、ブラジルも、2019年のCOP開催を返上離脱する事態である。しかもCOP24（2018年12月開催）での参加各国が定めたCO_2削減目標をすべて達成したとしても今世紀末の気温上昇は3℃になるとされている。

　これらは、人間活動による過度な化石エネルギー利用に起因した地球温暖化のためと世界で広く考えられている。もはや遠い先の課題などではなく、今身近に発生している喫緊の課題である。これは人間として解決へ向け対処すべき大課題であり、子供、孫、曾孫たちへ今「負の遺産」を残さない決意と行動が迫られている。

　英国では、気候変動問題と再エネ導入が密接な相関関係にあると考え、

2001年に設立された「カーボン・ディスクロージャー・プロジェクト：CDP」が、企業に対して気候変動に関する情報開示を求め、再エネ転換による変革を促す活動を世界へ訴えている。このCDPと2014年創設の英国発の国際環境NGO「The Climate Group：TCG」とによる「Renewable Energy100：RE100」国際イニシィアチブ活動が注目の的となっている。

　これは、企業が消費するエネルギーをカーボンフリーの再エネ100％に切り替えることにより、二酸化炭素の排出量を削減し、脱炭素社会への移行を実現することを目指すものである。刮目するのはカーボンフリー電力に原子力を含まない点が、全く日本とは異なる。

　加盟には、「一定時期（多くは2030年か、2050年）までに使用エネルギーを再エネ100％に転換」と宣言し、その調達計画をRE100事務局に提出、審査を受けコミットメントする。調達方法には厳密な審査もある。100％達成へのクリーンエネルギー調達には3つの方法があり、

(1) 自社施設内や他の施設で再エネを自ら創出したオンサイトエネルギー
(2) 電力であれ熱であれ、市場でエネルギー事業者または仲介供給者から調達した再エネ（日本場合は、FIT電力の購入は計算に入れない）
(3) 環境価値のグリーン電力証書や、再エネ由来のJ-クレジットの活用

とし、これらの調達方法を組み合わせるのが一般的である。

　但し、(3)の環境価値買い取りは、事業活動を再エネで賄っているとされているが、実際の事業活動に使用される電力は近隣の化石燃料由来による発電を行う電力会社から従来どおり購入しているとするなら、環境への負荷は軽減されずに、CO_2を排出し続けることになる。そのことにより最近、環境価値買い取り方法は「再エネの新規導入拡大」と「化石燃料の消費削減」に結びつかないため問題視されている。そして加盟企業は、毎年「CDP気候変動」の質問票のフォーマットで報告書を作成し、第三者の監査（CDPスコアリングパートナー；日本ではブライト・イノベーション、SGSなど6社）を受けその進捗状況を提出する。その情報はRE100のホームページや年次報告書に公開される。但し、目標未達であっても罰則もなく、加盟する

ことで、様々な企業より供給依頼が増え、加盟社からの情報発信も行える。

企業が宣言するメリットは、世界の加盟国間でのネットワークが形成され、再エネ関係のノウハウや技術などの入手、意見交換、国際的企業評価も上がることである。逆にRE100へ加盟しない選択は、世界の潮流から外れ、ビジネスの場で破綻するケースもこれから出るとRE100総括責任者サム・キミンスが述べている。現在世界で、このイニシィアチブに約150社が加盟し、そのなかで驚くことに再エネ100％達成企業はすでに25社を数え、さらにアップル、イケア、ウォルマート、グーグル、ユニリーバは「RE100」を企業サプライチェーンに対しても求めている。アップルとグーグルはアメリカ国内だけでなく、世界の全事業所における事業活動でもすでに達成している。

世界の再エネの経済性を見てみよう。中東などいくつかの国では、太陽光発電の大規模施設導入により石炭や天然ガスよりも大幅に低廉な再エネ導入が始まった。国際再生可能エネルギー機関：IRENAの2018年報告では、太陽光発電コストは約73％、陸上風力発電コストは約25％低下と発表され、2017年時点、再エネすべての平均発電コストは何と10¢/kWh。水力発電は5¢/kWh・陸上風力発電は6¢/kWh・バイオマスおよび地熱発電は7¢/kWhと出ている。最新の建設中の再エネ発電所の想定発電単価は、ペルー太陽光発電144MWで4.8¢、ドバイ太陽光電800MWで2.99¢、そして、アブダビ太陽光発電350MWでは2.42¢と日本と気候などの条件が異なるとしても驚異的数値である。

一方、G20諸国の化石燃料由来発電コストは5～7¢/kWhである。世界の太陽光発電モジュール設備価格は2011年には1kWあたり1000\$を切る水準まで下がり、再エネの発電施設数は、世界的に増加し、特に施設が増えている国は、中国・アメリカ・インドだ。

新エネルギー調査会社ブルームバーグ・ニュー・エナジー・ファイナンス（BNEF）によると、世界の2040年までの再エネ発電部門投資は総額約1150兆円との投資予測があり、この70％（約800兆円）が太陽光と風力に向かうと言われている。アメリカはシェールオイルもあるが、現在はガスが一番安い。しかし、2025年頃には太陽光と風力の方が安くなると予測され、中国

とインドも現在は石炭が一番安いが、2020年には太陽光と風力のほうが安価となるとされている。

　日本を見てみよう。日本も米国に劣らず、温暖化の影響と考えられる極端な気象などのため、2018年の自然災害での農林水産だけの被害額は5700億円と大きなものであった。また、損保大手3グループにおける2018年の自然災害による支払額は約1兆円であったと言われている。
　ではここで、日本でのRE100の取り組みを見てみよう。RE100に関しては、日本気候リーダーズ・パートナーシップ：Japan-CLPがTCG、CDPジャパンがCDPとアライアンスを組み行動を始めた。RE100への加盟企業は、アスクル、イオン、エンビプロ・ホールディングス、コープさっぽろ、城南信用金庫、積水ハウス、ソニー、大和ハウス工業、電通イージス、戸田建設、富士通、芙蓉総合リース、丸井グループ、リコー、ワタミの15社しかない。
　外務省と環境省も再エネに積極的に力を注ぎ、RE100の参画、認定を目指すと発表している。RE100への参画は、企業にとり政府に対する影響力や、社会評価も高くなる傾向がある。また、経済産業省は、第5次エネルギー基本計画では、再エネを主力電源とする一方、ひとつ間違えると大惨事を起こすことが明白な原子力発電、そして脱炭素社会への世界の流れと逆方向の石

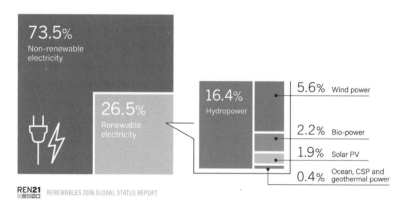

世界の電力生産における推定再生可能エネルギーシェア[2)]

第3章　企業が取り組むべきSDGs

炭火力も、大きく電源構成に組み入れている。ここから如何に転換し、「再エネの大量導入、低価格化」へと大きく舵を切るか。ビジネスの場で、社会構造他含め大きな改革・革新が必要である、ということを事業チャンスと捉え、目標7に積極的に取り組むべき課題と言える。

日本の2016年の1次エネルギー自給率は8.3％、二酸化炭素総排出量は13億600万t、そして2030年の再エネ電力導入目標比率22～24％は何と低いことか？世界の2017年の再エネ電力導入比率は既にREN21のレポート2018で、前ページの図の通り26.5％である。日本は、2030年目標は50％を狙うほどでなければイノベーションも起きない。2015年の世界の1次エネルギー消費の電気と動力合計の再エネ利用比率は既に20％にもなっている。多くの日本企業にとって、これまではエネルギーや電力は自分事の話ではなく、電力会社の話だと捉えられていることがほとんどであった。早く、自分事、自社のことと考えることが、大きな商機をつかむと考える。日本では、2021年までに1000億kWhほどの再エネ電力需要があるとの市場調査も出されている。ちなみに、化石燃料輸入代金は、ここ数年で平均約20兆円にものぼる。

日本発の目標7関連ビジネス事例では、開発途上のアフリカでは、大きな発電所や送電線は無いが、「通信データのように電力をパケット化して送る」技術と「電力を遠隔操作する」という技術と、広く普及している「モバイルマネー（携帯電話間での送金）」技術の3つを組み合わせて、プリペイドされた金額分だけ電力を供給する仕組みが開発された。

これは、東京大学阿部力也教授が開発した「デジタルグリッド」活用によるもので、プロジェクト展開しているWASSHA社によると、アフリカの6億人に電力が提供できるとされ、村のソーラーキオスク（店）を通じ、手頃な価格で無電化地域へ「電力の量り売り」サービスを提供し、人々の新しい生活を実現した。基本的な電化製品はレンタルで貸し出し、自分で使う分だけの電力をモバイルマネーで決済して使う。2017年時点で800ヵ所、24万人以上の人々に広く受け入れられている。

また、国内でも、42億個にものぼる宅配便の再配達防止物流システムによる低炭素型社会への取り組みや、川崎市における水素活用による熱電併給を行うホテル、駅ホーム屋根の太陽光発電からの電力で水を分解した水素を

用い、駅構内の電力や温水を一部利用する災害対応兼用施設も稼働し始めている。

求められる対応　ハード、ソフトの全てに目標7を

　エネルギーと言うと、電気のことを思い浮かべるが、消費においては熱の方が多いのである。課題も多いが、ここに注目してビジネスの展開を図る事も重要と考える。下図を参照して頂きたい。1次エネルギー段階で、非電力用6、電力用4の比であるが、最終エネルギー消費段階では、その消費割合は非電力用8対電力用2と変わる。熱利用と言えば、地下の冷水利用もある。小田原市の蒲鉾生産販売企業の鈴廣は老朽化したガス炊き冷温水発生機から休止中の井戸水を熱源とする井水熱源利用ヒートポンプ冷温水発生機へ設備を変更し、事務所の冷暖房及び製品包装作業所の冷房に利用している。

　エネルギー導入視点にはいろいろあり、利用エネルギー源選定、そのエネルギーで何を行うかなどもあるが、「節約、つくる、使う、貯める、そのす

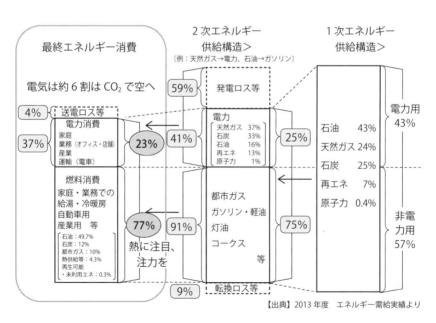

熱と電気の消費割合

べてにおけるシステム化」の5つの視点がある。

　システムにおいても、家庭、産業、運送業とそこに使われる様々なものは電気駆動、電気制御の多い時代であり、世界の電力消費の55％はモーターによる消費と言われ、この辺にも事業機会があると考える。また、モーターと同様に、あらゆる産業、家庭の機器にセンサーが一層使用され、そのスイッチングの電源として高性能で、長寿命の2次電池が大きな事業となる。

　制御、マネージメントというシステム管理面からは、「ゼロエネルギーハウス：ZEH、戸建てエネルギーマネージメントシステム：HEMS」「ゼロエネルギービル：ZEB、ビルエネルギーマネージメントシステム：BEMS」「コミュニティエネルギーマネージメントシステム：CEMS」「スマートシティー、スマートコミュニティー」などと、様々な設備とマネージメントソフトがあり、これらに共通で利用されるのがAI、IoTである。その市場規模は約4000兆円と言われている（次ページの図参照）。

　ソフト面では、パリ協定以降から地球温暖化ガス排出権取引が一層盛んとなり、ブロックチェーンの活用によりCO_2排出量のダブルカウントミスなどを瞬時に防ぎ、各国政府が国連へ報告する排出量管理での活用も話題となっている。このように、自動車分野は言うに及ばず、様々な分野で「エネルギーとマネージメント」の融合で大きなビジネスが出現する。自治体での再エネ利用による防災対応兼地域自律分散型バイオマス熱電併給システムなども大きな市場で、熱利用には多くのアイデアが必要となり、運営ソフトも重要となる。欧州では、すでに多くの「シュタットベルケ」と呼ばれる再エネ利用を核としたタウンマネージメントを活用したまちづくりが行われ、地域熱供給施設建設も盛んである。

　エネルギー課題は、大変多くのSDGsとの関係性の中から様々なニーズが浮かび上がる。自社内で解決する課題と事業そのものへの目標7導入の視点の両面から見直すとヒントが生まれ事業化につながるだろう。また、ビジネスチャンスとして2020年は、東京オリンピック・パラリンピックが、2025年には大阪万博とが続き、それを契機として再エネ導入をはじめとした事業展開があるだろう。

　話は大きくなるが、化石燃料からのCO_2削減、封じ込め、それと避けて通

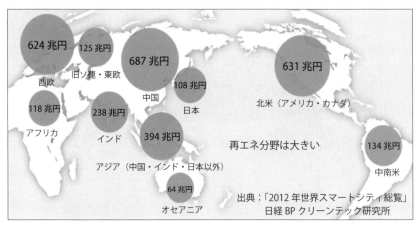

* エネルギー消費増加に伴いCO_2排出量が増加し、「環境に配慮した脱炭素地域」（スマートシティ / スマートコミュニティ）とならざるを得ない
* スマートシティ世界市場は2010～2030年間累計…予測 4,000兆円
* この数字の対象：スマートグリッド、太陽電池、風力発電、バイオマス発電、他再エネ、蓄電池、次世代自動車、充電器、AIOT（AI・IoT）投資の市場規模

スマートシティの世界市場[3]

れぬ原子力廃棄物処理などの革新的技術開発が必要とされ、世界的事業となろう。

すぐ化石燃料から転換可能な湿潤系バイオマス（人畜糞、汚泥、生ごみなど）活用では、次ページの写真のようなバイオガスで走るバスは多くあり、すでに電車すら走っていることも付け加えておく。

実際には？　エネルギーは事業の命運を担う!!　自分事として考える

日本の1次エネルギーは、化石燃料に約9割（2016年）依存していることが大きな課題である。個人、市民がそして企業などが「自分事」としてエネルギー削減、ゼロエミッションに取り組むのは当然だが、国家レベルでの課題も多くて大きい。現状以上に人材、資金を投入し、総合的に制度設計含め大きな枠組み変更が必要である。ここを加速してCO_2削減へどう向かうかがポイントとなる。

企業ベースでは、ランダムだが以下を記す。

英国 Bristol市 Biogas Bus[4]

①「RE100」をコミット、その後の評価などをする際は、コンサルなどが必要となり、社内、社外からの協力も必要で、簡略かつ分かりやすいデータ収集、取り組み改善を行い、中小企業でもコミットできるよう頑張る。

　そこまで努力をするなら、当然使用車はすべて電気自動車とし「EV100」に加盟すべきである。生産性という面から、エネルギー利用効率の倍増を掲げ、「EP100」などのイニシアチブへの参加も好ましい。これらのRE100/EP100/EV100は、企業が炭素排出を減らして気候変動の影響に対する強靭性を強めると同時に、企業利益を生み出していく点で分かりやすい3点セットとも言える。

　加えて「Science Based Target：SBT」への参加も勧める。これは、世界の平均気温の上昇を「2℃未満」に抑えるために、企業に対して科学的な知見と整合した削減目標を設定するよう求めるイニシアチブで、2015年に世界自然保護基金World Wide Fund for Nature：WWFおよびCDP、UNGC、世界資源研究所：WRIが共同で設立した。詳細な温室効果ガス削減目標設定に関する手法も発表されている。イニシアチブの認定（承認）企業として、日本ではソニー、第一三共、リコーなど9社が、コミットメント段階では28社がある。

　詳細は環境省と経産省とのグリーンバリューチェーンプラットホームを

参照されたい。https://www.env.go.jp/earth/ondanka/supply_chain/gvc/intr_trends.html

②地域により、どのような創エネ導入とするか、その後の新電力との連携をどのように経済性に乗せ、地域貢献・循環経済を成立させるか、送電線と配電線をどう確保するかなど、多々課題がある。更に大手電力との系統接続が出来ない、出力制御などの制約事例が多く、連携には重い課題となっている。

③創エネでは、日本は海に囲まれた島国であり、ここを活用し、洋上風力発電は当然、今後は潮汐発電、海流発電、波力発電、海洋温度差発電などのイノベーションによるローコスト化が大きな課題である。建設時には最新養殖などの漁業関連のビジネスも併せて出来ないか。

　例えば、佐賀大学で開発された海洋温度差発電は海洋の表層水と深さ600～11000mの海洋深層水との温度差（約20℃）の熱エネルギーを利用して発電する。これはベース電源としての役割も期待出来る。しかし、高コストで普及せず、経済性改善を考え、佐賀大学の事例では、100kW発電施設と深層水利用の農業や漁業を組み合わせた実証が行われている。つまり目標7、14、15とが関係して目標達成へとなっている。

④前述したが、再エネの熱利用が全く進んでいない。熱版FITのようなものもどうするか大きな課題と言えよう。

【注記・参考文献】
1) 国際連合広報センター：持続可能な開発目標（SDGs）報告2018
2) Renewable Energy Policy Network for 21st Century：
   RENEWABLES2018：GLOBAL STATUS REPORT（自然エネルギー白書2018）
3) 2012世界スマートシティー総覧：日経BPクリーンテック研究所
4) Biogas buses are the green solution for cities
   https://euinmyregion.blogactiv.eu/2016/07/04/biogas-buses-are-the-green-solution-for-cities/

目標8 働きがいも経済成長も

合同会社　地球村研究室　代表社員、東北大学名誉教授　石田秀輝

> **目標8.** 包摂的かつ持続可能な経済成長及びすべての人々の完全かつ生産的な雇用と働きがいのある人間らしい雇用（ディーセント・ワーク）を促進する

目標8とは？　目標8について

目標8は、"Promote sustained, inclusive and sustainable economic growth, full and productive employment and decent work for all"であり、『継続的、包括的かつ持続可能な経済成長、すべての人に対する完全かつ生産的な雇用と適切な雇用の促進』と訳されている[1]。これは、自然資源が守られ、みんなが参加できる持続可能な経済成長を推進し、すべての人が職を持ち、無理なく生産的に働き続ける（Decent Work）ことが出来るようにするということでもある。

日本の課題　世界の動向　検討されるべき課題

巻末のターゲットからも明らかなように、目標8は現在世界が抱えている矛盾を含め、多くの課題への解を求めている。その目指すところを要約すれば、『産業の多様化や技術革新によって高い経済生産性を実現し、経済成長を保ちつつ地球環境の劣化は阻止し、すべての人が生産的で働きがいのある仕事を持ち、それに対して同一労働同一賃金を支払うこと、そして、すべての人に積極的にその機会を与える』ということでもある。

現在、世界の児童労働者数は1億5200万人（内危険有害労働者は7300万人）[2]と言われ、全世界の失業者は1億7000万人（2007）から2億200万人（2012）へと増大し、若者はそのうちの7500万人を占めている[3]。今後、生産年齢人口の増大に対応するためには、2016年から2030年にかけ、毎年

3000万件の雇用を創出しなければならないという報告もある[3]。一方、先進国、とりわけ日本の相対貧困率は16%（子供貧困率は約14%）であり、OECD諸国で4番目に高い貧困率を示す[4]。また、生産年齢人口が今後減少して行くなか、非正規社員比率は上がり続け3割を大きく超え[5]、パートタイム賃金も世界水準を遥かに下回る[6]。

さらに、先進国の経済成長率は軒並み低下し、グローバル資本主義あるいは金融資本主義と言われる現在の資本主義そのものが限界の様相を呈し始め、エネルギーや資源の囲い込みやポピュリズムの台頭が際立ってきている。今こそ次の定常化社会への大きな変革が望まれるものの、まだ混乱期を抜け出せない状態である。今、これからの産業のあり方を含め、雇用の形態や経済的な価値の本質的な検討が必要とされている。

求められる対応　2つの限界

ここでは課題先進国と呼ばれる日本に焦点を当て、未来の社会、そしてビジネスのあり方を目標8の視点で考えてみたい。目標8を達成するために避けて通れない視点は2つの限界である。1つは生活にも大きな影響を与え始めた、急激に劣化する地球環境問題であり、もう1つは物質的消費欲求の劣化である。もう物は欲しくない、物が売れない、そういう時代を現在の消費型社会（金融資本主義、グローバル資本主義）、少なくとも先進国では迎え始めた。この2つの限界が社会の閉塞感を生み出し、それが少子・高齢化や人口減少に大きな影響を与えていることも間違いでは無いだろう。その1つの大きな山場が2030年頃だと考えている。

(1) 地球環境・物質的消費欲求の劣化をどう考えるのか？

喫緊の地球環境問題の1つは地球温暖化であるが、同様に生物多様性の劣化、さらには海洋流出プラスチックも同様に極めて重要な問題である。そもそも、これらの問題はどのようにして発生したのか、それは間違いなく『人間活動の肥大化』である。ちょっとした快適性や利便性を求めた結果、際限のない負荷を環境に与えてしまったのである。重要なことは、地球環境問題とは『人間活動の肥大化』であり、例えば『気候変動』はその結果起こった

リスクの1つであるという視点である。言い換えれば、脱炭素は極めて重要であるが、それは対処療法的にではなく、これからますます厳しくなる地球環境制約下で心豊かであるというライフスタイルの変革を伴うことが重要である。例えば、大きな潮流となっている電気自動車を考えれば、電池のエネルギー・体積密度はともに化石エネルギーに比べて1/1000程度しかなく、また例えば使用する銅の量はガソリン車に比べ4倍弱に増加する。単に、走行中の温室効果ガスである二酸化炭素を排出しないという理由で、ガソリン車を電気自動車に置き換えても本質的な解には至らない。すなわち、このような対処療法的な手段（フォーキャスト思考）では、資源やエネルギーの枯渇や生物多様性などの他のリスクにも影響を与える可能性がある。対処療法的な視点では、テクノロジーのトレードオフを起こす可能性が極めて大きいのである。

一方では物が売れない時代に突入した。これは、経済の限界、グローバル資本主義や金融資本主義と言われる経済が限界に近付いているということである。現実的に物を欲しがらない若者が急速に増え、断捨離がブームになり、ミニマリストが若者のおしゃれな1つのライフスタイルになっている。資本主義とは、濃い所から薄い所に物を流すことによって経済を循環させている。その薄い所がどこなのか、それを探して世界中のあらゆる企業が一挙に押し寄せて経済活動をすることの繰り返しで、今、世界が均一化し、だんだん薄い所が無くなってきている。これは従来型の資本主義の限界であり、次のステップへ移行すべき時代なのだと思う。

重要なことは、『ライフスタイル』を変えることによって、求められるテクノロジーやサービスが結果として気候変動や生物多様性、海洋流出プラスチックなどに同時に大きく貢献するという視点（バックキャスト思考）が今求められているのである。

(2) 心豊かな暮らし方[7]のデザイン

2030年をターゲットに2つの限界に同時に答えを出さなければならないが、それは、快適性や利便性のみを求めた発散型の社会から「一つの地球」で暮らすという収束型の社会への転換でもある（図1）。この転換を、現在

という視点(フォーキャスト)で見れば、明日から車に乗ることはやめる、スマホをやめる……XXをやめるという結論になり、我慢することになる。すなわち、未来は快適性や利便性の否定であり、人が有する欲の構造「生活価値の不可逆性」[8]からすれば、到底受け入れられるものではない。一方で、一つの地球という制約の中で、心豊かな暮らし方のかたちを考える(バックキャスト)という視点では、すでに1980年代半ばから、ものの豊かさより心の豊かさを求める人が増え続け[9]、車から自転車へ、週末はアウトドアへ、家庭菜園/DIYブームに代表されるように、すでに多くの予兆が現れ始め、新しい暮らし方の可能性が見えている。

過去から未来へは、時間軸としては連続しているが、社会構造、少なくとも暮らし方という視点では、非連続であると考えるべきで、過去に経験したことがない新しい未来を新たな足場で設定しなければならないのである。

(3) 心豊かな暮らしを煽る要素

筆者らは、厳しい地球環境制約の中で心豊かな暮らしを明らかにするために、バックキャスト手法で構築した5,000を超えるライフスタイルの社会受容性分析、および、戦前に成人し高度経済成長の準備が整いつつあった1960年代に40歳代の働き盛りを経験した、すなわち、制約の中で豊かな暮

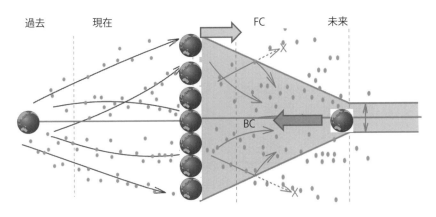

図1　過去と未来は連続？　非連続？

らしを実践したことがある現在90歳前後の600人を超える聞き取り調査から、心豊かな暮らし方のかたちを明らかにした[10]。それをライフスタイルという視点で切り出すと、図2が得られる[11]。今の多くの人たちは、自立型のライフスタイルを求めているが、現実には、依存型のライフスタイルを煽る社会が主流で、商材も全てが依存型と言っても過言ではないだろう。「あなたは何もしなくていいのです」という全自動の商材やサービスばかりで、多くの人たちが求める社会/ビジネスとは全く反対方向を向いている。

　一方では多くの人たちは自立を求めているが、現実には自立型のライフスタイルと言えば自給自足という概念が多くを占める。依存型の暮らしをしてきた人が、急に自給自足の暮らしができる訳ではなく、自立と依存の間に隙『間』が空いている。現実社会では「間」が抜けているのである。「間」を埋めるということは、ちょっとした不自由さや不便さを個（人）やコミュニティーの知恵や知識とスキルで乗り越えることで、その結果、達成感や充実感、愛着の湧く世界である。「間」はビジネスや政策の宝庫であり、研究テーマの宝庫なのだが、バックキャスト視点である、制約の中での豊かさを考えなくてはならず、フォーキャストの視点では見え難い。

　物を欲しがらない若者、嫌消費などの言葉が新聞や雑誌で多く見られる

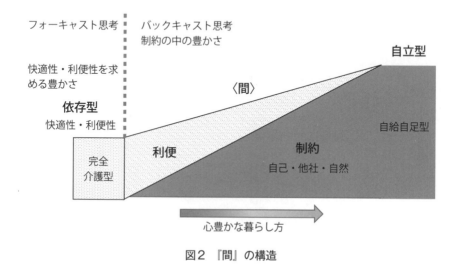

図2　『間』の構造

が、現実には、物を欲しがらない若者の多くは、奇をてらったものではなく、『間』を埋めるテクノロジーやサービスを求めているのである。この『間』埋めることが地球環境の劣化を阻止し、経済生産性を生む新しい社会を創成するのである。そして、すでに多くの予兆も見え始めている。

(4) なぜ人は敢えて制約を求めるのか

　快適性や利便性を煽る商材がありながら、何故人は敢えて制約を求めるのか。この地球上で唯一の持続可能社会を有する自然を切り口に考えてみよう。自然は完璧な循環を最も小さなエネルギーで駆動している、何故それが可能なのか、脳の構造から考えてみたい。脳の構造はポール・マクウィーンの3層構造仮説[12]によれば、心拍、呼吸などの生命維持機能を担う第1階層、本能的情動や感情、種の保存、母性的な欲動を担う第2階層、言語機能や記憶・学習能力、創造的思考能力を担う第3階層からなる。

　例えば、昆虫の脳細胞は10万個～100万個で、人間の1,000億個とは桁が違う。その昆虫たちがなぜ持続可能な社会を創り得るのか。昆虫は第1階層と第2階層しか持たない。第3階層の無い昆虫にとってのメモリーは、今、目の前にあるものだけである。従って、より多くの情報を得るために、昆虫は移動する。あちこちに移動して情報を集め、その情報（自然）の中で、最も最適な解をつくる、当然、それは持続可能なのである。

　一方、人間は見たものや学んだものを第3階層に蓄える。そして大量のメモリーを組み合わせ、自分にとって理想的な世界をイメージすることができる。さらに、そのイメージされた世界を現実解に置き換えた結果、山を削りビルを建て、地面を掘り進めて地下資源やエネルギーを汲み出し、自分の思考に合うように、環境を改変し、その結果が地球環境問題を引き起こした。

　今、求められているのは、第3階層と第2階層をつなぐことである。換言すれば、目の前にある、ちょっとした不自由さ、不便さを第3階層にある知恵や知識と第2階層の具体的な行動（技）で超えていくという、第2階層と第3階層をつなぐことが必要なのである。これが『間』を埋めるという概念であり、すでに述べた『車から自転車に』、『家庭菜園』、『DIY』…などの予兆に明らかなように、それを今、社会が求めていると言える。

実際には？ 動き始めた企業戦略

　目標8は、厳しい地球環境制約の中で、心豊かに暮らせる社会の創成とそれに必要なビジネスや政策を明らかにし、社会実装することである。すでに多くの予兆も明確に現れてきた。その予兆を創り上げてきた要素も明らかになりつつある[7]。重要なことは、この新しい潮流を企業が理解し、引っ張り上げることである。シュンペーターが言うように、イノベーション（新結合）はテクノロジーの進歩だけでは決して起こらない。新しい暮らし方の設定が強く求められているのである。

　最近のいくつかのビジネス例を挙げてみよう[7]。

例1　ラ コリーナ近江八幡（たねやグループ）
　　　自然環境を活用し、農作物の生産から菓子の製造、販売まで、運営まで持続的に行うあたらしい拠点づくり。
　　　和菓子の「たねや」、洋菓子の「CLUB HARIE」を展開するたねやグループが、自然豊かな創業の地・近江八幡で2015年にスタートさせたフラッグシップ店。建築家・藤森照信氏によるユニークなデザインのメインショップをはじめ、田んぼや畑、本社、カフェなどが3万5000坪の敷地に展開する。

写真1　ラ コリーナ近江八幡（メインショップ）　提供：たねやグループ

例2　バイオガス施設　南三陸BIO（アミタ）
　　　住宅や店舗から出るゴミを、自分たちで分別し、得られた有機系廃棄

物を発酵処理し、バイオガスと液体肥料を生成する施設。ガスは発電に、液肥は肥料として活用するシステム。

南三陸町の有機系廃棄物を資源化する包括的資源循環モデルの要。アミタは、2015年10月に資源・エネルギーの地域内循環を担う拠点としてバイオガス施設「南三陸BIO」を開所。官民連携（PPP）スキームでのバイオガス事業を本格的に開始した。

写真2　南三陸BIO（外観）　提供：アミタホールディングス

例3　オフィス製紙機　PaperLab（エプソン）

水をほとんど使わず、オフィス内で使用済の紙から新しい紙を生産できるシステム。

使用済のA3、A4コピー用紙を原料として、文書情報を完全に抹消した上で、新しい紙を生産できる世界初のオフィス製紙機。水をほとんど使わず、60分で720枚の紙を生産。紙の購入量と古紙の回収に必要な輸送量を減らすことが出来、CO_2排出量を削減。セキュリティー強化と環境負荷の低減に貢献する。

写真3　PaperLab　提供：セイコーエプソン

第3章　企業が取り組むべきSDGs　155

【注記・参考文献】
1) JAPAN SDGs Action Platform　外務省　https://www.mofa.go.jp/mofaj/gaiko/oda/sdgs/about/index.html
2) 児童労働の世界統計：推計結果と趨勢、2012-2016年、ILO（2017）
3) Global Employment Trends 2013、ILO（2013）
4) 平成28年国民生活基礎調査結果の概要、厚生労働省（2017）
5) 労働力調査平成30年速報、総務省統計局（2018）
6) データブック国際労働比較2015 5. 賃金労働費用、労働政策研究・研修機構（2015）
7) 石田秀輝　古川柳蔵　バックキャスト思考　ワニブックス（2018）ISBN978-4-8470-9675-4
8) 石田秀輝　自然に学ぶ粋なテクノロジー　化学同人（2009）　ISBN978-4-7598-1332-7C0344
9) 内閣府　平成26年　国民生活に関する世論調査
https://survey.gov-online.go.jp/h26/h26-life/zh/z35.html
10) Emile H. Ishida, Ryuzo Furukawa Nature Technology, Springer（2013）ISBN978-4-431-54613-9
11) 石田秀輝　光り輝く未来が沖永良部島にあった！　ワニブックス（2015）ISBN978-4-8470-6089-2C0295
12) Paul D. MacLean　The Triune Brain Evolution，Plenum Press（1990）1-681 ISBN0-306-43168-8
13) Society 5.0、内閣府　http://www8.cao.go.jp/cstp/society5_0/index.html

目標9 産業と技術革新の基盤をつくろう

長岡技術科学大学　理事・副学長　三上喜貴

> 目標9. 強靭（レジリエント）なインフラを構築し、包摂的かつ持続可能な産業化の促進及びイノベーションの推進を図る

目標9とは？　目標9の目指す世界の姿

　SDGs目標9はしばしば「産業と技術革新の基盤をつくろう」という短いスローガンで紹介されるが、省略せずに原文を訳せば「強靭なインフラを構築し、包摂的かつ持続可能な産業化を促進するとともに、イノベーションの推進を図る」となり、インフラ開発、産業開発、技術革新の3つの領域について定義された目標である。

　目標9のもとには以下の5つのターゲットがある。

9.1　強靭なインフラ整備（特に交通インフラ）
9.2　産業化、特に製造業の付加価値増加
9.3　小規模企業へのファイナンス
9.4　CO_2排出量削減
9.5　研究開発投資、特に小規模企業の研究開発投資拡大

　この他、9.a、9.b、9.cという枝番がアルファベットのターゲットがある。これらは"means for implementation"と呼ばれ、当該目標を達成するために具体的にどのような方策を取るべきであるか、の視点で加えられているもので、目標9には次の3つがある。

9.a　インフラ投資
9.b　ハイテク産業
9.c　モバイル通信

　つまり、インフラ投資、研究開発投資、ファイナンスと市場へのアクセ

ス、通信基盤投資を通じて、産業、特に製造業の付加価値と雇用を高めようというメッセージがこの目標が目指している世界の姿と言える。多くの途上国及び小規模企業ではこれらの投資が十分でないために雇用や付加価値が十分でなく、それが他の目標達成の制約条件ともなっているという認識が背景にある。

このような課題について論じているため、産業界にとって、目標9は事業戦略への組込みが比較的進め易い目標だろう。実際、経団連のSDGs事例集[1]をみると、2018年末時点で合計221件、130社の事例が収録されているが、このうち目標9関連は28件あり、目標11「住み続けられるまちづくりを」に次いで多い。本稿では、各社のサステイナブル報告書や、内外の事例集を参考に、産業界としての目標9への取り組みのアイデアを紹介したい。

なお、国連は、創立73周年を迎えた2018年10月23日、17の目標のそれぞれに対して、SDGs推進にあたってのフォーカルポイントとなるグローバルハブ大学を任命した。ハブ大学は世界16カ国にまたがっており、今後3年間の任期で高等教育機関の立場からSDGsに取り組む。幸い、目標9については筆者の勤務する長岡技術科学大学が任命され、日本の大学として唯一のハブ大学となった[2]。そこで、本稿では、産業界の取り組みに関して大学とどのような連携が可能かという視点も織り込みながら解説する。

日本の課題 世界の動向　5つの具体的ターゲットと評価指標

本節では、目標9の5つのターゲットと評価指標を手掛かりに、もう少し具体的にこの目標の目指す課題を見てみよう。

ターゲット9.1　質の高い、信頼性のある、持続可能で強靭なインフラの構築

ターゲット9.1は、「インフラは産業発展と国民福祉の基礎条件となるものであり、全ての人に対して、公平に、しかも廉価な（affordable）コストで提供されなくてはならない」と述べる。ここでインフラとは、交通・通信に係る社会資本及び国民・国土を守る様々な社会基盤である。評価指標として、「年間を通じて利用できる道路の2km以内に住む非都市圏人口の割合」、「輸送形態別の旅客と貨物の輸送量」が挙げられている。

質の高い信頼性のあるインフラという意味では日本は国際的にみて高い水準を達成しているとも言えるが、日本各地が度重なる自然災害によって甚大な被害に苦しんでいること、また、老朽化したインフラの更新が大きな社会的課題となっているなどを考慮すると、日本も依然としてこの分野で多くの課題を抱えている。途上国においては、インフラ整備に関して多くの課題があることは言うまでもない。

ここで特に重要なことは、「全ての人に公平に」（原文ではequitable）という視点を踏まえた社会的弱者への対応を重視したインフラ整備と、災害等の非常事態にも機能を失わず、また、仮に失っても迅速に機能を回復できる強靭さを備えたインフラの整備である。

ターゲット9.2　製造業の雇用及び付加価値の大幅増加

ターゲット9.2は「包括的かつ持続可能な産業化を促進し、2030年までに各国の状況に沿って雇用及びGDPに占める産業の割合を大幅に増加させる。後発開発途上国においてはその割合を倍増させる」とある。このターゲットが後半で「後発開発途上国では比率を倍増させる」と述べているように、世界経済のグローバル化が進展する中で、47カ国といわれる後発開発途上国（LDC）は一次産品の輸出国にとどまり、工業製品の大部分を自国内で生産できずに輸入にたよっているという現状がある。このターゲットは全ての国を対象として述べられたものではあるが、開発途上国、特に後発開発途上国における製造業を如何にして離陸させるか、という点での取り組みが望まれている。評価指標は「GDP及び雇用に占める製造業の比率」である。

ターゲット9.3　小規模製造業へのファイナンスと市場へのアクセス向上

ターゲット9.3は「特に開発途上国における小規模製造業やその他企業に対して低廉なコストでの金融サービスやバリューチェーン及び市場へのアクセスを増大する」と述べる。つまり、資金の提供とバリューチェーンへの参加機会の拡大を通じて、中小零細事業者の発展を促進することである。評価指標は「製造業の付加価値及び貸付額に占める小規模企業の比率」である。

ターゲット 9.4　環境負荷の小さいプロセスの導入等によりサステイナブルな産業を創出

ターゲット 9.4 は「2030年までに、資源使用効率の向上とクリーンで環境上適正な技術と産業プロセスの導入の拡大を伴ったインフラ改良や産業改善により、持続可能性を向上させる。全ての国々は各国の能力に応じた取り組みを行う」と述べる。このターゲットの評価指標は「単位付加価値あたりのCO_2排出量」である。

サステイナブルな産業活動を実現することは、いまや、産業界に資金を供給する金融セクターからの圧力ともなっている。日立製作所理事の荒木由季子氏は「米国のトランプ大統領がパリ協定からの離脱を表明しているなかで、産業界の役割は重要性を増している。背中を押しているのは金融セクターだ。(中略)主要国の金融機関で構成する金融安定理事会の『機構関連財務情報開示タスクフォース(TCFD)』はこうした情報の開示を勧告しており、我々も来年度以降、対応していきたい」[3]と述べている。ESG投資の割合は日本でも徐々に高まっており、また、年金運用ファンドGPIFが気候変動に対する事業リスク情報の開示、サステイナビリティ向上のための努力を求めている。産業界として強く意識すべきことであろう。

ターゲット 9.5　イノベーション促進のため研究開発従事者数を大幅に拡大する

ターゲット 9.5 は「2030年までに、イノベーションを促進させる。また10万人あたりの研究開発従事者数を大幅に増加させ、開発途上国をはじめとする全ての国々の産業セクターにおける科学研究を促進し、技術能力を向上させる」と述べる。産業開発の突破口はイノベーションにあり、その促進のためには研究開発活動に従事するマンパワーを作り出すことが必須であるという認識からである。評価指標は「GDPに占める研究開発支出」及び「人口に占める研究者比率」である。

求められる対応　実際には？　内外企業の取り組み事例

それでは、具体的に産業界としてどのように対応すべきか。本節では、内

外企業の取り組み事例を、日本企業については経団連のSDGsサイト及び各社のサステイナブル報告書から、また海外企業についてはコンサルティング企業KPMGと国連グローバル・コンパクトがまとめた産業別事例集[4]から取り上げて紹介しよう。この産業別事例集は、製造業、農業、医療、金融、建設、運輸など産業別の別冊に分かれて多数の取り組みが紹介されており、目標9に限っても30余りの事例を掲載している。

CO_2 排出量削減

　第一はCO_2排出量の削減（9.4）である。これは内外を通じて全ての産業セクターが力を入れている課題であり、実際、ほとんど全ての日本企業のサステイナブル報告書、CSR報告書、環境報告書で取り組みが報告されている。海外企業でも目標9との関連ではCO_2排出量削減を中心に据えているケースが多い。

　世界のトップ企業をみると、カーボンニュートラルな産業活動の実現という意欲的な目標を掲げている。ドイツのシーメンスは「2030年までにカーボンフットプリントを実質ゼロにする」との意欲的な目標にコミットしており、同じくドイツのMANは、再生可能エネルギーのみで操業するカーボンニュートラルな商用車組み立て工場を南アフリカに開設したことをアピールしている。排出量削減に関して訴求力のある目標設定である。

　排出量評価にあたっては、ライフサイクルを通じた排出量評価が重要である。製造プロセスにおける排出量削減にとどまらず、製品のバリューチェーン全体を通じてどれだけ排出量削減効果を上げるかという視点から目標設定と評価を行うことで、目標実現の効果にグローバルな広がりを持たせることができる。フランスのシームレス鋼管メーカーであるヴァレックは、臨界発電向けの鋼種を用いた発電所向けソリューションをアピールするにあたり、それが世界中にひろがる発電所においてエネルギー効率改善とCO_2排出量削減に寄与するという点をアピールしているし、オランダの化学メーカーのアクゾノーベルは赤外線の反射率の高い外壁塗装用塗料をアピールすることで、グローバルなCO_2削減効果が期待できると述べている。

　日本でも、経団連事例集に紹介されている荏原製作所の海外浄水場への高

効率ポンプ導入は導入先国における炭素クレジット獲得とリンクした取り組みであり、すでにインドやインドネシアで導入が進んでいるKDDIの省エネ基地局も設置国における省エネとインフラのレジリエンス向上に貢献する取り組みと言える。ブリヂストンは、サステイナブル報告書で、タイヤ製造工程における省エネに加えて、タイヤの転がり抵抗低減によりタイヤのライフサイクルを通じたCO_2排出量を大幅に低減させることができた実績をアピールしている。なお、CO_2排出量削減が目標13に関連づけて取り上げられているケースもある（例えばヤマト運輸）。

サステイナブルな産業化の促進

CO_2排出量のみならず、マテリアルフローの点でもサステイナビリティの追求は重要なターゲットである。具体的なターゲットとしては、目標12「つくる責任 つかう責任」のターゲット12.2が述べる「天然資源の利用におけるサステイナビリティ向上」に対応するものであり、CO_2排出量削減と相まって持続可能な産業開発の大きな柱となっている。

この点も多くの製造業のサステイナブル報告書で具体的な数値をあげて事業上の目標が述べられているが、近年では流通業などを含め、サプライチェーンの全ての段階の産業にも広がりつつある。例えば、ファーストリテイリングのサステイナビリティ報告書をみると、2016年に新設されたジーンズイノベーションセンターがこうした取り組みの一環として紹介されている。従来ジーンズのユーズド感をだすために大量の化学薬品と大量の水が使用されていたが、ロサンゼルスに新設した同センターでは、レーザー加工など新技術の採用により化学物質と水の使用量の大幅削減が可能になったという。また高炉スラグをアジアやラテンアメリカに輸出してきた伊藤忠商事は、高炉スラグセメントの導入により、輸出先国における資源保全と省エネ化に貢献すると訴えている。

レジリエントなインフラ開発

このターゲットも広範な産業界で事業への組み込みが可能であり、国家レベルでのインフラ開発から比較的小規模な事業まで幅が広い。

まずスケールの大きな事例から紹介する。エネルギー・資源産業は環境負荷の大きな産業であり、また、資源産出国の理解なくして成立しない事業であるためにSDGsの視点を強く打ち出すことによって資源産出国に理解を訴えている。世界最大規模の優良鉄鉱床と注目されるギニアのシマンドゥ鉱山には世界中の鉱山資本が殺到しているが、アルセロール・ミッタルはギニアの鉱床地帯から隣国リベリアを横断して最短距離で港湾に到達できる鉄道の新規建設を提案し、ライフサイクルで見た時のエネルギーコストが大幅に削減されることを訴えるとともに、このインフラが産出国や周辺国の開発にとっても有益であるとして目標9達成への貢献をアピールしている。ブラジルの総合資源開発企業ヴァーレ（かつてリオドセと呼ばれた）が三井物産と計画しているモザンビーク北部の炭鉱開発プロジェクトも同様であり、いずれも産出する鉱石・石炭の積み出しのための鉄道建設を、陸封国あるいは内陸地域にとっての港湾アクセス、国内物流にも活用するという・インフラ共用・・・・・アプローチを特色としている。これらの巨大プロジェクトでは、世界銀行などを評価プロセスに取り組むことによって主張の客観性をアピールしていることも特色である。

　一方、比較的小規模なインフラ構築事例として、経団連サイトで紹介されているユアサ商事、建材メーカーなど3社が共同で取り組んでいる太陽光発電による街路灯「ライトステーション」も興味深い。自立電源という意味でレジリエントであるだけでなく、携帯電話の充電機能や避難誘導情報の多言語による提供機能など、緊急時における社会のレジリエンスを支える機能を有している。同様にして、セブン＆アイ・ホールディングスは国内2万の店舗網を災害時にもサービスを持続できるレジリエントな社会インフラとして強化することを重点課題に挙げている。「全ての人に公平に」という事例としては、誰もが安心してスムーズに利用できる次世代公共交通への貢献を目指してバス昇降時のバリアフリー化のためのタイヤと縁石の開発を取り上げているブリヂストンの事例を挙げておく。

海外のものづくり支援

　経団連サイトで紹介された事例中で筆者が注目したのは旭化成のインドに

おけるCSV事業である。CSVとはCreating Shared Valueの略であり、本業を通じた経済的利益の追求と社会的価値の創出を両立させた事業展開のことである。旭化成の場合、原綿の輸入国であり、またベンベルグ糸の大きな輸出市場でもあるインドに対し、原糸販売にとどまらず、現地での新しいファッションの創出を目指し、将来を担う若手服飾専門学校生の育成支援を実施するとともに、ベンベルグを扱う工場の若者にノウハウ・技術を提供することで彼らが生活の糧を得て自立できるよう支援を行うという取り組みである。

　国連グローバル・コンパクト／KPMGの事例集にも同様の取り組みがある。スウェーデンの政府投資機関スウェドファンドは、同国発のアパレルメーカーH&Mと組んで、エチオピアのサプライヤーに働きかけ、同国繊維産業を育成し、H&Mのバリューチェーンで生まれる付加価値と雇用がより多くエチオピア国内に残るように、といった取り組みを行っている。途上国の小規模企業に対してファイナンスと市場アクセスをセットで提供するという点でターゲット9.3を理想的に体現した取り組みと言える。

SDGsをグローバルバリューチェーンに組み込むことの重要性

　日本企業の取り組みに比べると、世界の産業界のSDGsへの取り組みはグローバルな事業展開の中にSDGsの目標を組み入れることによって、途上国自身のSDG目標達成を支援するという意図がより明瞭に表現されているように思われる。日本企業の海外生産比率はすでに高い水準にあり、その製品は世界各地に顧客を有している。こうしたグローバルなバリューチェーンにSDGsの視点を取り込むことで、日本企業の取り組みを国際的な文脈でより強くアピールすることは十分に可能である。日本の産業界が、国内の取り組みに加えて、SDGsを自社のグローバルバリューチェーンに組み込むことによって、より魅力的な形でアピールされることを期待したい。

大学との連携によるSDGsの推進

　国連の呼びかけに応え、現在では、世界中の1300余りの高等教育機関が国連アカデミック・インパクト（UNAIと略称される）と呼ばれる連合体に加盟している。産業界におけるグローバル・コンパクトの大学版である。国

連アカデミック・インパクトの加盟大学はいずれも強い意欲をもってSDGsの目標達成に貢献したいと考えており、日本の産業界には、SDGs活動の具体化に際して、是非とも内外の大学のリソースを活用した取り組みについても研究、検討していただきたい。

本稿冒頭で述べたように、本学は、国連からSDGs目標9についてのハブ大学に任命されたところであり、その責務も踏まえ、大学との連携の具体例として、筆者の所属する長岡技術科学大学が産業界と共同で推進している取り組みについて紹介させていただく。

本学ではスーパーグローバル大学創成支援事業の重要な柱として、日本のものづくり産業の進出が著しいベトナム、タイ、マレーシア、インド、メキシコなど8拠点を戦略的成長地域と位置付け、これらの地域に進出した（あるいは進出を計画している）日本の中小企業を支援しつつ、同時に相手国の製造業及びエンジニア教育の高度化を支援するという活動を展開中である。本学の連携大学には本学の「技学テクノパークオフィス」が設置され、本学の雇用するコーディネータが常駐して国際産学共同事業のリエゾンにあたっている。本学はこれをGTP事業と呼んでいる（Gigaku Techno-Park、GTPと略）。活力ある日本の中小企業の進出は、進出先地域の雇用と付加価値の創出に貢献するものであり、これを、本学のグローバルな大学ネットワークを活用することにより人材獲得と技術支援の両面から支援する、という取り組みである。

これまでにいくつかの成功事例が生まれている。世界の自動車産業が集積するメキシコでは、提携大学からの優秀な人材の獲得と現地大学からの技術支援体制構築を通じて、日本の中小企業の進出を支援してきた。また、ベトナムでは、医療用注射針市場における世界的プレイヤーである日本の中小企業の現地生産活動がスムーズに展開するよう、人材獲得と現地大学からの技術支援体制構築を通じて支援している。更に、日本の設備工事会社とハノイ工科大学及び本学の三者間共同研究体制構築を通じて工場の省エネ化ソリューションの開発を進めているが、これは工場新設が続くベトナムにおいて、サステイナブルな産業化に貢献する取り組みでもある。

本学は、これまで、日本企業の海外進出に並走し、更には先回りするとの

意欲をもって東南アジア諸国やメキシコなどへと海外ネットワークを構築してきた。先に述べた諸事業は、こうした基盤の上にたって、これら諸地域における製造業の付加価値と雇用の拡大（ターゲット9.2）、サステイナブルな産業化の促進（ターゲット9.4）、研究開発人材の育成（ターゲット9.5）に活用しようとするものである。

途上国のものづくり人材育成支援

もうひとつ、途上国におけるサステイナブルな産業化と技術開発能力向上を支援する活動として、日本に学ぶ留学生の支援や、現地でのものづくり人材育成への支援がある。

りそな銀行はSDGs私募債の発行を通じて、起債額の一部を国連大学などの留学生支援に寄付する活動を開始した[5]。進出国において人材育成プログラムを直接支援している事例もある。インド政府は、外国企業を含む全ての企業に対して利益の一定割合をCSR活動に投資することを法的に義務付けている。これに応じて、ヤマハ発動機、スズキなどインドで大規模な生産活動を行う企業は現地のものづくり人材育成に対する支援を行っている。こうした取り組みも、目標9達成に貢献する産業界の取り組みと言える。

本学も、メキシコ、インド、インドネシアなどで、これらの地域に進出した企業をスポンサーとして、相手国の学生を日本企業にインターンシップで招聘し、彼らが日本のものづくりを現場で学ぶ機会を提供している。また、2018年には、国連教育科学文化機構UNESCOと「サステイナビリティのための工学教育プログラム」に関する合意書を取り交わし、教育プログラムへのSDGs導入を進めるとともに、SDGsの目標達成に貢献する意欲をもった途上国留学生を対象とするSDGプロフェッショナルコースを開設した[6]。2019年9月にはその一期生が入学してくる予定であり、本学としては、これらの留学生に対する奨学金を提供していただける企業を募集中である。これも途上国のものづくり人材育成に直接貢献する活動と考えている（ターゲット9.5）。

【注記・参考文献】

1　経団連SDGs事例集
https://www.keidanrensdgs.com/database-jp

2　United Nations Academic Impact Japan
http://www.academicimpact.jp/nagaokaut/topics/2018/10/25102146

3　日本経済新聞2018年12月11日　投資家の押し　企業動かす（日立製作所理事荒木由季子氏へのインタビュー）

4　国連グローバル・コンパクト／KPMG　SDG Industry Matrix日本語版
http://www.ungcjn.org/activities/topics/detail.php?id=204

5　日刊工業新聞2018年11月21日　りそな，外国人留学生支援　私募債SDGs推奨ファンド

6　SDG Professional Courseの案内サイト
http://www.nagaokaut.ac.jp/e/nyuushi/sdgp_course.html

目標11　住み続けられるまちづくりを

関西大学社会連携部・名誉教授、大阪大学名誉教授　盛岡　通

> **目標11.** 包摂的で安全かつ強靱（レジリエント）で持続可能な都市及び人間居住を実現する

目標11とは？　まちづくりを通して持続可能性を統合する

　目標11は、市民の住まいを確保するとともに、都市に集中する人々が持続可能社会に向かい活動していくことを世界の目標とする。ハイレベル政策会議が目標11に関する取り組みの年次報告（2018年，文献1）を提示した。その報告を担ったのはHABITAT（国際居住計画）やUNEP等の国際組織である。住まいの質を高める取り組みを重ねてきたHABITATは開発途上国にとりわけ著しい劣悪な住まいを改善すること、およびその象徴としてのスラム対策に焦点をあてていた。

　それゆえ、目標を到達する最初の標的（ターゲット11.1）は、「すべての人に十分な量の安全で求めやすい住まいへのアクセスとスラムの改善」を掲げている。また、続発する巨大災害がもたらす人口集中地域での被害を削減するDRR（災害リスク削減）に注目し、東日本大震災後の仙台宣言に謳う自然災害からの持続可能な復興も重視している。

　また、都市に集積する市民と事業者の活動を利便で安全かつ持続可能な交通によって支え、交通渋滞や交通事故にともなう社会的損失を削減することもまちづくりの目標とされてきた。持続可能な住まいの施策の年次報告は、途上国や工業発展国の都市の住まい、交通、災害対策に対して、途上国（工業発展国）と先進国が協力して取り組む上での成果と課題をまとめている。

　目標11は、合計10のターゲットをともなっており、更に合計14（共通項4指標を含む）の指標で構成される。これらの内部関係はハイレベル政策会合2018の統合報告でも、自治体（地方政府）向けの政策モニターのガイド

（文献2）でも明示されていて、HABITATの都市繁栄イニシアティブ（UPI, 2013）の指標を含めて、SDGsの169の指標群と幅広い関係をもつ。

持続可能な都市とコミュニティ（目標11）の10のターゲットのなかで最も他のターゲットと関係性が深いのは、4つのつながりをもつ「社会的弱者への配慮をもって公共交通を拡張し持続可能な交通へのアクセス」（11.2）であった。また、目標11のターゲットに深い関係性を示す他の16の目標を探すと、関係するターゲットの数が多いのは「良き健康と福祉」（目標3、5つ）や「ジェンダー公平性（目標5、4つ）であった。ターゲットのレベルで組織の事業や運営が地球社会の持続可能性に及ぼす関係性を同定する（紐づける）ことにより、間接的な影響を含めて、目標11に効果を及ぼす自らの事業や運営を強く認識できることになる。

事業所や産業組織が、自らの活動が直接に目標11のターゲットに関係することを見抜くことができれば、それを取り入れ行動計画を立案すればよい。さらに、他のターゲットにプラスあるいはマイナスのインパクトを与える場合でも、そのターゲットを経由して目標11のいずれかのターゲットに重大な効果をもたらすと判断できるのなら、これらの間接効果を含めて自らの業務と関連づけて解釈するのが妥当である。

企業関係者と組織経営者は、11.2の「持続可能な交通システム」に加えて、「包括的で持続可能な都市開発管理、参画能力の向上、総合的な人間居住計画管理等を促進」（11.3）、「都市環境の質を代表する大気質と廃棄物の管理に留意して都市環境負荷の削減」（11.6）、「女性や乳幼児等の社会的弱者等の緑とパブリック・スペースへのユニバーサルなアクセス」（11.7）を通した持続可能な発展の目標群の繋がりに注意することが有意義である。

持続可能な発展への成功経験を交流するUNネットワークが2016年にまとめた「SDGsの取り組みを都市レベルで取り組む関係者へのガイド」（文献3）は、目標11は都市そのものの持続可能な発展の命題をあつかうと解釈した。さらに三期目のHABITAT Ⅲはアジェンダとしての新都市行動計画（New Urban Agenda, NUA, 2016, 文献4）の重要性を言及している。

SDGsの取り組みを地方の実情に合ったものへと具体化を図る際に、特に地方政府が①関係者の参加のプロセスを展開し、②SDGsの行動計画を明確

にし、さらに③計画を実行し、④その効果を評価するという循環的プロセスをとることをガイドは奨めている。また、新都市行動計画NUAは、SDGsの目標11を中核に置きながらも、生産性や付加価値の高い都市構造への転換や都市圏域の発展を展開することを含め、都市そのものを社会的にも経済的にも持続可能な発展の軌道に乗せることを8つの領域で示している。

住いのインフラと環境の持続可能性は、行動計画の柱である。人間居住の社会的機能を充実させ、飲み水や衛生へのユニバーサルなアクセスや公共サービスへの公平なアクセスを実現する。生態系と水、生息種、多様性を保護し、環境負荷を最小にして、持続可能な消費と生産のパターンへと転換する。

都市の交通と安全防災のサービスを通して持続可能社会を構築することも、新都市行動計画の核の領域である。年代やジェンダーごとの効果に深慮した計画や投資によって、資源効率的な輸送システムと安全で持続可能なモビリティとサービス、経済発展への機会を結び付けて実現し、都市の脆弱性を減じ、レジリエントで的確に応答しうる災害対応を為し、気候変動への緩和策とともに適応策を講じることが謳われている。

持続可能な都市発展への抜本的で構造を変革する政策介入として、3つの類型をあげている。
①社会包摂を目指す都市開発を進め貧困を無くす（詳細な18施策）
②都市包括的な繁栄へアクセスする機会を万人に保障する（詳細な20施策）
③環境的に持続可能でレジリエントな都市開発を進める（詳細な18施策）

日本の課題 世界の動向　目標11に対して、日本が示しうるソリューションと未来

目標11に対して日本が抱えている課題は、都市・地域の住み続けられる様相の捉え方により異なる。住いの量的な充足性や都市環境の安全性はもちろん、観光で訪れる魅力ある都市でも上位に位置する都市も日本国内に多い。しかし、他方では地方都市の子育て、介護、雇用等が劣位にあり、ジェンダーや児童、女性の視線で再点検するとまちのサービスには多くの課題があり、都市の持続可能性を高めるには大胆な戦略が必要だ。

急速に経済発展した日本は、皆保険等の社会制度として保健・介護や医療の分野で進んだ取り組みを行ってきたものの、高齢化率のピークを迎える

2040年頃には支える側の人と経済が疲弊することが懸念され、支出が増大し続ける政府部門の財政的健全性を確保することにも難がある。

日本政府のSDGsの取り組みは8つの重点領域を示した国家的指針の下で、都市レベルの取り組みとして2018年にはSDGs未来都市29自治体と先進モデル事業10自治体を選び、推進している。この推進母体は地域創生を担う内閣府の組織である。公募に応じた自治体の多くが環境モデル都市の採択組であり、事業予算を伴わないと判断した都市は応募を見送った。

京都市は「SDGs未来都市」から外れた代表であるが、持続的な発展をまちづくりに生かす姿勢は独自の都市宣言にも明確で、2019年初夏のIPCC都市会合の開催都市として未来ビジョンをリードする。中心市街（四条通）の歩道の拡張と整備を通して「歩くまち京都」の取り組みや「京のアジェンダ」から続く温暖化対策、和の花を活かした京都らしい生物多様性の取り組み、町家の再生等の取り組みは継続して展開しており、内外の観光客の訪れたいまちの代表として持続可能性を高めている。

北九州や横浜、富山、下川等は政府（内閣府）と共に歩む常連であるが、他方にSDGs未来都市として新顔も現れ、リビングラボで特定地区のコミュニティの取り組み（5千人規模の地区でのパートナーシップ）を社会的な持続性の礎として、近代の文化資産として邸宅家屋の修理で地域資源の活用をはかる持続可能性をアピールした鎌倉市の例もある。

SDGsのもつ中長期の狙いからすれば、目前の個別の事業の3年程度の取り組みで得られる成果よりも、本質的には取り組みを促す制度や地域人材力を継続して高める行動プログラムの充実が望まれる。29の自治体は2018年夏にSDGs行動計画を内閣府に提出し、ウェブサイトで公表されている。その計画内容そのものはSDGsの地域づくりに向かっての第一歩と肯定的に評価され、立案で終わる事の無いように継続進化を励ますことが欠かせない。

環境、経済、社会の持続可能性を融合的、統合的に捉えるには、地方政府の部局を横断して推進体制をつくり、地域のステークホルダーの参画を得てSDGsを多方面から捉える協議機構を運営することが要請され、行政実務の推進本部型の運営を超えたオープンな政策の推進を工夫する必要がある。

「SDGs未来」を標榜しつつも、行動計画が国内の関心やすでに関わりを

もつ関係者のみの判断を通して解釈する内向的な性向を帯びやすいので、常にグローバルなネットワークへの関わりを探索することが期待される。例えば、SDGsを地域で取り組む営みを解説したガイド（文献3）が示した4段階のステップ等の知恵を真摯に参照することで政策の再点検を図ることも望まれる試みの1つである。

　SDGsの地域政策ガイドは、分野横断的で包括的で参加型のプロセス（第一ステップ）で、自らの政策は「真に包括的か」をまず問う。証拠に基づいた意思決定を意図して推進することを促された第二ステップでは、「証拠に基づく説明を行ったか」を自己審査することを要求する。協働統治（ガバナンス、第四ステップ）型の政策遂行にあたり機敏な応答力を備えているか、あるいは多論・異論にも説明責任を発揮しているかも問う。

　ちなみに、日本国内の最近のまちづくりでは看板の付け替えの頻度が高く、環境モデル都市も環境未来都市の計画もSDGs未来都市と同様の方式で持続可能性を高める計画として計画されたはずであるが、事後評価はいわゆる5点満点の点数法でなされ、冷静かつ効果的なモニタリング、レビュー、評価の政策審査は事実上棚上げされ、不断に高める仕組みには程遠い。

　これと対照的なのは、欧州連合の2020年計画（Horizen2020）を達成するための未来都市戦略（Smart Specialisation Strategy）だ。日本のNEDOや民間企業もバルセロナ等の欧州のスマート・シティの実証の場に進出した過去の実績を踏まえて、IoT（AI）を都市インフラに生かすスマート・シティを推進してきた。健康づくり、レジリエンス、気候政策等を進める先進都市群を欧州連合として財政上も人材や知恵のネットワークで支援している。

　例えば、港湾産業荒廃地の再開発（HelsinkiのKalasatama等）も、共創のリビングラボの拠点都市づくり（オランダのEindhoven等）も、スマートな圏域づくり（独、仏、伊、墺を横断するAlps region等）の試みにも、IoT（AI）によるイノベーションが数年前から融合する形で組み入れられてきた。スマート・シティやSDGsの推進にはもとよりIoT（AI）のイノベーションが不可欠という考え方である。企業こそ貢献できる領域だ。

　それに比して、日本国内では、環境的持続性やSDGsと離れてイノベーション都市への看板の付け替えがなされ、日本の科学技術と産業社会の未来

(Society 5.0）の統合イノベーションを図る国家戦略特区で「スーパー都市」が2019年度の新たな目玉政策とされる。スーパー都市の中間取り纏め（2018年秋）を経て、都市（地方政府）に度重なる行動計画をつくるように中央政府のリーダーシップが強調されている。

求められる対応　企業は事業と経営を通し社会価値をともに創ること

　住まいと都市に関係する都市開発事業を展開する企業に加え、都市域で展開される社会インフラの装置や機器の部材を供給する上流側の産業にとっても、あるいはインフラを具現化する商業やサービスの下流側の産業と企業にとっても、バリューチェーンを通して持続可能性を高めあるいは阻害する状況（機会とリスク）を未来シナリオとして描くことが必要だ。この所作は、持続可能性から見た新たな社会的価値と事業組織の企業価値を同時に創りだすCSV（Creating Share Value）アプローチでは共通の手順である。

　その際に、都市のガバナンスの面で大きな役割を果たす地方政府が展開する政策に対し、重要なステークホルダーとして企業が積極的に協力できる。とくに企業として事業運営の経験と知恵で培った自立性や柔軟性を提供し、そして継続を可能とする財務管理力と革新を可能とするイノベーション力で支援するなど焦点をあてた関わりをデザインし、実行することが望まれる。

　基本文書（NUA）は系統的に記述されているが、なかでも企業の役割や貢献の面では、次の言及に注目すべきである。

(1) 未来企業の命はイノベーションである。オープンイノベーションにおいて市民ニーズに基づく共創のスタイルを開発することが欠かせない。「包括的な参画により、意思決定、計画づくり、フォローアップの全てを通し、市民関与、共同企画、協働生産を推進する（41項）」とある。

(2) 企業は義務的な社会的責任を果たす段階から事業活動を通し社会的価値を共有する目標を目指そう。すなわち、全ての関連するステークホルダー間の媒介（窓口交流）機能を強化し、対話機会を通して社会のあらゆる属性の人々からの貢献を促し、特に高齢者、女性、児童、若者、障碍者、先住者、現地社会、難民、移民、紛争避難者等との対話を重視しよう（42項）。

(3) 量的な都市成長や拡大に従属せず、他主体と協調、協力して持続可能な

都市開発への貢献を企業の事業や憲章として共有しよう。適切にガイドし、アクセスも繋がりも良いインフラやサービスを提供できる都市再開発を優先し、適度な人口密度やコンパクトな空間デザイン、未来志向のコミュニティへの統合により、郊外の歪んだ開発を避ける（52項）。

(4) 自社人材のメンタルチェックや過重労働の改善を越えて、その先に社会の健康経営に果たす積極的な役割を遂行する。クリーンな生活環境、質の高い社会サービスを提供して健康社会を創造し、母子衛生等のヘルスケア・サービスへのアクセスを保証すること（55項）に貢献する。

(5) 高付加価値を産む都市経済への移行を支援し、技術向上とイノベーションの役割を果たし、文化的でクリエイティブな産業、持続可能なツーリズムを興し、都市文化遺産の保全と芸術活動の発展を促す（60項）。これらを企業の本業として、社会的価値を創造する対象とする。

(6) デジタル化とグリーンエネルギーの技術を活用して、スマート都市を実装し、都市交通技術のイノベーションを進め、環境的に配慮した代替案を住民に提供し、持続可能な経済成長と都市サービスを改善することを可能とする（66項）。スマート・シティの実装の場を企業のビジネス現場として、試作、モデル、実装事業の対象として集中して推進する。

(7) 都市ガバナンスを強化し、計画の全ての過程で年齢やジェンダーに応答して市民社会との直接のパートナーシップに根差したデザインと予算計画、評価とレビューを行う（92項）。民間企業の知恵と経験を活かし、率先してICTとアクセス可能なデータで協力の舞台と機構を活用しよう。

実際には？　都市を舞台に期待される企業の取り組み

　目標11に関係の深い事業は、都市開発事業、建設業、ICT事業、不動産事業、社会インフラ事業等であり、いずれも本業を通して住みよいまちを構築することに貢献できる。日本国内の都市開発や住みよいまちづくりに関係する企業の多くは、経営理念やCSR報告で「持続可能なまちづくりに貢献する」とうたってきた。国内の大手の建設業や都市開発事業者はサステイナビリティ報告、CSR報告等を発行し、従来の環境報告が扱った典型的環境課題である「低炭素社会づくり（地球温暖化対策）、自然共生社会づくり（生物

多様性戦略)、循環型社会づくり(廃棄物対策)」の扱い方も洗練されてきた。

そのうえで、SDGsに取り組むグローバルなビジネス界の動向を認知すれば、短期の収益、株主配当や業務改善を超えて、2030年目標を介して長期の未来社会を展望し、地球社会の共通価値を高めるような行動を取り組む国内関係企業が増える。すなわち、企業が明確にSDGsの取り組みとして「住みよいまちづくり」を掲げるには、次の面での進化が期待される。

(1) ジェンダーや包括性等を反映した多様な関係者との多様な協働を深化させる。低賃金労働、人権侵害、ハラスメント、児童労働等を生みださない点検型のチェックを超えて、多様な人と共に生きる持続可能な都市とコミュニティの未来課題に取り組む社会開拓型の取り組みを目指す。
(2) 取引先や顧客の行動を展開するシナリオを一緒にデザインし、その目標達成上の脆弱性を凝視し、当該企業が単独では持続性を追求する行動に限界がある状況を企業と市民のアライアンスで乗りこえる。
(3) 経済力の集中する都市だけを分離して持続性の向上を専ら達成するのではなく、人口流出と高齢化に加え地場産業も衰退する脆弱な地方の社会的経済的な持続可能性に企業は目を向け、都市農村連携を図る地方の試みに貢献する行動に企業の経営資源を配する。
(4) 施策の効果を監視し、評価し、審査し、見直しをはかる透明な過程に民間企業も応分の責任をもつ。内向きの秘密保持契約や知的所有権への固執を超え、オープンイノベーションに相応しい社会コミュニケーションの双方向性や透明性、説明責任を好意的に受け止め、SDGsの未来に向かって信頼性の醸成を伴った共有の盟約を通し、企業が情報交流でも貢献し得る。
(5) 目標11をSDGs行動計画の中軸に据える企業にとっては、市民の持続可能なくらしが中心に位置することから、経営上でSDGsの主流化をトップ自らが強力に推進する経営の役割が極めて大きい。経営責任者、業務執行責任者が自ら担当し、SDGsを達成する行動群を統括する。

目標11の実践例に学ぶ

世界には多くの実践事例があり、最良実践が報じられているので参考になる。例えば、SDGsへの達成を指向するビジネス連合体Business for 2030

（文献5）は目標11の実践例も扱う。

11.1の例では、インドの低所得者層への住宅ローンで12年間に25万世帯のローンを地方部で実施した住宅金融機関、メキシコで低所得者層の3万戸の自己建設方式と15万戸の住宅改良を6年間で実施した社会住宅企業が、さらに5％程度の割合で率先してマイクロファイナンスを実施している。

他方で、先進国の大企業の例ではダウとシティの試みを紹介している。ダウは人間らしい居住を掲げるNGO組織とのパートナーシップで住まい支援に取り組み、年間1700人の国際ボランティア活動で述べ1万時間以上の期間で約280の家族に住いの材料、資金、労力を提供し、会社としては30か国以上で人間らしい住いを約5万世帯に提供している。

11.2の例として「都市のためのシティ」のプログラムがある。シティは政府・地域企業・コミュニティとの連携を図り、パナマの公共交通の計画、資金援助等を通し中米初のメトロの建設を推進したが、その際に社会プログラムにより廃業の危機にあったローカル事業者の代替的支援を行い近代化の悪影響を緩和した。

国内の大手の住宅メーカーや都市開発企業、建設業等は世界の未来志向の協約（例えばグローバルコンパクト等）に参加し、あるいは国内のエコファースト企業等に相当する認定を受け、優れた持続社会への取り組みを重ねている。ただ、多くは未だ国内の実践にとどまる。

他方で11.3の実践例としてあげられたベクテルの例では、サウジアラビアのローカル都市のビジネス事業の育成策に応じ、6つの産業都市の開発で社会的にも経済的にも環境面でも持続可能な都市として育成を図り、事前に都市の見える化をはかる技術で貢献している。具体的には再生水の再利用、太陽光利用、それにセンサーテクノロジでエネルギー効率を高めている。

11.4、11.5、11.6の分野では、象徴的にネイバーリ（隣りあわせの力を、Neighbourly）という組織の取り組みを紹介している。都市のハードインフラでの参画にとどめず、地域実態に沿い、食料余剰の活用、コミュニティづくり基金、仲間や顧客のボランティア時間のようなイニシアティブで企業のSDGs事業がなされた例である。

例えば、英国のマークスペンサーの560店舗を対象にした支援の試みで

は、フードバンク、ホームレス・チャリティ、食料配布の学校等を結び付け、半年で240トンの食糧を救い、ごみの埋め立てを回避し、120トンの二酸化炭素を削減し、34万食を脆弱な人々に提供できたという。

併せて、ノボザイム（バイオ化学会社）が排水処理で活躍する姿を紹介し、英国北西部のルネサンスプラントで発酵技術を用いてガス回収で11万世帯の都市ガス相当を配り、1万人に相当する5メガワットの電力を生んでいるとした。

高水準の環境技術と製品開発の実績を有する日本企業が、都市レベルの目標11の目標達成と企業の本業を関係付けて展開するには、上記の5つの視点を組込むことが必要である。また、Society5.0の社会像の発展には、IoT-AIの活用をビジネスとガバナンスの全面で展開すべきであり、スーパーシティ型の戦略特区でなくとも、あらゆる面でフィジカルとサイバーを融合してビジネス戦略を打ち立てるべきだ。企業と社会のイノベーションは持続可能都市を通して展開されるのである。

【注記・参考文献】

1) UN-HABITAT, UNEP, UNESCO, UNFPA, WHO, UNODC, UNISDR, and UNSD, Tracking Progress Towards Inclusive, Safe, Resilient and Sustainable Cities and Human Settlements － SDG11 Synthesis Report, High Level Political Forum, p.1-114, July, 2018.
2) UN-HABITAT, Sustainable Development Goal 11+ － Make cities and human settlements inclusive, safe, resilient and sustainable：A guide to assist national and local governments to monitor and report on SDG Goal 11+ indicators, p.1-86, Feb., 2016
3) Sustainable Development Solution Network, Getting Started with the SDGs in Cities － A Guide for Stakeholders, p. 1-109, July, 2016
4) UN-HABITAT, The New Urban Agenda, p.1-48, Oct., 2016
5) An initiative hosted by the United States Council for International Business, Business for 2030 forging a path for business in the UN 2030 Development Agenda, Goal 11 Make Cites Sustainable, in http://www.businessfor2030.org/goal-11-make-cities-sustainable/　アクセス可能確認日2018年12月20日

目標12 つくる責任 つかう責任

アミタ株式会社　代表取締役　佐藤博之

目標12. 持続可能な生産消費形態を確保する

目標12とは？ 目標12について

(1) 目標12の概要

　20世紀は大量生産・大量消費・大量廃棄の時代であった。21世紀に入って既に5分の1が過ぎようとしているが、この「非」持続可能な生産と消費の構造から脱却できる見通しは、まだ立っていない。

　SDGs目標12のテーマは「持続可能な生産消費形態を確保する」である。この実現のために、以下のようなターゲット（下位目標）が掲げられている。

- 2030年までに天然資源の持続可能な管理及び効率的な利用を達成すること
- 2030年までに世界全体の1人当たりの食品廃棄を半減させ、生産・サプライチェーンにおける食品ロスを減少させること
- 2020年までに製品ライフサイクルを通じ、化学物質やすべての廃棄物の環境に配慮した管理を実現すること

　さらに、企業に対しては「持続可能な取り組みを導入し、それに関する情報を定期報告に盛り込むこと」を奨励し、政府や自治体に対しては「持続可能な公共調達を促進すること」を求め、人々（消費者）が「自然と調和したライフスタイルに関する情報と意識を持つようにする」ことを目指している。

(2) 持続可能な生産と消費の原則

　この目標12は企業活動に最も関係の深い項目であるだけに、課題は多岐

にわたり「あれもこれも」という総花的な対処策の羅列に陥りやすい。そこで、戦略的思考の軸を持っているかどうかが、本質的な対応と場当たり的な対応の分かれ目になる。ここでは2つの思考軸を紹介したい。

まず1つめが「ハーマン・デイリーの3条件」と呼ばれるものである。元世界銀行のチーフエコノミストで環境経済学者でもあるハーマン・デイリー氏が持続可能な社会の定義として次の3つの条件を掲げた。

① 「再生可能な資源」の持続可能な利用速度は、その資源の再生速度を超えてはならない。
② 「再生不可能な資源」の持続可能な利用速度は、再生可能な資源を持続可能なペースで利用することで代用できる速度を超えてはならない。
③ 「汚染物質」の持続可能な排出速度は、環境が汚染物質を循環し、吸収し、無害化できる速度を上回ってはならない。

①の「再生可能な資源」とは森林資源や海洋資源のことである。例えば「森を伐採する以上の速度で植林をする」ことを考えれば、分かりやすいだろう。②の「再生不可能な資源」の代表は石油や石炭などの化石資源だ。石油の利用をすぐに止めることは難しいが、その埋蔵量を使い果たした後も同等の再生可能エネルギー量を確保できるように投資し続けることが必要条件となる。③の「汚染物質」は、例えばバクテリアなど自然界の力で分解できることがあっても、その能力と生態系を乱さない範囲の速度でなければならない。

2つめがスウェーデンの環境団体ナチュラル・ステップが掲げる持続可能な社会の「4つのシステム条件」である。紙面の制約で詳細まで言及できないが「地殻から取り出した物質が生物圏の中で増え続けない」「人工的に作られた物質が生物圏の中で増え続けない」「自然の循環と生態系が守られる」「人々の基本的なニーズを満たすために、資源が公平かつ効率的に使われる」というシンプルで分かりやすい4条件を提起している。

| 日本の課題 世界の動向 | **目標12に関連する新たな潮流
―コンシューマーからプロシューマーへ** |

持続可能な消費について考える上で、忘れてはならない静かな潮流がある。それは技術の進歩により「誰もが必要なものを自分で作れるようになる」という世の中の到来である。

1980年、未来学者アルビン・トフラーがその著書『第三の波』の中で、生産者（producer）と消費者（consumer）を組み合わせたプロシューマー（prosumer－生産消費者）という造語を使った。産業革命以前は、自分で食べるものは自分で作り、家族で使う衣服や道具は家族で作ることが当たり前であった。それが産業革命で大きく分離され、生産者（労働者）として働いて金銭を得ることと、モノを購入・消費することが分離した。トフラーは将来再びそれらが融合するのではないかと説いたのである。

そしていま、3Dプリンターの性能がめざましく向上し、家庭で手に入るほど安価なレベルになってきた。自分で欲しいモノがあったら、その設計図が作れなくても、ウェブには無料でダウンロードできる設計データが山のようにある。アクセサリーや雑貨類、スマホカバーなどにとどまらず、昨今ではクルマの筐体やホンモノの家まで作ることが可能になっている。また、廃棄されるプラスチックを破砕して溶かし、3Dプリンター用のフィラメント（長い繊維状の材料）を作る装置も売られている。

自分で集めた廃プラスチックを使い、自宅の屋根に設置した太陽光発電の電気を使って、自分で考えたモノを自宅で作ることができることが可能になった。すなわちプロシューマーの再興である。プロシューマーは必要なものだけを作るので、無駄な在庫の廃棄処分もなくなる。SDGsで目指す持続可能な「生産と消費」の1つの形態と言えるのではないだろうか。

かつて、インドの独立の父、マハトマ・ガンディーは「マス・プロダクション（大量生産）ではなく、マス（大衆）による生産を」と説いた。「仕事のもとへ人々を連れて行くのではなく、仕事を人々のもとへ持ってくる」べきだと訴えた。ガンディの理想は、皮肉なことに大量生産社会で生まれた技術によって実現しようとしている。

企業がチャレンジすべき根本的な課題と取り組みの方向性

(1) 消費と豊かさ

『ほしいものが、ほしいわ』。1988年にコピーライターの糸井重里氏がつくった西武百貨店の広告コピーである。日本社会が高度経済成長を遂げ、人々は衣食住足りて、モノが溢れ、本当に欲しいものが自分では分からなくなった時代の空気をよく表現している。

内閣府の世論調査によると、1980年頃には「物の豊かさ」と「心の豊かさ」のどちらを重視するかという問いに対する答えが逆転している。すなわち「物質的にある程度豊かになったので、これからは心の豊かさやゆとりのある生活をすることに重きをおきたい」という人が多数を占めるようになったのである。2018年に行われた内閣府の世論調査では「心の豊かさ」に重きをおく人が61.4％であったのに対して「物の豊かさ」は30.2％である。

消費が「量から質へ」「モノからコトへ」と言われるようになって久しい。世の中では1997年に山一證券と拓銀が経営破綻し、98年頃から自殺者が急増した。非正規雇用が増え、経済格差が広がり、社会的に孤立する人々も増えた。超高齢化社会を迎える中、将来に明るい希望を持てない若者も増えている。省エネ家電は増えたが、家電の台数や種類は増える一方だ。IT（情報技術）の進歩は便利な生活をもたらしたが、ITを使う製品の「陳腐化」は加速度的に早まっている。

残念ながら、いまの経済社会は「持続可能」とは程遠いところにあると言わざるを得ない。我々の社会の「生産と消費」はどこに向かうべきなのだろうか。企業はどのような商品を提供していくべきなのだろうか。

(2) 持続可能な商品・サービスとは？

先に述べたように、いま若者を中心にシェア志向が高まり、モノを所有することのこだわりが希薄化している。これは、もちろん「安く済ませたい」という経済的動機もあるだろうが、モノを過剰に持つことへの嫌悪感、いずれ捨てることへの「もったいない」感覚、人と共有（シェア）することや「つながる」ことの心地よさ、があるように思う。

現代人の関心は、モノやサービスを消費して満足すること以上に「消費を通じて人とつながりあえるか」に重心が移ってきているという。FacebookやLINEなどSNSの広がりはその証左であろう。スマホは便利な生活の手段というより「人とつながるためのコミュニケーション手段」という側面がますます強くなっている。

　また、内閣府の「社会意識に関する世論調査」によると「何か社会のために役に立ちたい」という想いを持つ人々が増えている。この傾向は平成に入ってから顕著であり、2018年に行われた最新の調査では「社会の役に立ちたい」と思っている人が63.3%を占める。実際、SNSで「いいね！」を押すだけでなく、災害ボランティアに駆けつける人々も増えている。人はネットでどれだけつながってもホンモノの共感や安心を得ることはできない。生身の人間同士のふれあいから生まれる助け合いや共感、感動、達成感こそが、心の底から求められている。

　SDGsの観点から考えても、この「つながり」志向、社会志向（あるいは利他的志向）を満たす商品やサービスの提供が今、企業に求められている役割ではないだろうか。

求められる対応 **企業に求められる新しい経済活動**

(1) サーキュラー・エコノミーへの移行

　いま、欧州発でサーキュラー・エコノミー（Circular Economy、以下CE）という概念や取り組みが急速に広まりつつある。翻訳すれば「循環する経済」であり、わが国で「3R（Reduce, Reuse, Recycle）」や「循環型経済」などと呼ばれてきた考え方と大して変わるものではない。

　EUの政府にあたる欧州委員会は2015年12月、CEの政策パッケージを発表した。ここで注目すべきは、CEが単なる環境政策ではなく、欧州をグローバルな経済で競争優位に立たせることであり、イノベーションへの貢献、経済成長と雇用の創出をもたらす政策と位置付け、さらには、欧州社会の統合と団結をもたらす機会と捉えていることであろう。

　CEにはサプライチェーンの上流と下流の取り組みがある。上流では、再生可能な原材料や生分解性の原材料の使用があげられる。下流では、製品寿

命の延長、部品のリユース、新品同等品への再生、素材のリサイクルなどがある。

加えて、このところ急拡大しているシェア（共有）という概念も取り込まれている。これは「使用していない」「空いている」モノや空間を、個人間や企業間で貸し借り、交換、共有する経済であり、製品に使われたさまざまな資源の価値（効用）を最大化する（＝無駄な資源消費が減る）効果が期待される。インターネット上のプラットフォームとスマホなどの端末を通じて、カーシェア、ライドシェア（相乗り）、ルームシェア、フードシェア、スキルシェア（技能のシェア）などのサービスを提供する業態が次々と登場している。

また、PaaS（Products as a Service）やMaaS（Mobility as a Service）と呼ばれる概念も急浮上している。これは、製品を販売するのではなく、そのサービス（機能）を販売するビジネス形態のことで、1枚いくらで課金されるオフィスのコピー機が代表例である。航空機のエンジンを飛行時間あたりいくらで課金するビジネス、建機を稼働時間あたりいくらで課金するビジネスなどがある。製品の所有権はメーカー側にあるので、優れた性能維持や耐久性に優れ、メンテナンスやアップグレード、リユース・リサイクルがしやすい製品設計が必然的に志向される。すなわち、企業と顧客の利害が一致することになる。さらには、顧客との継続的な関係性が手に入り、顧客の声や使用動向分析により新製品開発にも寄与する。

(2) 持続可能なサプライチェーンの構築

昨今、株主や政府機関、NGOなどのステークホルダーからサプライチェーンの上流における企業責任を問う動きが強まっている。メーカーの生産現場やサービスの提供現場で環境や人権に配慮することが当たり前に要求される時代になって久しいが、サプライチェーンの上流へ、上流へと求められる責任範囲が広がっているのである。

SDGsでは、水や衛生問題、人権侵害、貧困、飢餓や健康、生態系破壊などのグローバルな課題が特定されているが、その問題の多くはアジアやアフリカ、南米など、いわゆる開発途上国において深刻である。

一方、企業の部品や原材料の調達はますますグローバル化が進み、長く複雑に分岐するサプライチェーンを通じて世界中の農林水産業や鉱物資源採掘の現場や地域社会にも重大な影響を与えている。
　そこで企業の注目が高まっている取り組みの1つが、サプライチェーンを通した持続可能性を第三者機関が認証する仕組みである。そのひとつ、FSC®（Forest Stewardship Council®：森林管理協議会）はドイツのボンに本部を置く国際団体であり、生態系のみならず労働や地域文化を含めて適切な森林管理や施業がなされているかを第三者機関が審査し「お墨付き」を与える森林認証の仕組みを世界中で展開している。森林を認証するだけでなく、製材や製品加工などサプライチェーンに係る企業を認証する仕組み「CoC（Chain of Custody：加工流通過程の管理）認証」）もあることから、下流に位置する企業も認証を受ければ認証ラベルを商品に付けて販売することが可能となる。（FSC® N001887）
　森林だけでなく水産物の認証も登場している。「MSC（Marine Stewardship Council：海洋管理協議会）」は遠洋漁業や沿岸漁業などで捕獲された天然の水産物を対象とし、「ASC（Aquaculature Stewardship Council：水産養殖管理協議会）」は養殖された水産物を対象に認証している。大手スーパー等でこのCoC認証を取得する動きが広がっており、認証ラベル付きのサケやカキなどの食品を店頭で目にすることができる。最近はレストランチェーンや企業の社員食堂でも漁業のCoC認証を取得する取り組みが増え

前川聡（WWFジャパン）
Satoshi Maekawa/WWF Japan

認証ラベル付き製品の一例

ており、本業のビジネスだけでなくCSRとしても活用されている。

> **実際には？** **事業戦略に落とし込むポイント**

　最後に、SDGsの目標12に取り組む上で企業が事業戦略に落とし込む際に大切ではないかと思うポイントをまとめておきたい。

①持続可能な経済社会で必然となる原則や条件を共通理解にすること
　マスメディアに取り上げられる事象やステークホルダーに言われることに右往左往して、場当たり的な対処策に走ることは避けなければならない。本稿ではハーマン・デイリーの3条件やナチュラル・ステップの4つのシステム条件を取り上げたが、これに限るものではない。持続可能な社会に向けて必然性を持った原則に常に立ち返ることで、物事の本質を見誤らない取り組みができるはずである。

②上流から下流までのサプライチェーン全体を確実に視野に入れること
　環境破壊や人権侵害を引き起こしていることが明らかになった企業は、政府やNGOの圧力で生産停止に追い込まれることがある。あなたの会社のサプライヤーが（さらに上流のサプライヤーも）もしこうした事態に直面したら、必要な部材を調達できなくなるリスクを抱えている。それを放置する企業は投資家からも取引先からも敬遠されるかもしれない。「社会の要請だから」というCSR的な姿勢ではなく、事業リスクの観点からサプライチェーンの隅々まで目を配っておくべきである。

③本質的な「豊かさ」を提供しているかどうかを真摯に考えること
　人はしばしば目の前の利便性や快楽に飛びついてしまう。人の脳は短絡的な報酬や快楽にアドレナリンが涌くようにできているためだ。
　もし、あなたの会社がこうした「人の弱み」につけ込むような商品やサービスを提供しているとしたら、果たして社員が“人生をかけるに値する仕事”と言えるだろうか。目標12を含むSDGsについて、企業が取り組むべきことは「わが社の商品・サービスの先に、自分が心から望むような豊かさが見えるか」「子や孫に胸を張って残したい事業かどうか」を問うことで、自ずと明らかになると思う。

【注記・参考文献】
- 内閣府政府広報室（2018）『「国民生活に関する世論調査」の概要』,
  https://survey.gov-online.go.jp/h30/h30-life/gairyaku.pdf
- 厚生労働省（2016）『平成28年版 自殺対策白書』,
  https://www.mhlw.go.jp/wp/hakusyo/jisatsu/16/index.html
- 環境省（2013）『平成25年版 環境・循環型社会・生物多様性白書』,
  https://www.env.go.jp/policy/hakusyo/h25/pdf.html

目標13 気候変動に具体的な対策を

国立環境研究所　増井利彦

> **目標13.** 気候変動及びその影響を軽減するための緊急対策を講じる

目標13とは？　2℃目標と気候変動の現状

目標13は、気候変動問題への対策が取り上げられている。

2013年に報告されたIPCC第一作業部会の第五次評価報告書では、気候システムの温暖化については疑う余地がなく、1880年から2012年において世界平均地上気温は0.85℃上昇しているとしている。また、2015年にパリで開催されたCOP21で締結されたパリ協定には、長期目標として世界の平均気温上昇を産業革命前と比較して2℃よりも十分低い水準に抑えること（2℃目標）が掲げられ、そのために世界の温室効果ガス排出量をできるだけ早期に頭打ちさせ、21世紀後半には実質ゼロにする必要があることが明記されている。さらに、努力目標として将来の気温上昇を産業革命前と比較して1.5℃に抑えること（1.5℃目標）が掲げられている。2018年10月に、IPCCは「1.5℃特別報告書（正式名称は、「気候変動の脅威、持続可能な開発と貧困の根絶への努力への世界的な対応を強化するという意味での産業革命前から1.5℃の地球温暖化の影響と世界の温室効果ガス排出経路に関するIPCC特別報告書」）」を承認した。1.5℃目標を実現するためには、2℃目標で示された排出削減を更に前倒しで取り組む必要があり、2050年頃には世界の二酸化炭素排出量を実質的にゼロとしなければならない。IPCC第五次評価報告書で示されたカーボンバジェットの考え方（これまでの累積的な二酸化炭素の蓄積量と気温上昇は比例関係にある）によると、世界が現状の排出を続ければ1.5℃目標はおろか2℃目標のバジェットも、あと数十年で使い果たしてしまう。気候変動問題は、長期的な問題といわれているが、実際にはすぐそこに差し迫った問題であるといえる。

以下では、目標13の気候変動とその対策に関する動向や課題を示すとともに、民間企業がどのように取り組めばいいかについて説明する。

日本の課題
世界の動向
気候変動問題に対するこれまでの取り組み

(1) 緩和策と適応策

気候変動問題に対応する取り組みは、「緩和策」と「適応策」に分けられる。「緩和策」とは、気候変動問題の原因である温室効果ガスの排出量を削減するような取り組みである。これに対して、「適応策」とは、気候変動によって生じる影響を最小限に食い止めるための取り組みである。既に気候変動による影響が顕在化している今日、緩和策と適応策の両方に取り組まなければならない。

緩和策の代表例が、省エネによってエネルギー消費量を削減する、電化や再生可能エネルギーの導入によって化石燃料の消費を抑えることである。また、エネルギー消費量の削減も、効率的な機器の導入によってエネルギー消費量を削減するといういわゆる省エネのほか、快適さなどのサービス量そのものが過剰でないかを見直すとともに、どのような手段でそうしたサービス量が得られるかを再検討することも求められる。こうした取り組みを効果的に行うためには、まずはどれだけのサービスやエネルギーを消費しているかを正確に知ることが重要である。そのためにも、「見える化」は重要な取り組みの1つといえる。見える化されることで、どのような取り組みを行えば効果的かを客観的に判断することが可能となる。また、現在の社会では、様々な活動が複雑に関連している。我々の日常生活も、国内外の様々な活動なしには成り立たない。つまり、自分がどれだけ温室効果ガスを直接排出しているかということだけでなく、間接的にどれだけ排出しているかを考えることも重要になる。

一方、適応策については、気候変動適応法が2018年12月1日に施行された。また、2018年11月には「気候変動適応計画」が閣議決定された。日本の適応計画に関しては、「農林水産業」「水環境・水資源」「自然生態系」「自然災害・沿岸域」「健康」「産業・経済活動」「国民生活・都市生活」の7つの分野について気候変動による影響や基本的な施策が取りまとめられてい

る。様々な情報や適応行動を支援するツールを収集し、共有することを目的とした気候変動適応情報プラットフォーム（A-PLAT；http://www.adaptation-platform.nies.go.jp/index.html）が整備されている。

(2) 現在の温室効果ガス排出削減目標

　COP21までに各国はINDC（Intended Nationally Determined Contributions）を策定し、気候変動枠組条約事務局に提出した。これは、各国が取り組める気候変動対策を示したもので、そのうちの2020年以降の緩和策に関する目標については、**表1**のように各国の置かれている状況が反映されている。日本をはじめとした先進国は、温室効果ガス排出量の総量を目標としているが、中国やインドなどはGDPあたりの排出量を基準としている。つまり、経済の規模が拡大すれば排出量は増加させてもいいという目標である。また、韓国やタイ、インドネシアなどは、BaU（温暖化対策をとらないなりゆきの状況）を基準に排出削減目標を設定しているが、これもBaU次第で排出量が変化することになる。さらに、各国の排出削減目標をすべて積み上げても、1.5℃目標を実現する排出経路はおろか、2℃目標を実現するような排出経路も上回るような排出量となっている。パリ協定では、5年毎に自国の排出削減目標を見直し、新しい目標は前の期の目標を強化することが示されているが、現状の目標は2℃目標の達成という観点から十分ではないので、今後、さらなる取り組みが求められることはいうまでもない。

　また、各国は、長期低炭素発展戦略を2020年までに作成し、提出することもパリ協定は定めている。欧州諸国を中心にいくつかの国が長期戦略を既に提出しているが、先進国の多くは2050年までに温室効果ガスを80％削減するという戦略となっている。日本でも、2016年に閣議決定された温暖化対策計画において、2050年の温室効果ガス排出量を現状と比較して80％削減するという長期戦略を掲げている。環境省中央環境審議会では、こうした2050年80％削減を実現する「長期低炭素ビジョン」を2017年に公表した。現状の技術を導入するだけでも多くの温室効果ガス排出量は削減できるが、目標達成には届かず、追加的なイノベーションが技術だけでなく社会やライフスタイルなどあらゆる場面で必要となることが示されている。

図1は、日本におけるこれまでの温室効果ガス排出量の推移と将来の排出目標を示したものである。1990年から2017年までの日本の温室効果ガス排出量は、残念ながらほぼ横ばいといえる。2030年の排出削減目標は2013年比26%削減と定められている。一見すると実現が危ぶまれる状況であるが、2030年の目標を定めた2015年の「長期エネルギー需給見通し」では、家庭部門で-39%、運輸部門で-27%など部門別に削減目標やどのような技術や取り組みが必要となるかについて詳細に示されている。つまり、2030年の目標については、取り組みをきちんと実現するかどうかが問われているといってよい。一方、図1から、2050年に80%削減を目指すといったときに、2030年の排出削減目標が現在のもので十分かという問題もある。図1中の矢印で示しているように、現状の排出量と2050年の目標を直線で結ぶと、つまり、毎年、同じ量だけ排出量を減らしていくと仮定すると、2030年の排出量は現在の目標よりも低く、現在想定されている取り組みを強化しなければいけないことがわかる。1.5℃目標を達成するためには、2050年の排出量は実質ゼロにする必要があり、その傾きは更に急になる。また、80%削減を実現する社会とゼロ排出を実現する社会が本当に同じ方向にあるのか、つまり、80%削減を目標として実現する社会から、ゼロ排出の社会に移行する際に、新たなロックインなどの問題が生じないかについても検討しなければならな

表1　アジア及び世界の主要国・地域における2020年以降の排出削減目標

日本	2030年GHG排出量を2013年比26%削減
中国	2030年GDPあたりCO_2排出量を2005年比60-65%削減
インド	2030年GDP排出強度を2005年比33-35%削減
韓国	2030年GHG排出量をBaU比37%削減
タイ	2030年GHG排出量をBaU比20%削減（条件次第で25%削減）
インドネシア	2030年GHG排出量をBaU比29%削減（条件次第で41%削減）
EU	2030年GHG排出量を1990年比40%以上削減
米国	2025年GHG排出量を2005年比26-28%削減
ロシア	2030年GHG排出量を1990年比25〜30%削減

注）GHG：温室効果ガス　　　出典：気候変動枠組条約事務局ホームページより作成。

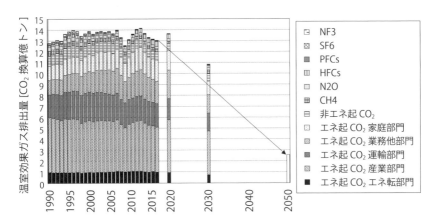

図1 日本におけるこれまでの温室効果ガス排出量の推移と将来の排出目標
注：2017年度までは実績値（2017年度は速報値。データ出典：国立環境研究所 温室効果ガスインベントリオフィス）。2020年以降は目標値（データ出典：首相官邸 地球温暖化対策推進本部）

い。このように、ゼロ排出の実現を見据えたときに、どのようなロードマップを描くかということが重要になる。

求められる対応　企業に求められる対応：バックキャストによる視点

　はじめにも述べたように、2℃目標や1.5℃目標を実現するために、地球全体でどれだけの温室効果ガスを排出してよいかの目安が示されている。こうした目安に対して、個々の主体がどの程度貢献できるかを意識して目標を立てることが求められている。気候変動問題は、ある一時点だけ全力で取り組めばよいというのではなく、50年、100年と継続して取り組むことが求められている。このため、今できることだけを積み上げるフォアキャストの視点だけではなく、長期的な視点に立っていかに目標を達成するかを検討するバックキャストの考え方に基づいて取り組みを進めることが必要となる。また、パリ協定では、5年毎に各国の取り組みが評価され、国別の排出削減目標についても更新することが求められている。長期的には排出量をゼロにする必要があり、そのために現時点で何ができるのか、中長期的にはどこまで削減できるのか、また、大幅削減に向けてどのような課題が存在するか、などを総合的に検討しなければならない。その際、技術的な取り組みだけでは

なく、これまでの延長線上ではない新たな発展の方向性を模索することも必要であり、どのようなトランジションが必要となるかといったことを明らかにし、すべての主体が協力して取り組むことができるように、これらの情報を様々なステークホルダーと共有していくことが必要となる。

では、具体的にどのように検討すればよいか？1つの方法として、温室効果ガス排出量を以下のように分解して考えてみる。

温室効果ガス排出量

$$= 満足度 \times \frac{サービス量}{満足度} \times \frac{エネルギー消費量}{サービス量} \times \frac{温室効果ガス排出量}{エネルギー消費量}$$

右辺は約分されて、左辺と同様に温室効果ガス排出削減のみが残るので、右辺の4つの項目毎に取り組みを検討すればよい。1項目は満足度を改めて見直してみることを意味する。無駄な生産を行っていないか、機器の使用状況は適切かなどを見直すことに相当する。2項目から、少ないサービス量で満足度を得るにはどうすればいいかを考える。具体的には、自然の光や換気を利用して照明や空調の利用を削減するということがあてはまる。3項目は、少ないエネルギーでサービスを生み出す方法を考える。具体的には省エネ機器の導入が該当する。4項目は、エネルギー消費量あたりの温室効果ガス排出量を減らす方法を考えることで、再生可能エネルギーの利用がこれに当てはまる。業種によってはさらに多くの項目に分けられるかもしれないが、具体的な取り組みを検討できるようにブレークダウンすることが鍵となる。

実際には？　企業に求められる取り組みや対応

大幅削減に向けた動きは、国だけでなく、民間企業や自治体など様々な主体においてボトムアップで検討されるようになっている。日本において民間企業による気候変動問題の解決に関連する取り組みとして代表的なものは、経団連を中心とした自主的取り組みがあり、現在も低炭素社会実行計画として引き継がれている。しかしながら、2℃目標や1.5℃目標の達成に向けて、

そうした取り組みでは不十分であり、国際的には、SBT（Science Based Targets：科学を基礎とした目標設定）やRE100（再生可能エネルギーの調達100％を目指す）などより積極的な目標を掲げるイニシアチブが掲げられ、こうした取り組みに参加する日本の民間企業も見られるようになっている。

　金融面からの温室効果ガス排出量の大幅削減に向けた取り組み強化をめざしたものとして、ESG投資（Environment、Social、Governanceに配慮した投資）やCDP（Carbon Disclosure Project）、WE MEAN BUSINESSといった取り組みのほか、2015年のG20財務大臣・中央銀行総裁会議を契機に設立されたTCFD（気候変動財務情報開示タスクフォース）では、2017年6月に企業及び投資家等にとって有用な気候関連財務情報を開示するための枠組みを提示した最終報告をまとめている。このほか、JCLP（日本気候リーダーズ・パートナーシップ）など、気候変動対策をビジネスチャンスや発展の機会ととらえ、積極的に行動する企業グループも組織されるようになっている。

　なお、自治体については、ICLEI（持続可能な都市と地域をめざす自治体協議会）やGlobal Covenant of Mayors for Climate & Energy（世界気候エネルギー首長誓約）などを通じて、独自の取り組みや目標設定が示されている。さらに、民間企業や自治体、NPOなど様々な主体が集まる気候変動イニシアティブも、気候変動対策に向けたネットワークの1つといえ、こうした動きは国内、世界を問わず、様々な形で広がっている。

　こうした取り組みは今後100年以上も継続していく必要があるが、最後にもう1つの重要な主体である消費者について述べておきたい。つまり、消費者による働きかけや支援も大切な取り組みの1つである。本稿でみたように、先駆的な民間企業は様々な取り組みを行っているが、そうした企業が生産する製品やサービスが売れなければ、こうした活動は継続しない。消費者が正確な情報を把握し、評価できるような見える化の仕組みは必要であり、更には見える化を通じて温暖化対策に貢献する製品や活動を支援できるような行動を取ることができるように普及啓発の活動も重要となる。しかしなが

ら、こうした行動を自発的に求めることは容易ではない。気候変動対策をきちんと行っている民間企業や消費者が適正に評価されるためにも、カーボンプライシングをはじめとする経済的手法を活用することが重要となる。社会全体が一体となって取り組むことで、温室効果ガス排出量がゼロとなる脱炭素社会が実現される。

【注記・参考文献】
- 中央環境審議会（2012）2013年以降の対策・施策に関する報告書（地球温暖化対策の選択肢原案について），https://funtoshare.env.go.jp/roadmap/from2013.html（アクセス日：2018年12月28日）
- IPCC（2013）Climate Change 2013：The Physical Science Basis, Cambridge University Press, https://www.ipcc.ch/site/assets/uploads/2018/02/WG1AR5_all_final.pdf（アクセス日：2018年12月28日）
- 経済産業省（2015）長期エネルギー需給見通し，http://www.meti.go.jp/press/2015/07/20150716004/20150716004_2.pdf（アクセス日：2018年12月28日）
- 地球温暖化対策推進本部（2013）カンクン合意履行のための地球温暖化対策について（環境省），https://www.kantei.go.jp/jp/singi/ondanka/kaisai/dai27/siryou1_2.pdf（アクセス日：2018年12月28日）
- 地球温暖化対策推進本部（2015）日本の約束草案，https://www.kantei.go.jp/jp/singi/ondanka/kaisai/dai30/yakusoku_souan.pdf（アクセス日：2018年12月28日）
- UNFCCC（2016）Aggregate effect of the intended nationally determined contributions：an update, https://unfccc.int/sites/default/files/resource/docs/2016/cop22/eng/02.pdf（アクセス日：2018年12月28日）
- 中央環境審議会（2017）長期低炭素ビジョン，https://www.env.go.jp/earth/ondanka/lc_vision.html（アクセス日：2018年12月28日）
- IPCC（2018）Global Warming of 1.5℃：An IPCC special report on the impacts of global warming of 1.5℃ above pre-industrial levels and related global greenhouse gas emission pathways, in the context of strengthening the global response to the threat of climate change, sustainable development, and efforts to eradicate poverty, WMO, https://www.ipcc.ch/sr15/（アクセス日：2018年12月28日）
- 国立環境研究所（2018）2017年度（平成29年度）の温室効果ガス排出量（速報値）について，http://www-gio.nies.go.jp/aboutghg/nir/nir-j.html（アクセス日：2018年12月28日）
- UNFCCC, INDCs as communicated by Parties, https://www4.unfccc.int/sites/submissions/indc/Submission%20Pages/submissions.aspx

目標14　海の豊かさを守ろう

公益財団法人世界自然保護基金ジャパン（WWFジャパン）　自然保護室
山内愛子

> **目標14.** 持続可能な開発のために海洋・海洋資源を保全し、持続可能な形で利用する

目標14とは？　豊かな海の恵みをいつまでも

　目標14では、「海洋と海洋資源を持続可能な開発に向け保全し、持続可能な形で利用すること」を目標として、そのための7つのターゲットと3つの達成手法が設けられている。この7つのターゲットが設定された背景には、水産資源の減少や海洋ごみの増加、海洋生物多様性の劣化といった近年世界が直面している様々な「海の危機」がある。これらの危機は、私たち人間の開発活動や経済活動に由来することから、他の目標同様、多様なステークホルダーが協働することが目標達成のための鍵となる。一方、陸域の問題とは異なり、海洋は広くつながっていることから、この目標14に関連した取り組みについては、より広範かつ国際的な視点で全体を見通す必要があるとも言えよう。

　一例として、WWFとZSL（ロンドン動物学会）が2015年に発表した「生きている地球レポート〈海洋編〉[1]」では、海に生きる哺乳類、鳥類、爬虫類、そして魚類の生息数がここ40年間でおよそ半減していると指摘しており、現状を改善するためには国境を越え、多様なステークホルダーが協働することが重要であるとしている。報告書では、マグロをはじめとするサバ科魚類など、商業的に重要な水産資源の激減が、乱獲や生態系の破壊、また気候変動などの影響により引き起こされ、その結果、マグロやサバ、カツオなどの資源が過去40年間で74%減少していること、また、世界中の浅海域に広がる生物多様性の豊かな自然が、開発などの影響により急減したことで、

サンゴ礁や海草藻場に生息する魚類が過去40年間で34〜70％減少していることなど、海洋の生物多様性の現状を分析し、地球規模での事象として警鐘を鳴らした。実際この報告書は、同年の9月に採択が予定されていた2030年までの「持続可能な開発目標」の中で、生息環境の破壊や海洋生物の乱獲を食い止めるための措置を講じることを働きかける目的で発表されたものである。

　このように国際社会の注目を集めながら採択されたSDGsの目標14の7つのターゲットは、持続可能な水産業に関わるものと、海洋環境及び生物多様性保全に関わるものの大きく2つに分けることができる。持続可能な水産業に関するものとしては、科学的根拠に基づく資源管理体制の確立や違法・無報告・無規制漁業の根絶、また小島しょ国や発展途上国での持続可能な水産業の推進などといったものがある。他方、海洋環境保全については、海洋ごみや富栄養化といった陸上での活動に起因する海洋汚染の解決や適切な海洋・沿岸域の保全などが目標になっている。

　次の節では、日本にとって大きな課題となる以下の2つのターゲットに絞って解説を進めたい。

14.1　2025年までに、海洋ごみや富栄養化を含む、特に陸上活動による汚染など、あらゆる種類の海洋汚染を防止し、大幅に削減する。

14.4　水産資源を、実現可能な最短期間で少なくとも各資源の生物学的特性によって定められる最大持続生産量のレベルまで回復させるため、2020年までに、漁獲を効果的に規制し、過剰漁獲や違法・無報告・無規制（IUU）漁業及び破壊的な漁業慣行を終了し、科学的な管理計画を実施する。

日本の課題　世界の動向　私たちの暮らしと海の危機

(1) 海洋ごみの問題

　海洋ごみの中でも、2015年頃から世界的な問題として注目されてきたものとして、プラスチック素材がある。プラスチックは洋服から自動車、建設資材に至るまで、私たちの生活のあらゆる場面で利用されている。しかし、

プラスチックの多くは「使い捨て」され、利用後、きちんと処理されず、環境中に流出してしまうことも少なくない。そして環境中に流出したプラスチックのほとんどが最終的に行きつく先として「海」が指摘されている。既に世界の海に存在しているプラスチックごみは、合計で1億5,000万トンと言われており、さらに少なくとも年間800万トン（重さにして、ジャンボジェット機5万機相当）が、新たに流入していると推定されている[2,3]。こうした大量のプラスチックごみは、すでに海の生態系に甚大な影響を与えている。海洋ごみの影響で傷つけられたり死んだりした生物は、魚類、海鳥、アザラシなどの海洋哺乳動物、ウミガメなど少なくとも約700種にも上る。このうち実に92％がプラスチックの影響、例えば漁網などに絡まったり、ポリ袋を餌と間違えて摂取したりすることによるものと言われている[4]。

ダボス会議として知られる世界経済フォーラムの発表では、2018年現在、海へ流入している海洋プラスチックごみのうち、アジア諸国からの発生によるものが全体の82％を占めるとしている。また、同フォーラムは、2050年にはプラスチック生産量はさらに現状の約4倍となり、「海洋プラスチックごみの量が海にいる魚の量を上回る」という予測を発表した。こうした危機的な状況から、使い捨てプラスチックの代表格であるレジ袋の使用禁止令が、2018年2月の時点で、44か国で発効若しくは議会承認を受けるに至った[4]。その後、2018年6月にカナダで開かれたG7シャルルボワ・サミットでは、2030年に向けて先進国各国で海洋プラスチック問題に取り組んでいくための大枠を定めた「海洋プラスチック憲章」が提示されたが、日本とアメリカだけがこの「憲章」への署名を見合わせた。このことから日本国内でも市民団体を中心として、この問題への関心が高まることとなった。

(2) 持続可能な水産業の問題

私たちが普段消費している魚や貝、エビやカニなどの水産資源は、豊かな海の自然の賜物であり、これらは日本人の暮らしにとっても身近で馴染み深いものである。この水産資源は、陸上の生物と同様に卵や子を生み、繁殖する。再生産する量や速さを考慮したうえで利用すれば、「持続可能」な形で、水産資源を利用し続けることが可能であるとされている。しかし、一度

乱獲が始まり資源が枯渇状態に至れば、持続可能性を維持できるレベルまで資源を回復させることは大きな困難となりえる。

　世界の水産物の漁獲量は、この半世紀の間に、飛躍的に増えてきた。1950年に2,000万トンだった漁獲量は、1980年までに3倍に増加し、1980年代の半ばまでは、右肩上がりに伸びてきた。しかし、1980年代の後半以降、世界の漁獲量は頭打ちとなっている。この背景には、世界的な主要漁獲対象となった魚種の急速な資源状態の悪化がある。例えば、1975年には10%程度であった、再生産が困難なほどに枯渇している魚種は、2015年には33%にまで増加している[5]。これらの種は、早急に対策をうち、少なくとも各資源の生物学的特性によって定められる最大持続生産量のレベルまで資源水準を回復させなくてはならない。また、2015年には約60%の水産資源が利用限度まで、または生物学的に適切なレベルで漁獲されていると分析されている。これらの資源については、これ以上の漁獲圧力がかかることで、枯渇を招く危険性も指摘されており、科学的知見や予防原則に従った資源管理の徹底が必要となっている。

　持続可能な資源管理の障害として、世界的な課題となっているのが、「違法・無報告・無規制（IUU）漁業」と呼ばれる存在である。IUU漁業には、無報告だけでなく、不正確および過少報告の漁業、旗国なしの漁船による漁業、地域漁業管理機関（RFMOs）の対象海域での、認可されていない漁船による漁業も含まれ、その操業実態は多様である。しかし、海洋という広く取り締まりの難しい場所で、そうしたIUU漁業を確実に減らし、撲滅させることは、容易なことではない。IUU漁業では、毎年、1,100〜2,600万トンの水産資源を水揚げしていると推定され、その金銭的価値は、毎年100〜235億USドルと推計される[6]。この推計金銭的価値は、日本の漁業による年間生産額とほぼ同等の規模にあることからも、世界の主な水産物市場はこのIUU漁業由来の水産物の脅威にさらされていることは明らかである。こうした脅威に対し、EUでは2010年に、またアメリカでは2018年から、IUU漁業対策の一環として、輸入水産物の漁獲に関する情報の提出を義務付け、それら製品の漁場からのトレーサビリティの確保を求めている。しかし、EU、アメリカに並ぶ輸入水産大国である日本では、こうした規制が整って

おらず、いまだIUU漁業からの製品の流入をくい止める手立てが整っていない。

求められる対応　企業が海を守るために事業を通じて果たせる役割

　前節で取り上げた2つのターゲットは、課題を達成するために包括的な解決を必要とし、かつ国際的なリーダーシップや国際的な法的枠組みを必要とするものであるのは否めない。しかし、例えば日本は、大量のプラスチックが日常的に利用される暮らしが当たり前になっており、1人当たりの容器包装等プラスチックの発生量が世界で2番目に多く、世界第3位のプラスチックの生産国[7]として、世界の海洋プラスチックごみ問題の一因を作りだしていることは事実である。他の国々と同様日本でも、廃棄されるプラスチックの約半分がレジ袋やペットボトルを含めた「容器包装等／コンテナ類」として使われているものであり、これらの多くが使い捨てされている。プラスチックに代わる代替品がいまだ十分に確立されていない中で、削減余地の大きい「使い捨てプラスチック」の生産・使用を減らしていくことこそが、日本企業が優先的に取り組むべき課題として重要ではないだろうか。

　また、資源管理の強化やIUU対策においても、企業がそれぞれのサプライチェーンを通じた取り組みを導入できるかが重要なレバレッジとなる。例えば、持続可能な資源管理、資源回復計画の有無や海洋生態系への負荷については、国際的な認証制度である海洋管理協議会（MSC）の基準に盛り込まれている。持続可能な水産物を調達することを目的に、事業として水産物を扱う企業でのMSC認証製品の広がりはもちろんであるが、水産物を事業で扱わない企業の社食での認証製品の導入が、2018年には登場した。さらに、2018年12月に行われた漁業法の改正は、日本の漁業が科学的根拠に基づいた資源管理体制にシフトすると明記したことで、持続的な水産資源の利用に大きく前進したと言うことができよう。個々の企業が目標14に貢献すべく、将来的に目指す目標とそのために取り組むための材料は揃っており、機はすでに十分熟しているといえよう。

実際には？　企業による取り組みの事例

　海洋プラスチックの問題については、グローバルな企業の具体的取り組みが発表されている。これらの発表内容は、もちろん、日本市場も含めた方針である。例えば、コカ・コーラでは、PETボトル素材としてリサイクル素材または植物由来PETを推進し、2030年までにPETボトルの50％をリサイクル素材にするとしている。また、スターバックスでも、プラスチック製使い捨てストローの使用を2020年までに全廃すると公表し、話題となった。全廃を実現するためにスターバックスでは、ストローを使う必要のないプラスチック蓋の提供と紙製または堆肥化可能なプラスチック製ストローを導入するという取り組みを発表している。それぞれの達成目標年を見れば、この問題がいかに緊急の課題として企業に認識され、かつ先進的に解決することを目指しているかがわかる。

　また、水産資源やIUUの問題では、これまで日本マーケットで持続可能な資源管理の確立とIUU対策が最も困難とされてきたウナギ製品での調達方針とそのための取り組みをイオンが発表した。この方針の中でイオンは、主に「ニホンウナギ」と「インドネシアウナギ」の2種に販売を限定すること、2023年までに100％トレースできるウナギの販売を目指すこと、「インドネシアウナギ」の持続可能性を担保するため「インドネシアウナギ保全プロジェクト」をWWFやサプライヤー、研究者とともに立ち上げ、シラスウナギ採捕の「MSC認証」取得を目指す漁業改善プロジェクトをインドネシアで開始し、さらに、ウナギの消費喚起を行うのではなく、ウナギ以外の原材料を使用した「蒲焼」の商品開発を進めるとしている。プラスチック同様、現状のウナギ製品の在り方を抜本的に見直すことで、長期的な目標を設定し、そこに向けた取り組みをスタートさせた挑戦は、多様なステークホルダーと協働することで、新しい企業の取り組みの形を示している。SDGsを参考とすることで、企業が中長期的な視点に立ち、5年後や、10年後のヴィジョンを明確に持つことが広まっている。そのため、短期的な成果ではなく、長期的にそれぞれの課題に取り組むことで、実効性のある海洋保全への貢献を目指す事例が増えていくことが期待される。

【注記・参考文献】
1 WWF、ZSL, Living Blue Planet Report（2015）
2 McKinsey & Company and Ocean Conservancy（2015）
3 Neufeld, L., et al.（2016）
4 Gall & Thompson（2015）
5 FAO. 2018. The State of World Fisheries and Aquaculture 2018 – Meeting the sustainable development goals.
6 Agnew DJ, Pearce J, Pramod G, Peatman T, Watson R, Beddington JR, et al.（2009）Estimating the Worldwide Extent of Illegal Fishing. PLoS ONE 4（2）：e4570.
7 Plastics Europeウェブサイトより。ThermoplasticsとPolyurethanesのみの素材生産量。

目標15　陸の豊かさも守ろう

株式会社レスポンスアビリティ　代表取締役　足立直樹

> **目標15.** 陸域生態系の保護、回復、持続可能な利用の推進、持続可能な森林の経営、砂漠化への対処、ならびに土地の劣化の阻止・回復及び生物多様性の損失を阻止する

目標15とは？　なぜ生物多様性を守るのか？

　私たち人間の活動は企業活動も含めて、生物多様性と生態系によって支えられている。どんな企業であれ、生物多様性の存在なしに事業を継続することは不可能だ。しかしながら、その企業活動の基盤とも言うべき生物多様性や生態系は、人間活動、特に企業活動の拡大にともない劣化し、破壊され、そして縮小している。それに歯止めをかけ早い時期に逆転させようというのが目標15の趣旨である。

　ただし気をつけなくてはいけないのは、ここで求められていることは生物多様性をただ「保護」する、すなわちまったく手をつけずに守ることではないということだ。利用することを禁ずるのではなく、「持続可能な利用」、すなわち自然の復元力を損なわない範囲において利用することが重要なのだ。また、絶滅危惧種や希少種など、特別な生物種だけを対象とするのでもない。ごく一般的な生物種や生態系も含めて保全することが求められている。また企業活動との関係で言えば、生物多様性と関係が強いことが明らかな一部企業はもちろんだが、実はほとんどすべての企業が間接的に生物多様性と関係があることから、目標達成のためにすべての企業が応分の貢献をすることが期待されている。どうしても旧来の「自然保護」と混同されがちなので注意が必要だ。

　ところでSDGsの17の目標のうち、陸上の生物多様性に直接関わるのは15であるが、実は生物多様性に関わるのはこの目標だけではない。言うま

でもなく14は海の生物多様性に関わる目標であるし、それ以外にも6の水、12の責任ある生産と消費、13の気候変動への対策などは、いずれも生物多様性と非常に大きく関わる目標だ。そしてそれ以上に重要なことは、生物多様性など生物圏の持続可能性が、SDGs全体の達成に関わっているということだ。SDGsの17の目標は大きく分けると経済に関わるもの、社会に関わるもの、そして環境（生物圏）に関わるものがある。もちろんこれら17の目標はお互いに独立したものではなく、相互に関係性があり、依存性も存在する。そして少し考えれば分かるように、経済的な目標は社会が持続可能になってはじめて達成できるのであり、また社会的な目標はそれを支える自然資本たる環境が持続可能になってはじめて達成可能である。すなわち生物多様性の保全はそれそのものが目的であるだけではなく、それを達成しなければSDGs全体が達成できないという構造になっており、その意味からも非常に重要な課題なのだ。したがって企業にとっても、生物多様性と関係性が深い事業を行っている企業が熱心に取り組むのは当然のことだが、生物多様性と直接的な関係性が深いとは思えない企業であっても、SDGsの他の課題を解決するために取り組みが必要になることに注意が必要である。

日本の課題 世界の動向　失われているのは森だけではない

陸上の生物多様性は、主に土地利用の変化、具体的には土地開発によって大きく失われてきた。特に面積的に影響が大きかったのは森林生態系だが、近年はようやく破壊される面積が減少する傾向が見えてきた。それでもまだ毎年500万ヘクタールもの森林が失われており、2020年までに歯止めをかけることは残念ながらまだ難しい状況だ。また、湿地生態系は、陸域と水域を結ぶ生態系として非常に多くの生物種が利用する重要な生態系だが、最近の調査では森林の3倍以上の速度で失われていることがわかっている。こうした傾向は開発途上国において著しく、経済の発展と引き換えに生物多様性が失われるいう悪しき関係が断ち切れていない。

日本について言えば、国内での大規模な土地開発は少なくなってきたので、かつてに比べると大規模かつ急激に生態系が破壊されることは減ってきている。しかし他の先進国では一般的な生物多様性オフセットの制度が日本

では義務化されていないこともあり、土地開発による生態系の断片的な破壊は継続している。また最近では、外来種による生態系のかく乱や気候変動の影響など、現代的な課題も増えている。しかも、これらは企業活動がグローバルに拡大することの影響であるのだ。もう1つ心配なのは、農薬などの影響により昆虫が減っていることだ。ハチなどの昆虫による授粉は、農業などに大きく貢献する重要な生態系サービスだが、そのハチが大量死する現象が日本でも発生している。その原因の1つとしてネオニコチノイド系の農薬が疑われており、欧州などでは使用が禁止される方向にあるが、日本では逆に緩和されている。これも、生物多様性を劣化させると同時に、食品産業などにマイナスの影響を与える可能性があり、懸念材料だ。

求められる対応　サプライチェーンの莫大な負荷を減らせ

　目標15達成のために企業が何をすべきかを考えるにあたって、企業活動と生物多様性にどのような関係性があるのかをまず見てみたい。第一に企業活動は生物多様性に「依存」している。それが故に、その反作用として「影響」も与えている。影響には正の影響と負の影響があるが、事業活動に伴う影響は多くの場合負の、すなわち生物多様性を劣化させるような影響である。

　依存にも様々な形があるが、まず、原材料として直接的に生物多様性からもたらされる生物資源を使っている場合がある。代表的なものは木材や水産物などだ。農産物のように野生ではなく栽培されたものや、薬の原料などのように天然物から抽出された物質を合成して使用している場合もある。有用な農作物や薬効成分は多様な生物が存在したからこそ利用できるわけで、これらも広義では生物多様性がもたらす原料に依存していると言えるだろう。

　もう1つ生物多様性に企業が依存するのは、「生態系サービス」と呼ばれるものだ。生態系サービスとは、生態系が提供する様々な機能の総称であり、既に述べた様々な生物資源を提供する機能も「供給サービス」という生態系サービスの一種である。それ以外に、気候や洪水を緩和したり、水を浄化する「調整サービス」もある。調整サービスがあってはじめて、企業はきれいな空気や水を使うことができるし、また水害などから資産を守ることが

できる。他にも生物多様性や生態系が人間に美しさ、快適さ、リラックスできる環境を提供し、それが文化や宗教のよりどころとなる場合もある。このような生態系の機能を「文化的サービス」と呼んでいる。旅行業はもちろん、地域の伝統的な産業なども、文化的サービスのおかげで成り立っていると言っていいだろう。

　こうしたことを考えると、生物資源を原料としている産業だけではなく、実は非常に多くの企業が生物多様性に依存していることがわかる。ところが企業活動が大きくなればなるほど、活発になればなるほど、そしてその際に生物多様性に無配慮であると、企業活動は生物多様性に負の影響を与えてしまう。そうすると生物多様性は劣化し、その結果、生物多様性が作り出す生態系サービスも失われてしまう。そうなれば、それに支えられている事業そのものも継続することができなくなってしまう。いくつかの生態系サービスについては人工的に代替することも可能だが、多くの場合、それは生態系サービスを使うよりもコストがかかり、また副作用も多いことがわかっている。

　このような生物多様性と企業活動、さらには経済との関係を世に知らしめたのが2007年に開始されたTEEB（The Economics of Ecosystem and Biodiversity、生態系と生物多様性の経済学）と呼ばれる研究プロジェクトだ。この研究により生物多様性が持つ莫大な経済価値が明らかになった。逆に言えば、私たちが生態系や生物多様性を傷つければ、その分、経済的な損失も非常に大きいと言えるし、現在の事業活動が一見儲かっているように見えるのは実はそれを外部不経済としている、つまりタダで利用しているからに過ぎなかったことも定量的に明らかになった。

　そこで2010年に発表になった最終報告では、これまで経済には算入されていなかった、すなわち外部不経済とされてきたこうした生物多様性の価値を国家勘定や企業会計の中に含め、それを認識することで政策や企業経営を持続可能に変えるべきだとの提言が行われた。これを受けて企業向けの応用として、自然資本会計という考え方が発展しつつある。

　自然資本会計とは、簡単に言えば企業が生物多様性など自然資本に与えている影響を物理的にはもちろん、貨幣換算して整理しようというものであ

る。その集計範囲も企業内に留まらず、事業が関わるすべての範囲、サプライチェーンの最上流からバリューチェーンの下流部分、消費や廃棄の段階まで含めようというものである。この手法を使うことで、企業は事業活動が生物多様性や生態系に対してどれだけ正負の影響を与えているかを一覧することができるため、その負荷を減らして持続可能なビジネスモデルへと変革したり、工場を新設したりサプライヤーを選ぶ際などの経営判断にも使用することができる。またそうした行動の優位性を、投資家や消費者などのステークホルダーに示すこともできるのだ。

　これまではカウントされていなかった、すなわち外部不経済であった生物多様性や生態系への影響を内部化したという点が大きなポイントだが、それだけでなく、サプライチェーンの重要性が明確になったという功績も大きい。これまで企業が環境管理で対象としてきたのは、あくまで自社の工場やオフィスなどに過ぎなかった。しかし自然資本会計の手法で調査した結果、ほとんどの産業においてサプライチェーンにおける環境負荷の方がその数倍、場合によっては10倍以上も大きいことがわかったのだ。これは生物多様性に対する影響が大きいというだけではなく、操業上のリスクも大きいことを意味する。なぜなら、環境負荷が大きければ、それだけ将来的に問題が発生しやすく、その問題が顕在化すれば、サプライチェーンが止まるなどして企業活動全体に影響が及ぶからだ。

　これは企業が生物多様性を保全すべき根拠を改めて提示したと言えるが、企業は具体的にどこにリスクが潜んでいるかも知ることができるので、そのプロセスを改善することで、生態系への負荷を減らすことと、自らの操業と経営を安全で持続可能なものにすることができるのだ。

　こうしたリスク構造は投資家にも伝えられ、投資家は企業にサプライチェーンにおける環境負荷や、サプライチェーンをどう管理しているのか、情報開示を求めるようになってきている。代表的なものがCDPフォレストだが、今では380もの機関投資家がこのデータを使用しており、それの機関投資家の資産運用残高の総計は29兆ドルにもなる（2017年）。

実際には? 増加する企業の取り組み

　それでは企業は具体的にどのようにすれば生物多様性への負の影響を減らし、自分たちの事業の持続可能性を高め、投資家や消費者からの評価も高めることができるのだろうか。多くの企業にとって生物多様性に最も関係するのが、原材料調達のプロセスだ。なぜならどのような原材料を使うかによって、サプライチェーン、より具体的に言えば森や畑に与える影響が大きく異なってくるからだ。多くの原材料において、それを生産する畑を開発するために天然林が開発されることが未だ続いており、多くのNGOがそこに注目している。たとえばCDPが森林破壊に関係がありうるとして注意を喚起してるのが、木材・紙パルプ、パームオイル、畜牛、そして大豆だ。最近では天然ゴムやカカオ豆もこうした注意すべき原材料に加わっている。

　これらについては現在では持続可能な原材料であるための基準が作られ、認証制度も整備されるようになっている。もっとも有名なのは森林認証のFSCで、紙や木材が対象となっている。それ以外にもパーム油のRSPOや、熱帯農産物のレインフォレストアライアンスなどは日本でも利用されるようになっている。

　これとは別に、森林破壊を伴うような原材料を一切使わない、間接的であっても森林破壊には一切加担しないという包括的な宣言をする企業も増えている。おそらく最も最初に行ったのはコンシューマー・グッズ・フォーラム（TCGF）であり、2010年に11月の理事会で22の理事企業が、2020年までに開発による森林破壊をネットゼロにすることを宣言した。その後、森林破壊ゼロを宣言する企業は年々増加しており、日本企業も行うようになって来た。

　このような生物多様性への負の影響を取り除く活動が重要なのはもちろんだが、失われたり劣化した生物多様性をもう一度復元するような活動も必要だ。日本でも多くの企業が植林や森林保全活動をしているが、気をつけて欲しいのはそのスケールだ。企業活動は非常に大きな環境負荷を持つので、プラスの影響を主張する場合には、それに見合うような大きさの保全活動が期待されている。両者をきちんと測定し、プラスの影響をもたらす活動によっ

てマイナスの影響を差し引きゼロにする、すなわちノーネットロスを原則とする会社や、さらに進めてネットポジティブを目標とする企業も海外には存在する。そもそも、自社が非常に大きな環境負荷を与えているのに、それよりも遥かに小さなプラスの影響を行なったことを宣伝すると、グリーンウォッシュであると非難を受けるリスクもある。実際にどれだけのプラスの活動をすれば良いかは事業の負荷の大きさによるが、意味のある貢献をしていると認識されるためには、植林であれば一般的に数万ヘクタール、場合によっては数十万ヘクタール以上の規模が必要だろう。大企業が数十ヘクタールの植林をしたと言っているようでは、グリーンウォッシュと思われても反論は難しい。

　量ではなく別の観点からも社会貢献の枠を超えることも可能だ。それは生物多様性を保全する取り組みを、ビジネスの中に完全に組み込んでしまうことである。たとえば事業で使用したり、事業を通じて創設する建設物の外構部分を利用してその地域の生物多様性を保全したり、より豊かにするようなことが考えられる。一例を挙げると、事業を通じた生物多様性の保全に取り組んでいる企業の集まりである企業と生物多様性イニシアティブ（JBIB）では、サプライチェーンにおける負の影響を削減することはもちろんだが、工場などの企業緑地で生物多様性を質的に高めることによって正の影響を創ることも試みてきた。そしてそのために「いきもの共生事業所®推進ガイドライン」や「土地利用通信簿®」を策定した。最初は会員企業がこれを参考に自主的な活動を行なってきたが、2013年にはいきもの共生事業推進協議会（ABINC）という別法人を設立し、両者を基準に生物多様性に配慮した緑地の認証を開始した。当初は自社の取り組みを示す目的で認証を取得する企業が多かったが、最近では新規に開発されたマンションやオフィスビルが、顧客に対するアピールとして取得する例が増えており、生物多様性を保全することがビジネスにプラスに働き、それが故にまた生物多様性を保全する活動に力が入るという正の循環が始まっている。

2020年、そしてその先へ

　「愛知目標」の達成年である2020年が目の前に近づいている。これは2010

年に名古屋市で開催された生物多様性条約の第10回締約国会議（COP10）で合意された全世界の目標だ。その柱の1つが生物多様性を主流化することだ。主流化とは耳慣れないかもしれないが、実はこれまでに述べてきたことこそ、企業にとっての主流化に他ならない。つまり、自社の活動が生物多様性にどのように依存し、また影響を与えているかを理解する。それを必要に応じて報告し、自然資源の利用の影響を持続可能な範囲内に抑え、持続可能な消費と生産を行う。これら一連のことを通じて、企業経営の中に生物多様性を織込むことこそが主流化である。目標15への貢献のみならず、SDGs全体の達成のためにも、あらゆる企業が生物多様性を主流化すべく、本質的な取り組みを行なうことを期待したい。

目標17 パートナーシップで目標を達成しよう

一般財団法人CSOネットワーク　事務局長・理事　黒田かをり

> **目標17.** 持続可能な開発のための実施手段を強化し、グローバル・パートナーシップを活性化する

目標17とは？　目標17「グローバル・パートナーシップ」について

　SDGsが収められている文書「我々の世界を変革する−持続可能な開発のための2030アジェンダ（以下、2030アジェンダ）」は以下の文章で始まる[1]。

<u>前文</u>

　このアジェンダは、人間、地球及び繁栄のための行動計画である。これはまた、より大きな自由における普遍的な平和の強化を追求するものでもある。我々は、極端な貧困を含む、あらゆる形態と側面の貧困をなくすことが最大の地球規模の課題であり、持続可能な開発のための不可欠な必要条件であると認識する。

　すべての国及びすべてのステークホルダーは、<u>協働的なパートナーシップの下</u>、この計画を実施する。（後略）

　（下線は筆者）

　SDGsの17の目標と169のターゲットは統合され不可分で、持続可能な開発の三側面（経済、社会、環境）を調和させるものである。この壮大な目標を達成するには、SDGsの作成プロセスに多様な異なる立場の人たちやグループが参加したように、「すべての国及びすべてのステークホルダーは協働的なパートナーシップ」は欠かせない。

　SDGsの17番目の目標は、グローバル・パートナーシップについてであ

る。この目標は、その他の16目標とは異なり、目標1〜16の目標に掲げられている貧困、環境、保健、気候変動などの目標を達成するために必要な実施手段と体制が書かれている。目標17のターゲットは19個あり、これらは「資金」「技術」「能力構築」「貿易」「体制面／政策・制度的生合成」「マルチステークホルダー・パートナーシップ」「データ、モニタリング、説明責任」の7つに分類されている。本項では、企業が持続可能性に貢献するために必要な非営利セクターとのパートナーシップと、ターゲット17.16と17.17に書かれている「マルチステークホルダー・パートナーシップ」を取り上げる。

日本の課題／世界の動向　ソーシャルセクターとのパートナーシップ

SDGs達成に向けて、民間セクターの役割と責任は非常に大きい。2030アジェンダにも「民間企業活動」のパラグラフが設けられ、以下のように書いてある。

パラグラフ67（民間企業活動）

民間企業の活動・投資・イノベーションは、生産性及び包摂的な経済成長と雇用創出を生み出していく上での重要な鍵である。我々は、小企業から協

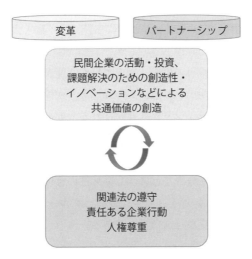

図：持続可能な開発への企業の貢献

同組合、多国籍企業までを包含する民間セクターの多様性を認める。我々は、こうした民間セクターに対し、持続可能な開発における課題解決のための創造性とイノベーションを発揮することを求める。「ビジネスと人権に関する指導原則」と「国際労働機関の労働基準」、「児童の権利条約」及び主要な多国間環境関連協定等の締約国において、これらの取り決めに従い労働者の権利や環境、保健基準を遵守しつつ、ダイナミックかつ十分に機能する民間セクターの活動を促進する。

　このように民間企業は、自社の活動や投資、イノベーションなどにより共通価値を創造するとともに、関連法を遵守し、国際的枠組みや原則・基準を守り、普遍的権利を尊重することにより、持続可能な開発に貢献することができる[2]。そのためには、これまでの延長線上でない変革性と、課題解決や社会価値創造のために国連機関やNPO/NGO等の外部ステークホルダーとのパートナーシップが極めて重要になる（図参照）。

　SDGsの文脈では、共通価値の創造など企業のビジネス機会創出に重点が置かれた議論がよく見受けられるが、企業の基本的責任（図の下の方の箱）の議論も一緒に行うことが重要である。「ビジネスと人権」で世界的に著名なデンマーク人権研究所は、17目標の169ターゲットは、その9割以上が実質的に人権と労働基準に関連しており、SDGsを実施するには人権尊重をベースに取り組むべきだと述べている[3]。

　企業行動に関して、原料の生産、採取現場から廃棄に至るまでのバリューチェーンにおける環境問題、腐敗、人権問題などが深刻化している。そのため、企業には、デューデリジェンスと呼ばれる一連のプロセス〜自社の企業行動によって生じる負の影響の特定や分析、適切な対応、取り組みの継続的評価や情報開示〜が求められている。このようなプロセスでは、自社内部だけでなく、特定の地域や分野などに詳しい外部の専門家、すでに影響を受けている、あるいは影響を受ける可能性の高いグループや、その他の関連ステークホルダーとの協議や対話は重要である。

　企業を取り巻く重要なステークホルダーのひとつはNPO/NGOなどのソーシャルセクターである。NPO/NGOの多くは、先住民、女性、障害者、

性的マイノリティ（LGBTI等）、児童労働に従事させられている子ども、長時間労働や強制労働をさせられている労働者、資源採掘や農業生産のために土地収奪をされる農民など、社会的に弱い立場にある人やグループの権利擁護や支援活動をしている。その立場から、企業や業界団体に対して、様々な働きかけをしてきた。不買運動や反対キャンペーンなど対峙的な行動も少なくないが、最近では課題解決を志向するエンゲージメントや対話が増えてきている[4]。一例として、不二製油グループ株式会社の取り組みを紹介する[5]。

　菓子、パン、カップ麺、石鹸などなどに使用されているパーム油は、世界の植物性油脂原料の中で最大の生産量になっているが、一方でパーム油生産地の拡大により、森林減少や泥炭地などの環境問題や、児童労働や強制労働などの人権問題が世界中で問題視されている。食品中間素材メーカーである不二製油グループは、主原料のサステナブル調達に取り組んでいる。2016年に「責任あるパーム油調達方針」を策定、その方針に基づき、責任あるパーム油調達を推進するほか、パーム油農園での環境、人権問題の解決を目指して、サプライチェーン改善活動を実施している。サプライチェーンの改善にあたって、2020年までにパーム油の完全なトレーサビリティを目指しており、その第一段階として、環境NPOであるThe Forest Trust（TFT）とサプライヤーと協働して、トレーサビリティの向上を目指している。TFTはサステナビリティに取り組む企業とともに、サプライチェーンにおける人権尊重や自然環境保護を強化するために世界中で活動している。2017年下期、不二製油グループは、2017年に搾油工場までのトレーサビリティは95％であった。

マルチステークホルダー・パートナーシップとは

　ターゲット17.16　全ての国々、特に開発途上国での持続可能な開発目標の達成を支援すべく、知識、専門的知見、技術及び資金源を動員、共有するマルチステークホルダー・パートナーシップによって補完しつつ、持続可能な開発のためのグローバル・パートナーシップを強化する。

　ターゲット17.17　さまざまなパートナーシップの経験や資源戦略を基に

した、効果的な公的、官民、市民社会のパートナーシップを奨励・推進する。

マルチステークホルダー・パートナーシップとは、平等代表性を有する3主体以上のステークホルダー間における対話と合意形成の枠組みで、1992年の国連環境と開発の会議（リオ・サミット）以来、持続可能な社会を支える新たなガバナンスのあり方として発展してきた。国際機関の意思決定プロセスやさまざまな基準作りなどの場面で活用されている。先に述べた9つのメジャー・グループもこのリオ・サミットで設置された枠組みである。

マルチステークホルダー・パートナーシップは、異なる立場の組織の対等な立場の確保や手間と時間がかかるなど課題もあるが、新たな価値観や行動様式の学習、参加主体による実効性あるコミットメント、正統性（レジティマシー）の確保などの長所が評価されている。また、ソーシャル・イノベーションのプラットフォームにもなるとも言われている。必要なのは、課題と目的の明確化、平等性が担保されたステークホルダーの参加、立場や違いを超えた対話、部分最適より全体最適を優先する態度であり、それを実行可能にするためにファシリテーターの存在が不可欠である。

具体的な事例として、少し前のことになるが、国際標準化機構（ISO）は、6つのステークホルダー（政府、産業界、労働、消費者、NGO、その他研究者等）によるマルチステークホルダー・パートナーシップ方式で、ISO26000（社会的責任に関する国際規格）を策定した。これは社会的責任があらゆる組織が果たすべきであるからだが、日本にも国内委員会が立ち上がり、同様に6つのステークホルダーが参加して、侃々諤々の議論を展開した。筆者も委員の一人として参加したが、このように共通の目的を掲げ、異なる立場の主体同士が、あるときは対立もしながら国際規格を作りあげたことは画期的なことであったと思う。それ以来、同様の方式は日本でも少しずつ広がり、いくつかの地域において、多様な主体が一堂に会して地域課題の特定やその解決に取り組む地域円卓会議も始まっている。

また、教育に関して、世界的なマルチステークホルダーパートナーシップかつ資金プラットフォームである「教育のためのグローバル・パートナー

シップ（Global Partnership for Education：GPE）」がある。学校に通える子どもたちの数を大幅に増加するため、発展途上国の教育システムの強化を目指す枠組みで、途上国政府、ドナー機関、市民社会、教育機関、民間企業、財団などの多様なステークホルダーにより2002年に設立された。なお、2018年発行の成果報告書では、2016年～2020年の中期戦略で立てた3つの目標と5つの目的の進捗状況をGPEの成果枠組の指標に沿って報告して、社会インパクトの測定と公表がされている[6]。

マルチステークホルダー・パートナーシップと似たような意味で用いられるものにコレクティブ・インパクトがある。「コレクティブ・インパクト」は、政府、企業、NPOなどといった異なるセクターの様々な主体が共通のビジョンを掲げ、社会課題の解決をともに目指すアプローチである。この概念を世に表した、CSV関連のコンサルティングを行うFSG社のJohn KaniaとMark Kramerによれば、コレクティブ・インパクトの成功要素は次の5つである。それは、(1) 共通のアジェンダ (2) 評価システムの共有 (3) 互いに強化し合う活動 (4) 継続的なコミュニケーション (5) 活動を支えるバックボーン組織である[7]。2011年にコレクティブ・インパクトという概念が登場してから、急速に非営利セクター、企業、政府などの注目が集まっている。

求められる対応　コレクティブな対応とは

環境や社会への取り組みに対して、各社はそれぞれ取り組みを進めているが、業界団体やネットワークなどでコレクティブに対応するケースも増えている。中には個社の取り組みだけではむずかしいものもあるからだ。その代表例に、米国ドッド・フランク・ウォール街改革及び消費者保護に関する法（金融規制改革法）の第1502条（紛争鉱物条項）への対応がある。ITエレクトロニクス産業のサプライチェーン全体を通じたCSRの推進に努めてきた電子情報技術産業協会（JEITA）は、Electronics Industry Citizenship Coalition（EICC）[8]などと連携し、紛争鉱物問題の対処に関する協力に合意した。またJEITA内で2011年12月に責任ある鉱物調達検討会を立ち上げ、業界としての対応を行った[9]。

コンシューマー・グッズ・フォーラム（CGF）は、約70カ国から食品・消費財大手や小売大手約400社が加盟する組織で、世界と地域における協働プラットフォームを提供している。CGFではサステナビリティ推進にも積極的に取り組んでおり、2010年には森林破壊抑制を決議し、また森林破壊や人権問題を引き起こすと言われるパーム油の持続可能な調達ガイドラインの作成も行なった。日本からも食品メーカー、消費財メーカー、小売企業を中心に72社が加盟（2018年6月14日現在）、日本におけるローカルグループを発足させるなどの活動を行なっている[10]。

　国連グローバルコンパクトのローカルネットワークであるグローバルコンパクト・ネットワークジャパンは、2018年に「腐敗防止のための東京原則」を策定し、腐敗防止へのコミットメントを個社だけではなくコレクティブに示すことでビジネス環境改善に貢献するコレクティブ・アクションを推進している[11]。

　また、社会課題解決に向けて、企業が国連機関やNPOなど他セクターの主体とパートナーシップを組む例も少しずつ増えている。目標16のターゲット2「子どもに対する虐待、搾取、取引及びあらゆる形態の暴力及び拷問をなくす」ための取り組みに、「子どもに対する暴力撤廃のためのグローバル・パートナーシップ」がある[12]。2018年2月に、「子どもに対する暴力撤廃」をテーマにスウェーデンで開催された「子どものための2030アジェンダ：ソリューションズ・サミット」には、日本からも政府、子ども支援のNGO、民間企業などが参加し、今後日本で形成されるマルチステークホルダー・プラットフォームへの期待等についての議論も行われた[13]。このように国際的な枠組みに参加する企業も増えている。

実際には？　企業に期待されること

　先にいくつかの事例を示した通り、環境や社会への取り組みに他社との連携や、あるいはセクターを超えたパートナーシップが増えているのは事実である。これまで多くの日本企業は、取引先以外の外部ステークホルダーとの連携にはそれほど積極的だったとは言えない。しかし、環境問題や人権問題などが深刻化する中で、単体で課題解決に取り組むには限界があることか

ら、多様なステークホルダーとの連携を含めたコレクティブなアプローチを取るところが増えている。

SDGsの企業向け活用ガイドブックである「SDG Compass[14]」には、企業が検討するとよい3つのタイプのパートナーシップとして次が挙げられている。

- バリューチェーン・パートナーシップ：バリューチェーン内の企業が相互補完的な技能・技術・資源を組み合わせて市場に新しいソリューションを提供
- セクター別イニシアチブ：業界全体の基準・慣行の引き上げと共通の課題の克服に向けた取り組みにおいて、業界のリーダーが協力
- 多様なステークホルダーによるパートナーシップ：行政、民間企業および市民社会組織が力を合わせて複合的な課題に対処

また、「パートナーが目指すべきは、共通の目標の設定、それぞれのコア・コンピタンスの活用、プロジェクトにおける政治的色彩の除去、明確なガバナンス体制の整備、単一のモニタリング体制の構築、影響の重視、今後の資源需要の予測およびナレッジ・マネジメント主張の確立である」とも書かれている。

最後に、パートナーシップの強みを活かして何をするかについて、一言添えたい。社会課題解決に向けては、課題の特定、事業としての連携はもとより、コレクティブにルール形成を行うことや、評価システムを共有すること、加えて政策提言などを行うこともこれまで以上に重要になっていると思う。多様な主体がパートナーシップを組むことにより、新たな価値創造を目指すことも重要である。SDGs時代に求められているのは、これまでの延長線上ではない「変革」である。持続可能な未来に向けて、パートナーシップを軸に社会や人を中心としたイノベーションを探求する姿勢も求められている。

SDGsは、セクターや、国境、年代を超えて、持続可能で公正かつ包摂的な社会の実現を目指す「共通語」である。私たちの未来は、互いの違いを乗

り越えて、叡智を結集し、ともに行動できるかどうかにかかっている。

【注記・参考文献】
1 外務省仮訳
2 「企業の基本的責任」については、SDG Compass（GRI、国連グローバルコンパクト、WBCSDの共著）の日本語翻訳版（グローバル・コンパクト・ネットワーク・ジャパンと地球環境戦略研究機関）p10に詳細が述べられている。
3 https://www.humanrights.dk/our-work/sustainable-development/human-rights-sdgs（2018年12月30日最終アクセス）
4 詳しくは、東京財団政策研究所　CSR白書2017の「ソーシャルセクターから見た企業とのエンゲージメント（黒田著）」をご覧ください。https://www.tkfd.or.jp/research/csr/3iknqu、（2018年12月30日最終アクセス）
5 不二製油グループの取り組みは、以下のウェブページを参照されたいhttps://www.fujioilholdings.com/csr/sustainable/　（2018年12月30日最終アクセス）
6 "Results report 2018 – Global Partnership for Education" https://www.globalpartnership.org/sites/default/files/2018-06-gpe-results-report-2018-web3.pdf（2018年11月30日最終アクセス）
7 John Kania & Mark Kramer（2011）,"Collective Impact" Stanford Social Innovation Review, Winter 2011.
8 現在は、Responsible Business Allianceに組織変更している。
9 https://home.jeita.or.jp/mineral/pdf/120823.pdf（2018年11月30日最終アクセス）
10 コンシューマー・グッズ・フォーラム会社案内とThe Consumer Goods Forum HP
11 グローバルコンパクト・ネットワークジャパンのホームページ参照
http://www.ungcjn.org/activities/tca/index.html　（2018年11月30日最終アクセス）
12 ユニセフ　ホームページ　https://www.unicef.or.jp/news/2016/0175.html（2018年11月30日最終アクセス）
13 https://www.unicef.or.jp/event/20180427/　2018年11月30日最終アクセス）
14 「SDG Compass SDGsの企業行動指針–SDGsを企業はどう活用するか」Global Reporting Initiative, United Nations Global Compact, World Business Council for Sustainable Development（日本語訳はグローバルコンパクト・ネットワークジャパン、地球環境戦略研究機関）

第4章

企業のSDGsの取組事例

part1 企業のSDGsの取組事例

SDGsの目的と、達成に向けた2種のアプローチ

アミタホールディングス株式会社

アミタのミッション・事業とSDGs

アミタは1977年、大量生産・大量消費が加速する高度経済成長期に"この世に無駄なものはない"という哲学に基づき、産業廃棄物のリサイクル事業で創業。以来、『「自然資本」と「人間関係資本」（人と自然、人と人との関係性）が増幅する、持続可能社会の実現』というミッションに基づき、事業活動を行ってきた。このミッションはSDGsの目指す社会と方向性を同じくするものである。現在では40年にわたり、ビジネスを通した環境課題・社会課題の解決に取り組んできたノウハウを統合し、企業向けの「環境戦略デザイン事業」、自治体・地域向けの「地域デザイン事業」、という大きく以下2つの事業を展開している。

「環境戦略デザイン事業」では、企業の持続的成長を支援する統合サービス「TSS（The Sustainable Stage）」を提供。事業リスクである環境制約をビジネスチャンスに転換する、ビジョン策定・戦略立案から実践まで、事業が発展するほど「自然」や「人間関係」が豊かになる企業活動の実現を支援している。この一環として、環境負荷の低い「調合」技術による産業廃棄物の「100％リサイクル」、林業・漁業・養殖業について責任ある森林管理や適切な加工・流通を承認する「環境認証審査サービス」、生物多様性やCO_2削減に関するコンサルティング等を提供し、お客様である企業のSDGsの達成と企業価値向上、サステナブル経営の実現を支援している。

SDGsの目的は「恒久（持続する）平和」

SDGsに取り組む際、はじめに考えたいのは、その"目的"である。SDGsは『「誰一人取り残さない」持続可能で多様性と包摂性のある社会の実現の

ための』目標として掲げられている。では、上記の社会を実現する"目的"とは何か。我々アミタは、これを「恒久（持続する）平和」であると認識している。そしてSDGsの17の目標は、この目的に向けたインディケータ（indicator；指標）と捉えている。

国際社会では、「平和」の実現に向けて「安全保障」という概念が用いられてきた。現在は、2000年の「国連ミレニアム総会」で発せられた「欠乏からの自由」、「恐怖からの自由」に、「尊厳ある人間生活」を加えた3つが、「人間の安全保障」の主要要素であるという国際認識が確立している。

しかし、行き過ぎた人間活動は、地球の生物圏を破壊しかねない、大きな危機をつくり出してしまった。持続可能な社会を実現するためには、地球からの恩恵を持続的に望める範囲で、人間活動を豊かにしていかなければならない。つまり「人間の安全保障」に代わる、新しい「生命の安全保障」という概念が求められているのではないか。そして「生命の安全保障」が実現された時、同時に「恒久平和」は達成されるだろう。SDGsは、この未来を実現するための道しるべなのだ。

では、「生命の安全保障」とは、どのような状態を指すのか。具体的には、人間の活動が以下の5要素を満たしている状態だと定義することができる。

- 環境破壊に繋がらない
- 生物多様性破壊に繋がらない
- 人権侵害に繋がらない
- 難民発生に繋がらない
- 経済格差助長に繋がらない

以上の5要素を持続的に満たす経済活動は、すなわち「自然資本」と「人間関係資本」の増加に資する事業である。我々アミタは「自然資本と人間関係資本の増加に資する事業のみを行う」ことを定款に掲げ、事業活動を行っている。「生命の尊厳が守られる」範囲内の、経済活動の割合が増えていくことは、人類にとって「安全」のみならず「安心（Peace of mind）」な社会の実現に繋がる。

さて、SDGsのように相互に関連し合う複数の問題解決に取り組む際、2種類のアプローチが考えられる。1つは、問題発生を回避するためのソリューションを提供すること、もう1つは、複数の課題を包括的に解決する"モデル"を提案することである。この2種のアプローチ事例として、以下に、アミタの取り組みをご紹介する。

アプローチ①問題発生を回避するためのソリューション提供

1つ目のアプローチとして、アミタでは、産業活動の各サプライチェーンにおける仕様・運用・流通の基準を「生命の尊厳が守られる」レベルまで向上させること、つまり、「生命の安全保障」という視点に基づくサプライチェーンの見直しが、SDGsの17の目標の達成に繋がると考えている。

冒頭でご紹介したサービス「TSS（The Sustainable Stage）」では、このようなSDGsの視点に立って、企業のサステナブル経営を支援している。

具体的にはまず、企業が環境に与える影響や、将来的な環境制約を明らかにする。同時に、原料の調達元や排出するCO_2など、自社のサプライチェーンを把握・分析。その上で、社会的責任投資や、顧客の購買行動に関連する基準を取り入れた環境戦略を策定する。さらに、この戦略を実践するため、現場への落とし込みや実務をサポートする。

またSDGsの本質的な視点を理解し、経営に役立てるための「SDGs戦略研究会」を開催し、企業間の協働促進にも取り組んでいる。

各サプライチェーン（下記）における
仕様・運用・流通の基準を

- Input（資源、エネルギー）
- Process（製造、流通）
- Output（商品、廃棄物）

→

「生命の安全保障」の要素を満たす
レベルまで向上させること

- 環境破壊に繋がらない
- 生物多様性破壊に繋がらない
- 人権侵害に繋がらない
- 難民発生に繋がらない
- 経済格差助長に繋がらない

アプローチ②複数の課題を包括的に解決するモデル提案

　SDGsの目標に含まれる、資源・食料・エネルギー等の調達や、公共サービスの機能不足といったリスクは、世界規模のみならず、国内の多くの地域の共通課題である。アミタでは、これらの課題を抱える地域・自治体に対して、地域の持続性を高める統合支援サービス「BIOシステム」を提供している。これが、アミタの2つ目のアプローチだ。

　「BIOシステム」のBIOとは、Best Integrated Operation（最適に統合された運用）とBIO（バイオ：生命の・生物の）の2つの意味を掛け合わせた「地域の未利用資源を活かした、最適な循環の仕組みをつくる拠点」という意味であり、コンパクトな自立型の地域づくりを実現するサービスである。多くの地域では、近代化に伴い、廃棄物の処理や、かつては地域に住む人々の生業であった一次産業を含め、多くの経済活動が地域外に依存している。これに加え、高齢化や人口減少の打撃を受け、域内産業や公共サービスが衰退しつつある。

　このような地域に対して、アミタは地域の未利用資源を利活用し、持続可能な地域づくりに向けたビジョン策定を支援している。さらにインフラの設計・運営、産業・雇用創出まで、トータルで伴走することで、人と自然がつながる豊かな地域づくりに取り組んでいる。これまでに地域活性化のプロデュースやコンサルティングを行った地域は延べ60を超える。

　代表的な事例は、宮城県南三陸町の「BIOシステム」だ。東日本大震災後の復興の過程で、官民連携（PPP：Public Private Partnership）により、住民主体の持続可能な町づくりに取り組んでいる。同町は、この町づくりを「森 里 海 ひと いのち めぐるまち」として掲げ、2014年には「南三陸町バイオマス産業都市構想」として国の認定を取得している。

　町づくりの基盤となっているのは、民設民営のバイオガス施設「南三陸BIO」だ。ここでは、南三陸町内から排出される生ごみおよび余剰汚泥か

ら、バイオガス（電力・熱）と液体肥料が生成される。電力はいざという時の緊急電源となり、液体肥料は、地域農業や家庭菜園に活用され、環境にやさしい農業振興と食の循環につながる。この「南三陸BIO」の安定稼働には、地域住民の方々に生ごみを細かく分別いただく必要がある。そのため、町と共に68回もの住民説明会を実施した後、2015年10月の本施設稼働開始と同時に、全町（約4,600世帯）一斉に生ごみ分別が開始された。

　町の未来を考え、ごみの資源化と分別活動の意義を理解し、分別を行い、生まれ変わった資源を利用する。これは、地域の方々が主人公となって「持続可能な町づくり」に当事者として参画していただくシステム、すなわち「未利用資源の循環」と同時に「地域の自治力・コミュニティ力」を強化させていくシステムである。この点を高めることは、災害時のライフライン確保にも繋がる。ここには、東日本大震災時の経験が、教訓として活かされている。現在では、生ごみ以外の包括的資源化と、さらなるコミュニティ力強化に向けた取り組みを進めている。

　地域の方々の参画度を示す数値として、生ごみへの異物混入率は現在、約1～2％という高い分別精度を示している。また同町内の団体がそれぞれ、責任ある森林管理を認証する国際認証であるFSC®FM（forest management：森林管理）認証とFSC®CoC（Chain of Custody：加工流通過程の管理）認証、および責任ある水産養殖管理の国際認証ASC（Aquaculture Stewardship Council）養殖場認証とASC CoC（Chain of Custody）認証を取得するなど、持続可能社会の実現に向けて積極的に動き始めている。

　アミタでは、上記のような、関わる人々が活躍するほどに人間関係と自然が豊かになり、出来る限り地域内で経済を回していく「自立分散型地域」を国内外に増やしていくことで、持続可能社会を実現したいと考えている。

　本取り組みのアプローチ領域をSDGsの目標に照らし合わせると、達成に貢献できる可能性のある目標としては、以下が考えられる。

- 持続可能な農業の推進（目標2）
- 健康的な生活を確保し、福祉を促進（目標3）

- すべての人に包摂的かつ公正な質の高い教育を確保し、生涯学習の機会を促進する（目標4）
- すべての人々の水と衛生の利用可能性と持続可能な管理を確保する（目標6）
- 持続可能なエネルギーへのアクセス確保（目標7）
- 持続可能な経済成長、働きがいのある人間らしい雇用（目標8）
- レジリエントなインフラ構築、包摂的かつ持続可能な産業化の促進（目標9）
- 安全かつレジリエントで持続可能な都市及び人間居住の実現（目標11）
- 持続可能な生産消費形態を確保する（目標12）
- 気候変動及びその影響を軽減するための緊急対策を講じる（目標13）
- 持続可能な開発のために海洋・海洋資源を保全し、持続可能な形で利用する（目標14）
- 陸域生態系の保護、回復、持続可能な利用の推進、持続可能な森林の経営（目標15）

※各目標より、該当部分を抜粋して記載

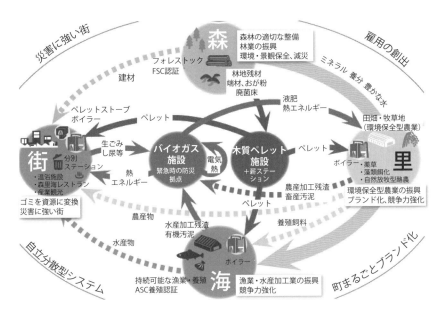

図　南三陸町バイオマス産業都市構想

資源や人の関係が「循環」する仕組みは、「エコシステム（生態系）」にかなったモデルであり、今後近代化が進む開発途上国を含む、世界の様々な地域の持続性を高めるための有効な解決策になり得ると考えている。これがアミタの2つ目のアプローチである。

　「安心（Peace of mind）」な社会の実現には、自然災害や紛争等の外的要因平和と、内的要因である心の平和が必要だ。これを解決するのは「豊かな関係性」である、として、今回ご紹介した2つの例のように、アミタは自然資本と人間関係資本の増加に資する事業に取り組んでいる。

　以上、SDGsについての理解を深める参考になれば幸いである。

（代表取締役　熊野英介）

企業のSDGsの取組事例　part2

資源インフラで
持続可能社会の一翼を担う

株式会社エンビプロ・ホールディングス

エンビプロ・ホールディングスの事業

　株式会社エンビプロ・ホールディングス（以下「当グループ」と言う）は、企業、解体物等から排出される鉄・非鉄スクラップ及び産業廃棄物などから鉄、非鉄金属（銅、ステンレス、アルミニウム、金・銀滓等）、プラスチック等を高度に選別しリサイクルする事業を行う資源循環事業会社である。生産された再生原料を国内外へ流通させ資源循環を推進するグローバル資源循環事業との両輪で事業展開している。ホールディングス傘下の連結子会社12社で構成され、前述の資源循環事業・グローバル資源循環事業に加え中古自動車及び中古部品のリユース事業、廃タイヤのゴムを原料とするゴム製品の製造事業、太陽光発電所の開発・運営事業、環境コンサルティング事業等の環境関連事業及び障がい者の就労を支援する就労移行支援事業を行っている。

エンビプログループの事業戦略＝サステナビリティー戦略

　人口の爆発的増加、物質資源の限界、温暖化による気候変動影響など不確実性が高まり、持続可能な社会の構築に向けて世界の社会システムが大きく変わろうとしている中で、社会の持続可能性を阻害する社会課題を解決することをグループの事業領域とする方向性を確認し、「資源とエネルギーを持続的に利用・循環させる技術と循環システムの構築で社会インフラの根幹を支え、社会の持続可能性を高めていくことに貢献する」ことを趣旨とするミッションステートメントを設定している。
　ミッションステートメント「持続可能社会の一翼を担う」を実現するため

には、社会の持続可能性とエンビプログループの持続可能性を同期させ当グループが非連続の変化を乗り越え成長していくことが必要であると考え、2018年度に長期事業戦略である「サステナビリティー戦略」を策定した。

SDGsとサステナビリティー戦略

SDGsにおいては、企業に対して持続的発展のための課題を解決するよう求めているが、当グループのサステナビリティー戦略は、前述の通り社会課題の解決による持続的発展を事業機会ととらえた戦略であり、まさにSDGsと整合するものとなっている。

SDGsの17の持続可能な開発目標のうち、多くの項目が環境に直接、間接的に関連する事項であるため、環境事業をコア事業とする当グループにとっては、事業戦略がそのままSDGsの開発目標に直結するということが言え、SDGsの示す世界の方向性は、当社の事業の方向性と一致している。

SDGsの示す世界のあるべき姿に対し、当グループが取り組むべき優先課題は、資源（物質資源とエネルギー資源）への対応だと認識し、持続可能な開発目標の3番、7番、12番、13番、14番（**表1**参照）にフォーカスし、サステナビリティー戦略の一環としての取り組みを進めている。

全ての目標に網羅的に取り組むのではなく、事業の特性と事業の成長及び事業基盤整備の発展的段階に応じて、適切なタイミングで優先課題を設定し、見直しを行いながら進めていくのが当社としてのSDGsへの取り組み姿勢である。

SDGsの開発目標と当グループの主な取組み

SDGsは、17の目標と目標を細分化した169のターゲットで構成されているが、事業特性を踏まえ取り組むべき項目を整理し、優先ターゲットを設定してSDGsへの取り組みを進めている。

(1) 資源循環で持続可能な社会に貢献する

OECDがまとめた「2060年までの世界的なマテリアルリソースの展望」では、世界の資源消費量は2011年の79Gtから2060年には167Gtに、金属資

目標3: 全ての人に健康と福祉を	あらゆる年齢のすべての人々の健康的な生活を確保し、福祉を推進する
	安全や環境基準を満たした適切な環境管理のもと運営されるリサイクル工場にて、リサイクル及び廃棄物の適正処理が実施されることで、不適正処理による土壌汚染及び水質汚染を防止し、人々が健康で安全な生活ができるよう自然環境の保護に取り組んでいます。
目標7: エネルギーをみんなにそしてクリーンに	すべての人々に手ごろで信頼でき、持続可能かつ近代的なエネルギーへのアクセスを確保する
	事業で使用するする全ての電気エネルギーを再生可能エネルギーで賄うことを目指す国際的イニシアティブRE100に加盟。リサイクル事業会社として世界で初めてRE100に加盟することで持続可能な再生可能エネルギーの拡大を牽引していきます。
目標12: つくる責任つかう責任	持続可能な消費と生産のパターンを確保する
	産業廃棄物及び鉄・非鉄スクラップのリサイクル及び再生原料製造、製品リユースを促進することで製品ライフサイクル全体での資源効率の向上と天然資源の消費抑制、資源循環に貢献しています。
目標13: 気候変動に具体的な対策を	すべての人々に手ごろで信頼でき、持続可能かつ近代的なエネルギーへのアクセスを確保する
	事業所に太陽光発電を設置し再生可能エネルギーの自家消費を進めることで、CO_2削減に取り組むとともに、リサイクル事業の拡大による製品ライフサイクル全体でのCO_2排出量の抑制をおこなっています。また、バイオマス発電所のバイオマス燃料となるPKS(パーム椰子殻)の燃料供給事業や大企業向けのカーボンマネジメントコンサルティングを通して、間接的な影響力を高めることで気候変動対応を促進しています。
目標14: 海の豊かさを守ろう	海洋と海洋資源を持続可能な開発に向けて保全し、持続可能な形で利用する
	廃プラスチックからペレットを製造し、もう一度製品原料へと戻す循環型の再生原料製造事業を進め、プラスチックごみの陸上から海洋への流出防止を図ることで、海洋中のマイクロプラスチックの増加を抑制し、生態系への影響を含めた海洋汚染防止に貢献しています。

表1　エンビプロ・ホールディングスSDGs取組抜粋

源についても、8Gtから20Gtへと大幅に増加するとの予測がなされ、人口の増加と途上国の経済発展により地球上の資源では、賄いきれないことが述べられている。

このような背景から、持続的なモノの生産が困難となることが推測され、資源循環が極めて重要なテーマとなることが明確である。SDGsの開発目標12番において「持続可能な消費と生産のパターンを確保する」との目標が設定されているが、当グループでは、再利用（以下「リユース」と言う）、再資源化（以下「リサイクル」と言う）、再生原料製造の一貫した静脈バリューチェーンを構築している。

　具体的には、産業廃棄物、廃製品、鉄・非鉄スクラップ及び廃プラスチック等をリサイクル及び再生原料化し、可能な場合はリユースを行うことで、製品ライフサイクル全体での資源効率の向上及び資源消費量の最小化に貢献している。一度生産に使用された資源を再び製品に循環していく循環ループシステムは、持続可能な消費と生産には、必要な社会インフラであり、これらを根底で支えていくのが当グループの役割と認識している。

(2) 世界初の資源リサイクル会社によるRE100宣言（Renewable Energy 100）

　当グループは、2018年度に、国際的イニシアティブRE100に加盟した。グループ全体で使用する全ての電気エネルギーを100%再生可能エネルギーに転換していくという宣言であり、リサイクル会社としては、世界初の宣言である。資源循環事業の拡大による製品ライフサイクル全体でのCO_2削減と事業所におけるCO_2削減で気候変動への対応を進めている。リサイクル工場の屋根に太陽光パネルを設置し、発電された再生可能エネルギーを工場内で使用（自家消費）するとともに、小売電力会社から再生可能エネルギー由来の電力を購入する方法を組み合わることでRE100リサイクル工場を順次増やしていく計画であり、2019年度に第一号のRE100リサイクル工場が稼働予定となっている。

(3) 地域社会の持続可能性を多面的側面からサポート（プラザあずみ野）

　長野県にあるグループ会社（株）しんえこでは、人口減少や老齢化、過疎化を背景としたさまざまな地域の困りごとを解決するサービスで、持続可能な地域社会の構築をコンセプトとした、地域共生型リサイクル施設「しんえこプラザあずみ野」を建設中である（2019年春全面稼働予定）。

しんえこプラザあずみ野　イメージ図

1. 地域における障がい者雇用の創出

　当施設内には、就労継続支援B型の障がい者雇用施設が併設され、既に20数名の障がい者の方がPC解体や金属選別作業などに従事し働いている。

2. 地域の家電廃棄物をリサイクル

　家電リサイクル法指定工場として廃家電（TV、エアコン、洗濯機、冷蔵庫）を受入れリサイクルが行われる。

3. 資源物回収BOXの常設でいつでも資源回収

　段ボール、新聞紙、雑古紙、古着、金属くずをいつでも捨てられる「もったいないBOX」が設置され、24時間いつでも資源物の受入れ、リサイクルが行われている。

4. RE100リサイクル工場で気候変動対策

　工場の屋根にリユース太陽光パネルを設置し発電することで再生可能エネルギー100％での工場運営が行わる。

5. 市民向け「快適ライフサポート」サービス窓口設置

　お家のゴミ片づけ、清掃、遺品整理、空家解体など快適ライフをサポートするサービス窓口を設置、市民のお困りごとに対応している。

（執行役員環境事業推進部長　中作　憲展）

企業のSDGsの取組事例　part3

「再エネ100%」の住宅・建築・街づくり

大和ハウス工業株式会社

「Challenge ZERO 2055」の策定
－国際イニシアティブへの参画－

　国際社会では、経済格差や貧困、気候変動、食料問題など、さまざまな課題が山積している。これらの課題解決に向け、2015年には「持続可能な開発目標（SDGs）」、「パリ協定」といった国際的な枠組みが採択され、とりわけ地球環境への取り組みには、企業にも長期的な視野に基づいた活動が強く求められている。

　そこで大和ハウスグループでは、2016年7月、創業100周年となる2055年を見据え、環境長期ビジョン「Challenge ZERO 2055」を策定した。世の中に必要とされる事業を通じて創業100周年に売上高10兆円を目指しながら、同時に自らの事業活動における温室効果ガス排出量を7割削減することを宣言し、そこから逆算した2030年の中間目標は、「パリ協定」に沿った意欲的な目標として国際的な認定「SBT」を取得した。また、その達成には、エネルギー効率の向上と再生可能エネルギーの活用が必須と考え、住宅・建設業界では世界で初めて、国際イニシアティブ「EP100」と「RE100」双方への参画を果たし、省エネ・再エネの両面から事業活動の脱炭素化を加速している。

事業活動における脱炭素の取り組み
－EP100（省エネ）とRE100（再エネ）－

　事業活動プロセスの脱炭素化に向けては、省エネ活動の徹底と再生可能エネルギーの大規模導入が鍵となる。

　省エネ活動としては、当社グループが有する既存のオフィス・商業施設・

リゾート施設・工場といった建物用途ごとにモデル施設を選定し、集中的に省エネ施策を実施。効果を確認・検証の上、他施設に水平展開することで継続的かつ効率的な改善を進めている。既存オフィスでは、2017年3月、東京都千代田区の「大和ハウス東京ビル」が国際的な環境性能評価；LEED-EB-OM（既存建物）の最高ランクであるプラチナ認証を取得した。一方、新たに建設する自社施設ではZEBの実現を推進し、先導技術の導入を進めている。例えば、2016年4月に開業したグループ会社の「ロイヤルホームセンター津島店」では、平屋店舗という形状を利用し、屋根面に1.2MWの太陽光発電を設置。大規模な越屋根から店内に自然光と自然風を取り入れるとともに、人感センサー・昼光センサーによる照明の自動制御やBEMSによる空調制御などを組み合せ、1万m^2超の大規模店舗では日本初となるZEBを実現した。

　もう一方の再エネについても、2007年2月、愛媛県の佐田岬半島で風力発電事業を開始したことを皮切りに、自社施設の屋根や未利用地を活用したメガソーラー事業を「DREAM Solar」として全国で展開。2017年度末現在、当社グループの再エネ発電所は、風力・太陽光・水力合わせて全国180ヵ所、総発電容量は235MWに達し、その発電量は当社の総電力使用量の約63％に相当するまでになった。今後、2030年までにこの割合を100％へ拡大

写真1　佐田岬半島での風力発電

させ、その後は電力の供給先を自社施設に順次切り替え、2040年には当社の事業活動に要する電力を全て再エネで賄う計画である。

事業・商品を通じた脱炭素の取り組み　－ZEH・ZEB、その先へ－

こうした事業活動における脱炭素化を進めるなかで蓄積された省エネ・創エネ・蓄エネ等のノウハウを、私たちが提供する住宅・建築・街づくりに活かし、ZEHやZEB、スマートシティの展開につなげている。

戸建住宅では、業界に先駆け2010年に、高断熱外壁、省エネ設備、太陽光発電を組合せた「xevoYU（ジーヴォ・ユー）」を発売。現在の主力商品「xevoΣ」では独自の「外張り断熱通気外壁」により業界トップクラスの断熱性能を実現し、快適な住み心地とZEHの両立を図り普及を加速している。さらに、太陽光発電と蓄電池を組合せたエネルギー自給型の住宅を提案、新築住宅の約4割で採用が進んでいる。自ら電気を「創り」「蓄え」「使う」、こうした住宅は気候変動対策のみならず、地域の経済的自立や非常時の生活維持につながり、地域と人にとってレジリエントな社会基盤になる。

一般建築では、「先端技術でエネルギーをカシコク使う」をコンセプトに、店舗や工場など6つの用途の建物で環境配慮技術をパッケージ化した「D's SMARTシリーズ」を開発し、ZEBの普及を進めている。様々な自社施設に先導的な技術を導入し実証検証を行いながら、効率的な提案を図って

写真2　大和ハウス佐賀ビル

いる。2018年2月に完成した「大和ハウス佐賀ビル」はその代表例であり、一般的な建物に比べエネルギー効率を2倍とし使用する電力を100％再エネで賄う、「EP100」、「RE100」を具現化したモデルオフィスである。春や秋の中間期は屋外から自然の風を最大限取り込み、夏や冬の空調には井戸水と太陽熱を利用することで電力使用量を最小限に抑えた上で、必要な電力は太陽光発電と大型蓄電池を連携させ100％再エネで賄う計画である。これらは今後、使い勝手も含めた検証を進め商品化に向けたブラッシュアップを図り、お客様への提案につなげていく予定である。とかく効果を示しにくい省エネ建築だが、自社施設での先導事例をショールームとして活用し、更なるZEBの普及を進めていく。

スマートシティ・タウンの開発　ー点から面へー

「再エネ100％」の取り組みは、事業活動や住宅・建築物だけに留まらず、街づくりにも拡大している。

2013年6月、環境モデル都市である大阪府堺市にて小学校跡地を利用した全65区画のスマートタウン「スマ・エコタウン　晴美台」を開発。全住宅をZEH仕様にするとともに、集会所等の街の共用部にも太陽光発電を設置し、街全体としてZET（ネット・ゼロ・エネルギー・タウン）を実現した日本初の取り組みである。周囲の里山から夏の風を街に取り込む工夫や、住

写真3　スマ・エコタウン　晴美台の街並み

民の省エネ実績に応じてポイントを付与し、集会所に設置した電気自動車のカーシェアリングに活用できる仕組みなど、街ならではの省エネ対策に取り組んだ。その結果、地域の課題であった若い世代を呼び込むことにも成功。また、街びらきから1年、太陽光発電によるエネルギー創出量が街全体の使用量の128％に達した。これは住宅18戸分のエネルギーを余分に創出したことになり、余剰電力の売買を通じて地域の発電所として機能していることが確認できた。

　その後、晴美台を含め全国4ヵ所（大阪府・愛知県・三重県・富山県）でZETを実現し、住民による「街の太陽光発電所」のシェアや蓄電池を利用した住戸間での電力融通にも取り組んでいる。さらにZETの他にも、分譲住宅やマンション、商業施設を一体開発した「高尾サクラシティ」において、クールシェアサービスの提供や非常時の電力融通など、その地域に応じた特色ある街づくりを全国で展開している。

▰ まちの価値を、未来へ

　このように、大和ハウスグループでは「パリ協定」を契機に世界の常識が「脱炭素」へと向かうことを確信し「再エネ100％」の社会をいち早く構想。自らの事業活動における脱炭素化を起点に、住宅・建築・街づくりというビジネスフィールドを活かして取り組みのスケールアップを図っており、次のステップとして海外への展開も既に視野に入れている。

　今後は、SDGsの理念である包括性により着目し「環境」のみならずさらに幅広い視点から、真にサステナブルな街を、共に創り共に育んでいくことを通じて、持続可能な社会の実現に貢献していく。

（環境部長　小山勝弘）

企業のSDGsの取組事例　part4

再エネが地球と地域を救う

シン・エナジー株式会社

　シン・エナジー株式会社（以下当社）は1993年に電気工事を行う洸陽電機エンジニアリングとして神戸市で創業。その後、独自の省エネルギーシステムの開発と販売を通して事業を拡大し、電力自由化の流れの中で2015年の高圧電力の販売を手始めに、2016年には電気の小売り事業に参入した。

　二酸化炭素といった温室効果ガスなどによる地球規模の気候変動が問題視される中で、2010年代には太陽光、地熱、小水力、バイオマス発電といった再生可能エネルギーの開発・推進を行う創エネ事業に進出した。再エネで地球と地域を救おうという時代を先取りする考えから事業は広がり、2018年4月、社名を現在のシン・エナジー株式会社に変えた。

■ SDGs17と符合する経営理念

　当社の経営理念は「未来の子どもたちからの『ありがとう』のため　生きとし生けるものと自然が共生できる社会を創造します」というものだ。これまでに経験したことのないような激しい集中豪雨や竜巻が猛威を振るう状況を改め、安心して暮らせる地球環境を次の世代に引き渡そうという考えだ。

　2015年の国連サミットで採択されたSDGs（持続可能な開発目標）の17の目標とその基本的な考えは当社の経営理念と符合する。

　再生可能エネルギーは、未利用木材や農業・食品残渣、家畜糞尿といった地域資源や、太陽光、地熱、小水力、風力といった自然エネルギーから電気や熱を生み出すところに優れた特徴がある。私たちはその資源を生かすために、地域別に発電所を設けることで、その資源から有効に発電するシステム作りを提唱し、実践している。

　木質バイオマス発電を例に取れば、間伐材等の未利用材が燃料として使わ

れると、林業の生産意欲が高まり、山の整備を通して森林も生き返る。発電した電力をFIT（固定価格買取制度）で売れば、販売代金が地域に入る。「再エネが地域を救う」といえる。

事業を通して実現を目指す目標

「SDGsの17の目標」の中でも当社が事業としての実現を目指している項目が下記の目標だ。

 （7） エネルギーをみんなに　そしてクリーンに
 （9） 産業と技術革新の基盤を作ろう
 （11） 住み続けられるまちづくりを
 （12） つくる責任　つかう責任
 （13） 気候変動に具体的な対策を
 （14） 海の豊かさを守ろう
 （15） 陸の豊かさも守ろう

地域資源生かし「エネルギーをみんなに　クリーンに」

当社の進める事業は再生可能エネルギーの開発を推進する創エネ事業のように（7）の「エネルギーをみんなに　そしてクリーンに」に関連すると同時に、（13）の「気候変動に具体的な対策を」にもつながる。明確な区分けは難しいが、地球と地域を持続可能にする取り組みであることに変わりはない。

当社の創エネ事業の中で発電所も発電量も最も多いのが太陽光発電所だ。大阪府の恩智川治水緑地池島二期地区太陽光発電所（出力約1,998kW）をはじめ、全国に40カ所を超える発電所がある。2018年4月にはオリックス株式会社と共同で青森県に出力19,631kWというメガソーラーの「七戸町卒古沢太陽光発電所」の建設にも着手した。

太陽光発電所が当社の創エネ事業の中核を担っていることは間違いないが、現在は森林の環境整備や地域再生に最も実効性があるバイオマス発電に開発のウエートを移している。

バイオマス発電所として最初に建設したのが2017年4月に竣工した岐阜県

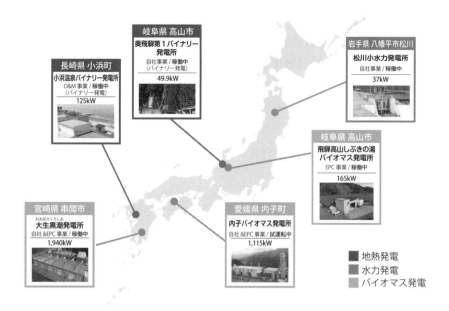

シン・エナジーで稼働中の再エネ発電所(太陽光発電所を除く) 2018年12月現在

高山市の「飛騨高山しぶきの湯バイオマス発電所」である。ドイツのブルクハルト社製の出力165kWの発電機を1台備えた小さな発電所だ。この発電機は木材を粉々にした後、ペレットに固め直したものを燃料として使う。そのペレットを高温で蒸し焼きにして発生する可燃性ガスを使ってエンジンを動かして発電する。本システムの発電効率は30%、熱利用も含めると総合エネルギー効率は最大で75%になる。

排熱活用し温浴施設の化石燃料を代替

飛騨高山しぶきの湯バイオマス発電所の隣にある温浴施設ではこれまでは灯油でお湯を沸かしていたが、新たにできた発電所の排熱も利用する方式に変えることで、年間で約120klもの灯油を節約することに成功した。化石燃料から再生可能エネルギーへの転換という「エネルギーをみんなに そしてクリーンに」という目標(7)をここで実践している。

我が国では発電で副生産される熱を使わずに海などに放熱されることが多

いが、「(12) つくる責任　つかう責任」から考えて、温浴施設などで有効に使うことが求められる。

2018年3月には宮崎県串間市で出力1,940kWのバイオマス発電所「大生（おおばえ）黒潮発電所」を竣工した。さらに同年10月には愛媛県内子町に出力1,115kWの「内子バイオマス発電所」を竣工した。

高山市、串間市、内子町の発電所に共通しているのは、地元企業、森林組合、林業会社などと共同出資の会社を設立し、地元金融機関の融資を得て事業化している点だ。「エネルギーをみんなに」という考えを反映している。

小型分散型発電所で「住み続けられるまちづくり」

SDGsの「(11) 住み続けられるまちづくりを」という目標に向かって地元企業と地元自治体と一緒になって小型分散型の発電所を日本中に造っていけば、地産地消を通して雇用も生まれ、持続可能な地域も増えていく。

森林資源を生かすには上級材のA材、B材とともに、下級材のC材、D材の使い道を作ることが大事だ。地域ごとに発電所が出来れば輸送費をあまりかけずにC材、D材をバイオマス燃料として売ることが出来る。その販売代金を元に林業が息を吹き返せば森林は輝きを取り戻す。

「森は海の恋人」と言われるように、山が健康になれば山から発する河川を経て良質の植物プランクトンが海にもたらされ、豊かな海洋資源を育てる。SDGsの「(13) 気候変動に具体的な対策を」「(14) 海の豊かさを守ろう」「(15) 陸の豊かさも守ろう」という目標を、当社は事業を通して直接的、間接的に実践している。

小水力、地熱発電でも実績

2016年4月に事業化したのが岩手県八幡平市の「松川小水力発電所」である。「地域貢献型水力開発」という位置づけで始まった事業で、出力は最大で37kWと小さいが、それでも年間発電量にすると30万kWhと一般家庭92世帯分の発電量となる。

この経験を生かして2019年から3年をかけ、岐阜県高山市の奥飛騨地区に合計3基の小水力発電所を建設する計画を現在進めている。1基あたりの出

力は松川小水力発電所と比べると10倍を超える規模になる。

　小水力発電は自然を大きく変えてしまうダムを造ることなく、自然にある川や用水路を使って発電するクリーンな発電である。SDGsの「(11) 住み続けられるまちづくりを」目指している。

　一方、火山国・日本にある地熱資源を発電に生かそうと、2015年9月、長崎県雲仙市小浜町で環境省が実証事業をしていたバイナリー発電所を買い取り「小浜温泉バイナリー発電所」として事業化した。バイナリー発電は地熱発電の一種で、地下から取り出した蒸気や熱水で、水より沸点の低い液体を加熱、蒸発させて、その蒸気でタービンを回して発電する方式。出力100kWで稼働率90％以上の場合、一般家庭の220世帯分の電力を賄える。

　2017年11月には岐阜県高山市で出力49.9kWの「奥飛騨第1バイナリー発電所」の運転を開始した。2019年にはこの発電所から300メートルほど離れた場所にもう1基、バイナリー発電所を造る計画だ。

■ 山間の小学校に「再エネ」の出前授業

　一方、会社の事業とは別に、教育や健康、働きがいといった分野でもSDGsに関連する様々な試みを実践している。

　2017年12月－2018年2月、「持続可能なまちコンテスト」と題して川柳を一般から、絵画を小学生から募集した。しばらくすると川柳とともに、色彩豊かな小学生の絵画が届いた。その中に「僕たちの街には木や竹や太陽がいっぱいあるけど今は使っていません。もったいない。洸陽電機（当社の旧社名）さん力を貸してください」という手紙付きの絵画が4枚、島根県の山間部の小学校から送られてきた。

　この手紙に心を動かされ、7月中旬、筆者が出前授業にでかけ、再生可能エネルギーは地域経済を元気にすることを画用紙で作ったお金などを使って具体的に説明した。小学生にとって企業を経営する人はどういう人なのかを直接知る意味でも生きた社会勉強になった。SDGsの「(4) 質の高い教育をみんなに」という目標は、企業と学校の交流からも達成できる。

　工場を持つ製造業などでは始業時にラジオ体操がよく行われているが、当社では事務・営業・技術系社員が多い神戸本社、東京支社も含め午前8時45

分の始業時に全社でラジオ体操を行う。「(3) すべての人に健康と福祉を」を目的としており、始業時に体を動かした方が頭も目覚め、効率的に仕事ができる。ネットで各拠点を映し出すことで会社の一体感も生まれている。

働きがい求め自発性促す取り組み

仕事は「課されたもの＝タスク」とせずに、自ら考え、やる気をもって実行することが理想だ。そのためにはまず仕事にメリハリつけようと、毎週水曜日を自由な服装ができるビジネスカジュアルデーにするとともに、「ノー残業デー」とした。17時30分になると目の前のパソコンが自動停止し、18時には帰宅するよう周囲から促される。

SDGsには「(8) 働きがいも 経済成長も」という目標がある。ノー残業デーはその一環だが、個人の心の中には課された仕事に対する重圧や上司などとの人間関係に悩むことは多く、仕事のめりはりだけでは解決が付かない。そこで上司と部下が1対1の関係でざっくばらんに話し合える「1on1」という機会を年2回設け、人間関係の無用な軋轢を減らしている。

2018年11月からは、業務の適当な切れ目を使い、15分間という短い時間で様々な話題や課題についてグループ内で意見を述べ合う「ちょいガヤ」という雑談会を始めた。テーマは全くの自由で、気分転換になり、お互いが今なにを考えているのかも分かる。何気ない雑談の中にみんなでやったら面白い仕事のヒントが出てきたりする。「1on1」も「ちょいガヤ」も、仕事を楽しくやろうという「働きがい」を実現するための試みである。

世界の人口増加とエネルギー

日本は人口減少時代に入ったが、アフリカなど世界では人口は増え続けている。世界の現在の人口は75億人で、国連の予測では2050年には97億人、2100年には112億人まで増えると予想されている。これらの人たちに十分な水と食料、そして生活を支えるエネルギーを与えられるのだろうか。

増加する地球の人口を支えるエネルギーを確保するには、様々な解決すべき課題を抱える原子力発電に依存するのは難しく、再生可能エネルギーを上手に無駄なく使うことが現実的な選択である。

砂漠化は過剰な森林伐採が大きな要因である。それを増長しているのが大半を外材に頼る日本のバイオマス発電である。その背景にあるのは、企業の経済合理性に基づくものである。本来であれば合理性のみでなく、国内での新たな再生可能エネルギー開発を通じて日本の森林等の課題解決に企業が取り組むべきである。

持続可能な地球を守るのは企業の社会的責任

　再生可能エネルギーの開発はまだ入り口に立ったばかりだ。しかし技術開発とノウハウの蓄積が進めば、人類は持続可能に向け大きな船出を迎える。

　国連サミットで採択されたSDGs（持続可能な開発目標）の17の目標は、私たちが今すぐにでも実施し、次の世代に確実に引き継ぐべきものを列挙している。企業が自らの事業の中にSDGsの考えを取り込むことは、持続できる地球を守るための企業としての社会的責任である。

　1世代では持続可能性への旅路は歩めない。世代をつなぎ、技術と知性を発展させる。だからこそまずは現世代がSDGsのターゲット期間である2015～2030年の間にやるべきことをやらなければならない。

（代表取締役社長　乾正博）

[特別寄稿]

ビジネスの世界が担う持続的未来とSDGs

東京都市大学・特別教授　涌井　史郎　（雅之）

● はじめに

　おおむね5年ほど前、生物多様性に関連する国際会議において熱心にその重要性を説く一人のドイツ人とであった。名刺交換をすると氏は何とドイツの有名な自動車企業の副社長であった。筆者が素朴な質問「なぜあなたはこれほどまでに熱心に生物多様性の重要性を力説するのか」と敢えて問いかけてみた。その答えが未だ鮮明に記憶に刻まれている。氏の回答は「だって我々の企業活動の未来を考えれば、市場つまり社会が健全であることが必要なことは言うまでもない。その社会が健全であるためには、持続的未来を担保する気候変動と共に、我々の日常生活の基盤である生態系サービスが健全に働く条件が欠かせない。よって全世界を市場としてこそ投資家に応えられる我々の企業が、慈善的活動ではなく市場そのものの質を支配するこの問題に対応しなければ、社会的倫理観に反するばかりか、我々の企業活動そのものが危うくなると考えるから…」であった。

　この回答はまさに企業人全体に問われている環境倫理、今少し広げて考えれば社会的倫理観を背景にした模範的な回答であり、ハーバード大ビジネススクールのマイケル・E・ポーター教授が提唱した「CSV（Creating Shared Value）」の方向そのものと言える。

　つい最近まで企業は「CSR（corporate social responsibility）企業の社会的責任論」に準拠し、企業収益の一部を社会還元する姿勢を強めてきた。しかし実際にはその本質を理解することなく、世の流れとしての受け止めばかりで、世間をおもんばかり、致し方なく広告宣伝費の一環という程度の捉え方の企業姿勢を垣間見ることも多い。

　ところが現実世界では、そうした近視眼的な世界観では到底追いつかない

潜在的リスクに社会が晒されようとしている。とりわけ気候変動などの環境問題に牽引され、気象災害が年々激甚化するなど、社会のみならず、経済に与えるリスクも大きくなろうとしている。よって、持続的成長を担保できる可能性を有する企業は、環境問題に端を発するあらゆる社会的共通課題に積極的に対応を図っているCSVに深化することが必然となった。

例えば世界的な再保険会社「ミュンヘン再保険会社」が2017年に取りまとめた2016年の「自然災害による損失（Natural catastrophe losses at their highest for four years）」というプレスリリースによると、熊本地震などを含め、2016年に発生した自然災害による損失額の総計は1750億米ドルであり、2016年は過去4年間の中で最も自然災害による損失が大きかった年とされている。この会社による統計は、急激な右肩上がりの自然災害による経済損失の傾向を損害保険という形で被害の損失を支払う立場から、これまでも統計的に取り纏め適宜公表をしており、これ以上の説得力に富む資料はない。

これ程までに環境という要素が大きな要因としてビジネスを取り巻く状況に働くことなど誰が想像したであろうか。今や「経済価値と社会的価値を同時に実現しようとしている企業」であることが喫緊の課題として求められている。

これを投資家から見れば、各々の企業が如何に環境リスクに真摯に対応しているのかという評価が、形式論ではなく投資リスクを占う観点から不可欠な要素となってきた。即ち、持続的成長を担保できる可能性を有する企業であるための基本的条件としての、社会的共通課題、とりわけ気候変動など自然災害要因を如何に減少させ得るのか、激甚化する災害リスクに市民社会の一員としてどのように対応するのかが問われ、結果として各々の企業がそのCSVをより一層深化させることが必然となった。

こうした社会を構成する重要なステークホルダーとしての意識を自覚し、市民の目線からも、また投資家からも信頼に足りうる対応策をガバナンスの重要な要素として位置付ける企業経営姿勢が「ESG経営」の本質と言えよう。

前述の副社長氏がいみじくも指摘したように成長の礎となる持続性とは、

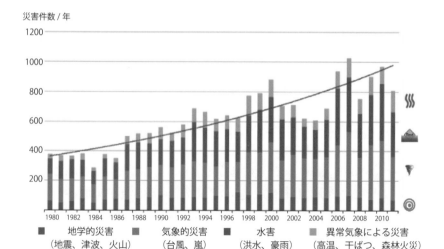

1980年－2010年までの世界の自然災害
出典：Munich Re. Loss events worldwide 1980-2010 As at March 2016

気候変動など自然環境の変化が引き起こす多様なリスクを如何に回避する戦略。氏の言葉を借りれば「健全な市場とは健全な環境が損なわれぬ条件があってこそ担保される」という言辞そのものと言えよう。

まさに全企業が今、市民社会の一員としての自覚を深め、その姿勢を企業統治、すなわちガバナンスに組み込むことが、持続的未来の可能性を高める上に肝要な要素となっている。

● 環境容量に即したバックキャスティング的思考

一般に生物社会は一定の空間に備わる環境容量（例えば1頭のヤギが餌を与えられないでもその土地に生える草を食べ生きていける広さ、或いはヤギの栄養条件を賄える草の生産量）に支えられるものであり、もしその環境容量の中で他の生物の存在を顧みず、異常に個体群密度を高めよう（市場占有と同じ意味）とする異形の生物の出現があると、一時的或いは永続的であるかを別にして、その生物社会全体が崩壊するといった現象が起きることが知られている。

こうした観点から今起きている環境問題を考えてみると、その異形の生物

とは残念ながら人類そのものであると言わざるを得ない。

　かつて世界を席巻したジョージ・ソロス氏などによる市場原理主義。即ち低福祉・低負担・自己責任をベースとし、小さな政府を推進し、政府が市場に干渉せず寧ろ放任することにより国民に最大の公平と繁栄をもたらすと信じる思想は、原理的優勝劣敗の思想であり、それは、人間の干渉（手入れなど）が無くとも、やがては生態学的秩序により一定の自然社会に推移し動的平衡を得るという考え方に通じる。

　確かに理論的にはそう言えなくもないが、実はそこに時間の概念が欠落している。数十万年オーダーの時間なのか、長くとも一万年単位の時間的スケールでの話なのかという時間の概念。それと共に最も重要な環境容量の視点が欠けている。人類という数万年オーダーの種の存亡は、人類が生態学的観点からは異形の生物になり得るという自覚と、その活動の肥大化が人類そのものの未来を危うくするという二つの自覚が欠かせない。

　肝心なのは、例え経済が成長できたとしても、地球の環境容量は成長しないという原理原則である。その環境容量を、我々の無秩序・無際限な活動が蝕み、その容量を減じさせる事態を引き起こしている。つまり、フォアキャストの延長線上に世界を捉える傾向延長線上の発想の危険性をそこに見出す事が出来る。

　持続的未来を考える上では、地球の環境容量の限界（ティッピングポイント等の環境容量）を想定し、それを限界値としてそこからバックキャストし、未来のための消費行動等のライフスタイルを今後どのようにすべきかを思料する発想を日常化させねばならない。そうした意味で企業は、持続的未来と科学技術をマッチングさせ、歴史的に獲得した便益を縮退させることなく、一定の経済成長と共に成熟という幸福感をも得る社会を実現することを目的化すべきと言えよう。それが「環境革命」という新たな概念であり「Society5.0（狩猟社会・農耕社会・工業化社会・情報社会に続くIoT、ロボット、人工知能、ビッグデータ等の新たな技術をあらゆる産業や社会生活に取り入れてイノベーションを創出し、一人一人のニーズに合わせる形で社会的課題を解決する新たな社会）」とも共通する。

　そうした環境容量を意識し、フォアキャストに委ねるのではなく、地球が

持つ容量の限界から逆算するバックキャスティングの思考法を前提にした概念環境革命こそが、今求められている。

● 生態系サービスの危機を回避するエコロジーとエコノミーの合一

　環境問題を国際政治の場で初めて議論したのが1992年ブラジルのリオ・デ・ジャネイロで開催された環境と開発に関する国際連合会議（通称・リオサミット）」である。その成果は、後の1997年のCOP3における「京都議定書」、そして2015年のCOP21の「パリ協定」に結び付く「気候変動枠組み条約」と併せて、2010年COP10における生物多様性の主流化を2020年に確実なものとする「愛知目標」に繋がる「生物多様性条約」を具体化させたところにある。

　我々は他の生物と生態系があってこそ存在し得るという厳粛な事実を忘れるわけにはいかない。そこで世界の人々がその厳粛な事実に興味と関心寄せ、2020年を目途に誰もが生態系サービスの恩恵は生物多様性の維持にあることを理解できるようにするという目標が生物多様性の主流化であり、それを愛知目標という。何とこの愛知目標は第65次国連総会で決議されている。筆者が委員長代理（委員長は中西宏明経団連会長）を務める国連生物多様性日本委会は、その目標達成のためにあらゆるステークホルダーを結集したプラットフォームである。

　仮に自然界を市場と見做せば、ヒトという生物が異常に繁栄したとしても、放置しておけば自ずと動的平衡により安定した状況が生まれるという仮説は、先にも指摘したように人類という種の時間的スケールと地球の環境容量という枠組みの中では、市場原理主義的発想と同様の結果を生み出す。何よりも異形の生物種ヒトが生命圏にもたらす厄災を避ける事が出来ない。

　さて地球的の空間スケール、時間のスケールの両面から生物多様性が織りなす生命圏のことを改めて考えてみよう。生命圏、つまり生物が生態系を成して構成する圏域は、半径6,400kmの地球上に高々30kmの厚みでしかない。

　その生命圏の内部で、生物相互の働きが物質とエネルギーの自律的循環を生み出し、まるで一つの生命体であるかのような完璧なシステムとして自己完結している。その自立循環を妨げるかのような異形の種ヒトが生物多様性

の価値を尊重しないまま癌細胞のような存在となるなら生命圏それ自体の崩壊に繋がりかねない。現在の人間活動がもたらす生物社会への負の影響は、過去自然の趨勢の中で引き起こされた生物の絶滅とは比較にならない速度で絶滅を誘っている。1600年から1900年の間では、1年で0.25種の絶滅速度が、1975年以降1年に4万種と急激に上昇している。

　生命圏とは、地球の46億年の歴史の中で38億年を掛け、生命体つまり生物種がその遺伝子を保続するために創り出した空間であり、その緻密な物質とエネルギー代謝のシステムが「生態系サービス」の基盤となっている。

　またそうした生命や生命圏の中での様々な活動が、今、新たな産業シーズとして開花し始めている。しかもその技術は、情報技術の進化「ムーアの法則（インテルの創業者ゴードン・ムーアが経験値から予測した集積回路の加速度的技術革新のスピード等）」と同様、バイオテクノロジー関連技術として長足の進歩が予見されている。つまり近未来の大きな産業分野となり得るということである。

　何故ならば、加速度的人口増加に伴う食糧の危機への対処、伝染病など疾病の拡大に対する防疫と治療方策の必要性の激化、既知の生物への遺伝子情報の獲得が終了し、遺伝子レベルを基礎にした新産業の拡大、幹細胞を活用した結果バイオテクノロジーのコストが飛躍的に下がるという具合である。

● **SDGs**

　これまでSDGsを議論する上に欠かせない持続的未来を模索する諸課題を、1992年のリオ・サミットにより締約された気候変動と生物多様性条約を基に解説してきた。

　しかしその後の地球環境は、政府や企業といった枢要なステークホルダーだけが努力をしても改善されぬほど深刻な様相を呈してきた。

　2000年の9月の国連ミレニアム・サミット以来15年に亘り国際的課題解決への取り組み「MDGs（ミレニアム開発目標）」は一定の成果を得たものの、地球環境問題に起因する「環境ストレスは最も脆弱なところに皺寄せされる」という原則通り、教育や母子保健・衛生条件の改善、サハラ以南のアフリカ問題など多くの課題が取り残されてきた。そこで改めて2015年に

「SDGs」が定められた。

ビジネスの世界では、経団連が「Society5.0」と軌を一にするものとしてSDGs捉えており、その「企業行動憲章」を2017年11月に改訂し、Society5.0の達成を通じてSDGsの目標へのゴールを確実にする方向を打ち出している。

経団連では、2018年7月会員企業へのSDGs関連のアンケートを実施している。その結果、SDGsの経営への統合の第1段階とされる「事業活動をSDGsの各目標にマッピング」はアンケート回答会員企業の35%でしかなかったが、「検討中、検討予定」の企業が実行に移せば7割を超える可能性があることも明確となっている。

国際・国家・地域レベルに亘る多様なステークホルダーが社会的共通課題としてそのSDGsの意味を理解し、アクションを起こさねば目標達成は困難となる。とりわけ何よりも市民社会が目標の意味を理解し自らの消費行動などのライフスタイルをこぞって適応戦略化させることが望まれる。

それだけに、SDGsを経営上の優先課題として統合できた企業は、顧客・従業員、その他のステークホルダーとの協働を強化できるが、統合できない企業は法的あるいはレピュテーションを獲得する事が出来ないというリスクにさらされることを覚悟しなければならない。繰り返すが、社会と市場の安定による健全な社会が機能しなければ、企業は成功できない。

又投資家の立場で考えれば、SDGsの達成に努力する企業に投資することは、ルールに基づく市場、透明な金融システム、腐敗がなく、良くガバナンスされた組織など、ビジネスの成功に必要な柱を支援することに繋がる。

行き過ぎたグローバリズム、それに対抗するナショナリズム或いはトライバリズムが複雑に絡み合い、シームレスではない非連続的な世界となりつつある中で、世界が目的を共有し、その行動の枠組みが提供されることは実に意義がある。ましてや地球という生命圏の中における持続な人間社会の存在を担保しようとするSDGsは、世界が共有できる影響力とパフォーマンスがあり、例えば企業と市民などが世界の最も緊急な社会的課題について意見交換を行い、ビジネススタイルや製品・商品について相互に協力できるパートナーシップが生まれるならばその意義は企業・市民双方にとり有意義

であり、何よりも地球環境の持続性に貢献が大となる。それはまさにレピテーション獲得の近道である。

　消費者或いは市民社会は、企業そして公益法人等を含めた行政が市場適合性へのKPI（目標達成の中間評価）やKGI（最終目標とその評価検証）を明確に判定することが可能となる。

　古代ギリシャ人は、家・共同体を意味するオイコス（oikos）には、規則・規範を意味するノモス（nomos）と、倫理や論理・学問を意味する（logos）は一体として作用すると考え、その合成語がエコロジーとなったことはよく知られている。論者が造園学を展開し、空間の計画を行う上のバックボーンとしている生態学とは、ただ単に動植物のファウナやフローラの社会的構成を探求する学問ではなく、生命が介在して物質とエネルギーが如何に生命圏内で再生・循環し、地球に恒常的安定をもたらす仕組みについて科学し、何故ファウナやフローラが構成されたのかを探求する学問であることを考えれば、この古代ギリシャ人の哲学の正しさはよく理解できる。

　しかしその哲学は、産業革命、正しく言うならば産業革命の時代に、地球上の自然は人類にとって資源であるとする科学万能の風潮が作用し、省みられることがなくなってしまった。産業革命初期、当時10億の人類と自然は明らかに切り離された。その現象は、自然に依拠するだけの暮らしを強いられてきた歴史の反動であるのかも知れない。あの方法序説を著わした大哲学者デカルトでさえ、ユダヤ、キリスト教の原理の呪縛から解き放たれず「人間は自然から区別されて他の生物に優越し、自然を治める役割を担わされた存在である」との思想を基調に、「物質は法則に従う」とするのが科学的理解であり、自然を機械の様なものとした「機械論的自然観」を以て自然と人間の関係を位置づけた影響は大きかった。

　しかし今日の地球人口は既に76億を優に超えている。産業革命当時とは明らかに影響度が違う。その76億余の人類の日常は、生態系がもたらす生態系サービスに依拠して存在していることは前述したとおりである。

　論者の専門である造園の視点で語れば、「ガーデン」つまり古代ヘブライ語の「囲われる＝ガン」の「エデン＝楽園」つまり「囲われたエデン」こそが持続的未来の基盤である生命圏であり、その生命圏の健全な状態こそが食

料やエネルギー、災害など多岐に亘る喫緊の課題への解に繋がる。

　我々人類が未来においても今日の我々と同様に幸せを追い求める事が出来る条件を保続するためにもSDGsを達成したい。

　考えてみれば、17の目標と169に及ぶ具体的ターゲットが明確な以上、経営者のみならず、ビジネスの前衛を担う人々を含め、市民を含めた誰もがこの目標のための行動を起こすこと無くして、持続的な未来は我々人類の眼前から遠のくことは間違えが無い。

産業革命と環境革命の違い

	環境思想	生産	消費	社会
産業革命	・地球環境と資源は無限。 ・自然は人間活動の資源。 ・科学とは自然を資源化する手立て。 ・環境対策は工学的「緩和戦略」。	・大量に物を作り、大量に売る。 ・少品種大量生産。 ・プライスダウンの為にコストを可能な限り下げる。	・機能と品質が等しければ価格で購買意志を決定。 ・内部不経済の外部化（廃棄は消費者の責任の外）。 ・マス・マーケットをサプライサイドが誘引。	・資源調達こそ重商・帝国主義的な低開発国からの資源収奪。 ・それを巡る政治対立「東西対立」。 ・幸福の指標は「物の豊かさ」。
環境革命	・地球環境は有限・自然も資財であり、社会的共通資本である。 ・科学にとりサスティナビリティこそ重要。 ・ライフスタル重視。 ・環境対策はライフスタイルそのものを変える「適応戦略」。 ・地球環境資源の衡平で公正な分配。	・多品種・少量生産・遡行型の生産（スケルトンとインフィル） ・知財を開発しシステムを売る。 ・ESG経営 ・生物多様性に支えられた、生態系サービスと、その有効な対応策である低炭素社会を実現する事が、生産企業の社会的責務。 ・企業は、市民社会の一員・調達・生産・流通の諸段階における環境負荷を低減させることが社会的責務。	・機能と品質がライフスタイルに合致しているか否か！ ・製造・流通プロセスが評価できれば、必ずしも価格に拘泥されない。 ・感性に訴える製品・商品に訴求力が生まれる。 ・廃棄や循環コストがプライスに投影しても必ずしも製品・商品の選択に影響しない。 ・普遍的製品と流行の製品・商品に二分化。	・残余の地下資源を巡る南北の対立激化と人類の階級化。 ・地下資源依拠型の方向から、自然に学ぶものり「バイオミミクリー」の方向へ。 ・幸福の指標は「自己実現」に釣う「時間消費」 ・モーダル・シフトを訴求したコンパクトシティ化の方向へ。 ・ITを活用したスマートな社会へ。

特別対談

「SDGsと地域循環共生圏」

熊野英介
アミタホールディングス株式会社
代表取締役

中井德太郎
環境省総合環境政策統括官

中井 2018年4月に、第5次環境基本計画が閣議決定となりました。これは政府としての重要な意思決定です。この基本計画において、我々は、「地域循環共生圏」という概念を立ち上げました。我々は、この地域循環共生圏を「日本版SDGs」であるという風に思っています。

　私たちの回りに森里川海という自然の恵みがあった上で我々の人類活動があるということです。地域には、資産・資源がある、という発想が非常に大事です。今まで、地球規模のグローバルな大量生産・大量消費は、経済原理としてはありましたが、エコシステムの原理に立ち戻ると、地域には例え

ば、再生可能エネルギーや食糧、観光などといった資源がたくさんあることが分かります。大量生産・大量消費ではなく、自立分散、地産地消という考えで地域をつくっていくことが大事、という考え方です。

しかし、それは、"閉じる"という発想ではなく、身の回りのポテンシャルを開花させていくという発想です。ただ、それぞれに得意、不得意があります。なので、自然エネルギーで考えると、都市空間にはあまりポテンシャルはありません。一方で、農山漁村にはそれがある。だから、エネルギーは農村でたくさんつくって、それを都市に持っていく、そういう循環ができるのです。逆に、都市空間には人とお金がある。ですから、地域に人とお金がまた戻るような循環も考える必要がある。これらのように、都市と農山漁村など、各地域がネットワークとして上手く回る仕組みを、テクノロジーなどを使って実現させていきたいと思っています。テクノロジーについては、生活者・地域目線の"ニーズオリエンテッド（需要志向）"なものをどう実際展開していくかが大事です。

経済、特に、お金の流れがどうなっているのか、というところに目を向けると、今、世界中でESG投資により、サスティナブルな経済をつくる流れにあります。一方で、日本の中では、ESGへの投資の機会があまりない、という話も耳にします。しかし、そうではありません。インフラ、ライフスタイル、モビリティー、エネルギーなど循環型共生システムに技術を投下して、デザインして変えていくこと自体に資金ニーズがあると思っています。地域循環共生圏という概念をみんなでやっていきましょうというのがテーマでもあります。

日本は緻密な国ではあるのですが、一度形が出来上がると、大局観のないまま、各論が縦割りで動いていくという面があります。しかし、今回は違います。大きな社会変動というゴールをみんなで共有しましょう、ということです。日本のSDGsはこういうところに本質があるのではないかと思っています。

SDGsで懸念するのは、たとえば「SDGsの目標○○」をやっていますと

いうことが免罪符になってしまい、そこで動きが止まってしまうことです。そうではなくて、（SDGsという）大きな地殻変動を起こす運動体の駆動力になる、という宣言をすることがSDGsへのコミットだと考えています。

熊野 SDGsは、2015年に採択されたわけですけれども、2016年に東京の大手企業の方々とお会いした際、SDGsについて誰も知らず、非常に驚きました。そこで急遽「SDGs戦略研究会」というものを立ち上げて、製造業の上場企業を中心に案内を出しましたが、やはり反応は芳しくありませんでした。研究会は2019年で3年目を迎えますが、国がSDGsに関連して動き始めたこともあり、もう反応が全然違います。

中井 潮目が変わりましたね。

熊野 皆さん、目の色を変えて動き出されています。我々としても、産業界にいる企業として、もっともっとSDGsの重要性を訴えていかなければならないと思っています。さらには、"百の論より一つの証拠"というように、我々でSDGs関連ビジネスのプロトタイプをつくっていくことが大切だと思っています。

　中井さんのお話をお聴きしていて、経済人のトライアンドエラー、意識改革をどうするかが重要なテーマだと考えました。

　まず、SDGsの17の目標に関連して、私は「環境破壊、生物多様性破壊、人権侵害、難民発生、経済格差の助長につながらない資源・原料・エネルギーを使う」ということが今後の社会において非常に大きなポイントなると考えています。ここを大事にしていけば、おのずと調和が生まれてくると思います。

　言うまでもなく、エネルギーをどうしていくのかという点は我々にとって非常に重要な課題です。近年、人工知能の発達や、ICTの発展などに伴い、エネルギーを大量消費する機器・システムが増え続けています。地域循環共生圏が実現すれば、民生用のもの、自動車などに必要な電気は自然エネルギーで十分にまかなえると思います。一方、産業用のエネルギーについては、産業用の発電で担保すればいい。

中井 エネルギーに関しては、今までは地域などの需要側というより、供給の論理で進められてきた側面があります。ただ、これからは、地域目線で、

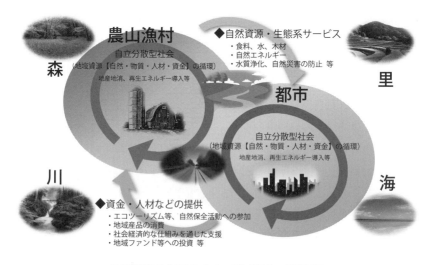

地域循環共生圏のイメージ（出典：環境省）

　生活者のニーズオリエンテッドで、技術をモディファイ（改良）して展開していく必要があります。実は、日本はそこがまだ産業になっていません。例えば、木質バイオマス発電設備などは輸入品が多いのが実情です。このような資源循環できるような設備は国産化していくことが大切だと思っています。太陽光発電の設備のメーカーは、もともと日本に多くあったのですが、今ではもうほとんど海外で生産されています。

　日本人は世界の動きをリードするのはあまり得意ではありませんが、「世界についていかなくては」といろいろとモディファイするのは得意です。例えば、自動車や冷蔵庫、TVなどはアメリカの大きな産業でしたが、気づいてみれば日本のファインチューニングされたものが世界を席巻しました。これからSDGsに関してもそういうフェーズになるのではないかと期待しています。

　大きい供給サイドの展開だけではなく、地べたをはって、地域に入っていく、というのがこれからの発展モデルだと考えます。各地域の課題を取り入れながらモディファイしていくということは日本人は得意だと思います。アミタさんが先駆的にやられているようなことが広がるフェーズに入っている

と思います。

熊野 おっしゃるように、海外の成功事例をケーススタディ的に取り入れるのは日本が得意だと思います。しかし例えば、木質バイオマスのガス発電では、欧州の機械は、欧州で生育している樹木を想定しているため、日本の杉でやろうとすると、トラブルが発生することがある。

中井 相性が合いませんよね。

熊野 合わないんです。ということは、どんなものがこの地域循環共生圏に必要なのか、つまりガス発電の例で言うと、この地域にどんな木があるのか、それに合った機械は何なのかをきちんと把握する必要があります。

中井 気候、風土、コミュニティ、人々の構成、そういうものニーズに合ったものにモディファイすることに活路があります。

熊野 ただ、そういうことへの気付きが遅い。しかし、そこに気付いたら、日本のどうしようもない杉林が、"どうしようもある"杉林に変わっていくんです。まさに地域の自然資本です。そういう時代に入ったのだと思います。

中井 それは省庁の縦割りの弊害でこれまで目を向けられなかったということもあると思います。林業は林野庁、製造業は経済産業省、インフラは国土交通省、といったように、例えばこういうのがバリアになっていて、産業界はむしろ「やってはいけないんじゃないか」という風になっていたのかもしれません。

　再生可能エネルギーなどは、まさに地域で折り合いをつけて、その地域のポテンシャルを引き出すという話です。環境省では昔から、アセスメントも含めて地域と対話し、環境に配慮しながら産業展開をしてきた役所です。そういう意味では、縦割りの発想なしで、国交省、農水省、経産省、厚労省など、また、産業界とも組んで、地域づくりを引っ張っていきます。縦割りをなくすときはゴール・ターゲットを共有していないといけません。それは、私は地域循環共生圏だと思っています。

熊野 なるほど。関連する話ですが、今、当社は宮城県・南三陸町で家庭の生ごみを燃料や堆肥に資源化し、地域で循環させる事業に取り組んでいますが、その事業を輸出して、今後、南太平洋のパラオ共和国で動かすことを計

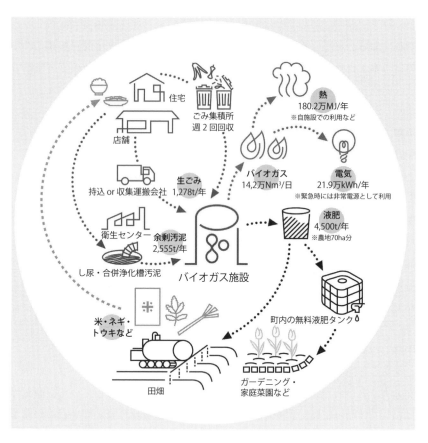

南三陸町における資源循環事業（提供：アミタ（株））

画しています。
中井 すごくいいですね。
熊野 これは一言で言うと、地域循環技術なんですよ。
中井 おっしゃるとおり。
熊野 こういう技術を世界へ持っていけば島嶼国ほどニーズがあると思っています。あれほど地球環境問題でひやひやしている場所はないと思います。
　島嶼国は、海岸部は観光資源なのでごみをおけません。ではごみはどこへいくかというと山へいくんです。現地は、今大変なことになっています。こ

れらを資源化してなんとかしなければいけません。島嶼国に、炭素循環技術を提供していく必要があると強く思っています。

中井　ちょっと話は戻るんですが、これまでは生産オリエンテッドな政策を打ってきましたけど、今後はやっぱり地域とかコミュニティとか人とか生活者とか消費者とかに本当に合った技術への転換や発想の転換をしていかなければいけませんね。

　その仕組みは実は生命系の発想なんです。人間は、60兆個の細胞がいろいろな臓器を形づくり、全体として一個の生命体をつくっています。ポイントは細胞を全部切り離しても、細胞一つひとつが生きているということなんです。生命の不思議って、自分で勝手に駆動している細胞が、より集まって全体を形づくっていることです。そういう発想で地域を見ると、一人ひとりを細胞とみることもでき、地域が一個の生命体になります。これは中央集権的ではなく、グラスルーツ、ボトムアップの発想です。中心がない、すべてが中心、一人ひとりが中心です。実はSDGsが言っている、「一人も取り残さない」というのは、生命系のシステムから学ぶことも多いと思います。

熊野　私は、我々人間も含めたすべての生命は、「自分の可能性を信じてあきらめない」というDNAをバクテリアの頃から持っていると思っています。しかし今、日本の社会が、「自分の可能性を信じてあきらめない」という社会になっているか。我々大人が若者に「自分の可能性を信じろ」と自信を持って言えるか。

中井　今、私は新しい地平を拓く、「第二の幕末」と言っています。もともと幕末・江戸時代は、循環共生型でした。だけど黒船が来て、中央集権の国づくりに走らざるを得なくなりました。それはある意味、日本の良さを一旦置いて、新たな社会をつくっていったということでもあります。

　今、インバウンドの動向などをみていると、日本の自然感などを求めた本物志向の外国人個人客が来ています。日本の良さをもう一度日本人が形にするという転換期にきていると思います。それは幕末に匹敵するのではないかと思っています。日本の良さを形にして世界に示していきましょう。

あとがき

　近代文明を巨大な旅客機に例えると、私たちは残念ながらその飛行機を飛ばすための「航空力学」をまだ身に付けていないようだ。文明が墜落することなく飛び続けるための「航空力学」とは、つまり「サステナビリティ」そのものである。

　1990年代、このように指摘したのは、米国の作家、ダニエル・クイン[i]だ。SDGs（持続可能な開発目標）は、文明が墜落・崩壊することを回避するための壮大なスキームである考えてよいだろう。これほどの規模で、これほど広範囲にわたり、これほど多くのプレイヤーが共同作業として取り組んでいる「ミッション」は、かつてなかったのではないだろう。

　しかし、最終的に「ミッション・インポシブル」に終わり、私たちの子孫が大きな苦しみに直面しないようにするためには、上辺、綺麗ごと、小手先の活動を超えていく必要がある。ここでも、ダニエル・クインは、重要な警鐘を何度も鳴らしてきた。彼は、書籍の中で、SDGsが打ち出される約20年前から、このように書いている。

　　The world will not be saved by more programs, but only by people with new minds.
　　「世界は、さらなる「活動計画＝プログラム」をどんなに打ち出しても、救われることはない。必要なことは、新しい心を持った人々である」

　SDGsは、まさに大規模な「プログラム」の1つである。そこで、私たちが留意すべきは、次のようなことではないだろうか。

(1) SDGsは、世界を変え、近代文明が直面している袋小路からの脱出を目

---

i　ダニエル・クインの邦訳に、『イシュマエル―ヒトに、まだ希望はあるか』、ヴォイス（1994）がある。ゴリラと人間の対話を通じて、近代文明の在り様を探求する感動的な小説。

的に掲げられている。「誰一人取り残さない」世界を実現し、未来にわたっても人類とその他の生き物が、この狭い惑星の上で暮らせるようにするための目標と活動アジェンダである。

　よって、企業にとっては、既存の取り組みの美化や、コミュニケーションのフレームワークにだけ使っていては、何の意味もなさないのである。
　まず、その覚悟をもって、取り組んでいく必要がある。

(2) SDGsは、事業、オペレーション、マーケティング、マネジメントなどにおけるポジティブかつ強力な「イノベーション・ドライバー」として活かすことが本来の活用方法。社会・自然環境の課題の解決に寄与しつつ、健全な企業価値の創出、維持、向上に結び付けることが求められている。このアプローチを、本書では「トレード・オン」と呼んでいる。

(3) 最終的に問われるのは、人間としての我々の心であり、人間集団である企業の魂である。ここに何ら変化がなく、SDGsを旧態依然のマインドセットや価値観で実践すると、おそらく望まれる結果にいたることはなかろう。

　デザインの力が、実はSDGsの成功の秘訣の1つではないかと考える。あのカラフルな17目標のアイコンをみて、「私も、わが社も、参加したい！貢献したい！」という、人間が本来持ち合わせている意欲を上手に引き出している。そして、単なるビジュアルデザインを超え、私たちにいま問われているのは、「未来のデザイン」である。後世に恥じることのない社会と地球を継承するためにも、各々が未来デザイナーとしての心を持ち、ともに取り組んでいきたいものである。

　最後に、ご多忙の中、寄稿を寄せてくださった筆者の皆様に心より感謝申し上げたい。
　また、本書の出発点となった「SDGs戦略研究会」を立ち上げ、常に持続可能な社会づくりに奔走するアミタホールディングスの皆様にも、敬意の念

を表したい。
　そして、本書の出版を決めてくれた日刊工業新聞社並びに多数の筆者のまとめ役を務めてくれた本書編集担当、阿部正章氏にも感謝を申し上げ、本書の締めとする。

編著者
　ピーター　D．　ピーダーセン
　竹林　征雄

2019年2月

巻末付録
SDGs17目標 169ターゲット一覧

目標1．あらゆる場所のあらゆる形態の貧困を終わらせる

ターゲット	
1.1	2030年までに、現在1日1.25ドル未満で生活する人々と定義されている極度の貧困をあらゆる場所で終わらせる。
1.2	2030年までに、各国定義によるあらゆる次元の貧困状態にある、すべての年齢の男性、女性、子どもの割合を半減させる。
1.3	各国において最低限の基準を含む適切な社会保護制度及び対策を実施し、2030年までに貧困層及び脆弱層に対し十分な保護を達成する。
1.4	2030年までに、貧困層及び脆弱層をはじめ、すべての男性及び女性が、基礎的サービスへのアクセス、土地及びその他の形態の財産に対する所有権と管理権限、相続財産、天然資源、適切な新技術、マイクロファイナンスを含む金融サービスに加え、経済的資源についても平等な権利を持つことができるように確保する。
1.5	2030年までに、貧困層や脆弱な状況にある人々の強靱性（レジリエンス）を構築し、気候変動に関連する極端な気象現象やその他の経済、社会、環境的ショックや災害に暴露や脆弱性を軽減する。
1.a	あらゆる次元での貧困を終わらせるための計画や政策を実施するべく、後発開発途上国をはじめとする開発途上国に対して適切かつ予測可能な手段を講じるため、開発協力の強化などを通じて、さまざまな供給源からの相当量の資源の動員を確保する。
1.b	貧困撲滅のための行動への投資拡大を支援するため、国、地域及び国際レベルで、貧困層やジェンダーに配慮した開発戦略に基づいた適正な政策的枠組みを構築する。

目標2．飢餓を終わらせ、食料安全保障及び栄養改善を実現し、持続可能な農業を促進する

ターゲット	
2.1	2030年までに、飢餓を撲滅し、すべての人々、特に貧困層及び幼児を含む脆弱な立場にある人々が一年中安全かつ栄養のある食料を十分得られるようにする。
2.2	5歳未満の子どもの発育阻害や消耗性疾患について国際的に合意されたターゲットを2025年までに達成するなど、2030年までにあらゆる形態の栄養不良を解消し、若年女子、妊婦・授乳婦及び高齢者の栄養ニーズへの対処を行う。
2.3	2030年までに、土地、その他の生産資源や、投入財、知識、金融サービス、市場及び高付加価値化や非農業雇用の機会への確実かつ平等なアクセスの確保などを通じて、女性、先住民、家族農家、牧畜民及び漁業者をはじめとする小規模食料生産者の農業生産性及び所得を倍増させる。

2.4	2030年までに、生産性を向上させ、生産量を増やし、生態系を維持し、気候変動や極端な気象現象、干ばつ、洪水及びその他の災害に対する適応能力を向上させ、漸進的に土地と土壌の質を改善させるような、持続可能な食料生産システムを確保し、強靭(レジリエント)な農業を実践する。
2.5	2020年までに、国、地域及び国際レベルで適正に管理及び多様化された種子・植物バンクなども通じて、種子、栽培植物、飼育・家畜化された動物及びこれらの近縁野生種の遺伝的多様性を維持し、国際的合意に基づき、遺伝資源及びこれに関連する伝統的な知識へのアクセス及びその利用から生じる利益の公正かつ衡平な配分を促進する。
2.a	開発途上国、特に後発開発途上国における農業生産能力向上のために、国際協力の強化などを通じて、農村インフラ、農業研究・普及サービス、技術開発及び植物・家畜のジーン・バンクへの投資の拡大を図る。
2.b	ドーハ開発ラウンドの決議に従い、すべての形態の農産物輸出補助金及び同等の効果を持つすべての輸出措置の並行的撤廃などを通じて、世界の農産物市場における貿易制限や歪みを是正及び防止する。
2.c	食料価格の極端な変動に歯止めをかけるため、食料市場及びデリバティブ市場の適正な機能を確保するための措置を講じ、食料備蓄などの市場情報への適時のアクセスを容易にする。

目標3. あらゆる年齢のすべての人々の健康的な生活を確保し、福祉を促進する

ターゲット	
3.1	2030年までに、世界の妊産婦の死亡率を出生10万人当たり70人未満に削減する。
3.2	すべての国が新生児死亡率を少なくとも出生1,000件中12件以下まで減らし、5歳以下死亡率を少なくとも出生1,000件中25件以下まで減らすことを目指し、2030年までに、新生児及び5歳未満児の予防可能な死亡を根絶する。
3.3	2030年までに、エイズ、結核、マラリア及び顧みられない熱帯病といった伝染病を根絶するとともに肝炎、水系感染症及びその他の感染症に対処する。
3.4	2030年までに、非感染性疾患による若年死亡率を、予防や治療を通じて3分の1減少させ、精神保健及び福祉を促進する。
3.5	薬物乱用やアルコールの有害な摂取を含む、物質乱用の防止・治療を強化する。
3.6	2020年までに、世界の道路交通事故による死傷者を半減させる。
3.7	2030年までに、家族計画、情報・教育及び性と生殖に関する健康の国家戦略・計画への組み入れを含む、性と生殖に関する保健サービスをすべての人々が利用できるようにする。
3.8	すべての人々に対する財政リスクからの保護、質の高い基礎的な保健サービスへのアクセス及び安全で効果的かつ質が高く安価な必須医薬品とワクチンへのアクセスを含む、ユニバーサル・ヘルス・カバレッジ(UHC)を達成する。
3.9	2030年までに、有害化学物質、ならびに大気、水質及び土壌の汚染による死亡及び疾病の件数を大幅に減少させる。

3.a	すべての国々において、たばこの規制に関する世界保健機関枠組条約の実施を適宜強化する。
3.b	主に開発途上国に影響を及ぼす感染性及び非感染性疾患のワクチン及び医薬品の研究開発を支援する。また、知的所有権の貿易関連の側面に関する協定（TRIPS協定）及び公衆の健康に関するドーハ宣言に従い、安価な必須医薬品及びワクチンへのアクセスを提供する。同宣言は公衆衛生保護及び、特にすべての人々への医薬品のアクセス提供にかかわる「知的所有権の貿易関連の側面に関する協定（TRIPS協定）」の柔軟性に関する規定を最大限に行使する開発途上国の権利を確約したものである。
3.c	開発途上国、特に後発開発途上国及び小島嶼開発途上国において保健財政及び保健人材の採用、能力開発・訓練及び定着を大幅に拡大させる。
3.d	すべての国々、特に開発途上国の国家・世界規模な健康危険因子の早期警告、危険因子緩和及び危険因子管理のための能力を強化する。

目標4. すべての人々への、包摂的かつ公正な質の高い教育を提供し、生涯学習の機会を促進する

ターゲット	
4.1	2030年までに、すべての子どもが男女の区別なく、適切かつ効果的な学習成果をもたらす、無償かつ公正で質の高い初等教育及び中等教育を修了できるようにする。
4.2	2030年までに、すべての子どもが男女の区別なく、質の高い乳幼児の発達支援、ケア及び就学前教育にアクセスすることにより、初等教育を受ける準備が整うようにする。
4.3	2030年までに、すべての人々が男女の区別なく、手頃な価格で質の高い技術教育、職業教育及び大学を含む高等教育への平等なアクセスを得られるようにする。
4.4	2030年までに、技術的・職業的スキルなど、雇用、働きがいのある人間らしい仕事及び起業に必要な技能を備えた若者と成人の割合を大幅に増加させる。
4.5	2030年までに、教育におけるジェンダー格差を無くし、障害者、先住民及び脆弱な立場にある子どもなど、脆弱層があらゆるレベルの教育や職業訓練に平等にアクセスできるようにする。
4.6	2030年までに、すべての若者及び大多数（男女ともに）の成人が、読み書き能力及び基本的計算能力を身に付けられるようにする。
4.7	2030年までに、持続可能な開発のための教育及び持続可能なライフスタイル、人権、男女の平等、平和及び非暴力的文化の推進、グローバル・シチズンシップ、文化多様性と文化の持続可能な開発への貢献の理解の教育を通して、全ての学習者が、持続可能な開発を促進するために必要な知識及び技能を習得できるようにする。
4.a	子ども、障害及びジェンダーに配慮した教育施設を構築・改良し、すべての人々に安全で非暴力的、包摂的、効果的な学習環境を提供できるようにする。

4.b	2020年までに、開発途上国、特に後発開発途上国及び小島嶼開発途上国、ならびにアフリカ諸国を対象とした、職業訓練、情報通信技術（ICT）、技術・工学・科学プログラムなど、先進国及びその他の開発途上国における高等教育の奨学金の件数を全世界で大幅に増加させる。
4.c	2030年までに、開発途上国、特に後発開発途上国及び小島嶼開発途上国における教員養成のための国際協力などを通じて、資格を持つ教員の数を大幅に増加させる。

目標5. ジェンダー平等を達成し、すべての女性及び女児の能力強化を行う

ターゲット	
5.1	あらゆる場所におけるすべての女性及び女児に対するあらゆる形態の差別を撤廃する。
5.2	人身売買や性的、その他の種類の搾取など、すべての女性及び女児に対する、公共・私的空間におけるあらゆる形態の暴力を排除する。
5.3	未成年者の結婚、早期結婚、強制結婚及び女性器切除など、あらゆる有害な慣行を撤廃する。
5.4	公共のサービス、インフラ及び社会保障政策の提供、ならびに各国の状況に応じた世帯・家族内における責任分担を通じて、無報酬の育児・介護や家事労働を認識・評価する。
5.5	政治、経済、公共分野でのあらゆるレベルの意思決定において、完全かつ効果的な女性の参画及び平等なリーダーシップの機会を確保する。
5.6	国際人口・開発会議（ICPD）の行動計画及び北京行動綱領、ならびにこれらの検証会議の成果文書に従い、性と生殖に関する健康及び権利への普遍的アクセスを確保する。
5.a	女性に対し、経済的資源に対する同等の権利、ならびに各国法に従い、オーナーシップ及び土地その他の財産、金融サービス、相続財産、天然資源に対するアクセスを与えるための改革に着手する。
5.b	女性の能力強化促進のため、ICTをはじめとする実現技術の活用を強化する。
5.c	ジェンダー平等の促進、ならびにすべての女性及び女子のあらゆるレベルでの能力強化のための適正な政策及び拘束力のある法規を導入・強化する。

目標6. すべての人々の水と衛生の利用可能性と持続可能な管理を確保する

ターゲット	
6.1	2030年までに、すべての人々の、安全で安価な飲料水の普遍的かつ平等なアクセスを達成する。
6.2	2030年までに、すべての人々の、適切かつ平等な下水施設・衛生施設へのアクセスを達成し、野外での排泄をなくす。女性及び女子、ならびに脆弱な立場にある人々のニーズに特に注意を向ける。

6.3	2030年までに、汚染の減少、投棄廃絶と有害な化学物質や物質の放出の最小化、未処理の排水の割合半減及び再生利用と安全な再利用の世界的規模での大幅な増加させることにより、水質を改善する。
6.4	2030年までに、全セクターにおいて水の利用効率を大幅に改善し、淡水の持続可能な採取及び供給を確保し水不足に対処するとともに、水不足に悩む人々の数を大幅に減少させる。
6.5	2030年までに、国境を越えた適切な協力を含む、あらゆるレベルでの統合水資源管理を実施する。
6.6	2020年までに、山地、森林、湿地、河川、帯水層、湖沼などの水に関連する生態系の保護・回復を行う。
6.a	2030年までに、集水、海水淡水化、水の効率的利用、排水処理、リサイクル・再利用技術など、開発途上国における水と衛生分野での活動や計画を対象とした国際協力と能力構築支援を拡大する。
6.b	水と衛生に関わる分野の管理向上への地域コミュニティの参加を支援・強化する。

目標7．すべての人々の、安価かつ信頼できる持続可能な近代的エネルギーへのアクセスを確保する

ターゲット	
7.1	2030年までに、安価かつ信頼できる現代的エネルギーサービスへの普遍的アクセスを確保する。
7.2	2030年までに、世界のエネルギーミックスにおける再生可能エネルギーの割合を大幅に拡大させる。
7.3	2030年までに、世界全体のエネルギー効率の改善率を倍増させる。
7.a	2030年までに、再生可能エネルギー、エネルギー効率及び先進的かつ環境負荷の低い化石燃料技術などのクリーンエネルギーの研究及び技術へのアクセスを促進するための国際協力を強化し、エネルギー関連インフラとクリーンエネルギー技術への投資を促進する。
7.b	2030年までに、各々の支援プログラムに沿って開発途上国、特に後発開発途上国及び小島嶼開発途上国、内陸開発途上国のすべての人々に現代的で持続可能なエネルギーサービスを供給できるよう、インフラ拡大と技術向上を行う。

目標8．包摂的かつ持続可能な経済成長及びすべての人々の完全かつ生産的な雇用と働きがいのある人間らしい雇用（ディーセント・ワーク）を促進する

ターゲット	
8.1	各国の状況に応じて、一人当たり経済成長率を持続させる。特に後発開発途上国は少なくとも年率7％の成長率を保つ。
8.2	高付加価値セクターや労働集約型セクターに重点を置くことなどにより、多様化、技術向上及びイノベーションを通じた高いレベルの経済生産性を達成する。

8.3	生産活動や適切な雇用創出、起業、創造性及びイノベーションを支援する開発重視型の政策を促進するとともに、金融サービスへのアクセス改善などを通じて中小零細企業の設立や成長を奨励する。
8.4	2030年までに、世界の消費と生産における資源効率を漸進的に改善させ、先進国主導の下、持続可能な消費と生産に関する10カ年計画枠組みに従い、経済成長と環境悪化の分断を図る。
8.5	2030年までに、若者や障害者を含むすべての男性及び女性の、完全かつ生産的な雇用及び働きがいのある人間らしい仕事、ならびに同一労働同一賃金を達成する。
8.6	2020年までに、就労、就学及び職業訓練のいずれも行っていない若者の割合を大幅に減らす。
8.7	強制労働を根絶し、現代の奴隷制、人身売買を終らせるための緊急かつ効果的な措置の実施、最悪な形態の児童労働の禁止及び撲滅を確保する。2025年までに児童兵士の募集と使用を含むあらゆる形態の児童労働を撲滅する。
8.8	移住労働者、特に女性の移住労働者や不安定な雇用状態にある労働者など、すべての労働者の権利を保護し、安全・安心な労働環境を促進する。
8.9	2030年までに、雇用創出、地方の文化振興・産品販促につながる持続可能な観光業を促進するための政策を立案し実施する。
8.10	国内の金融機関の能力を強化し、すべての人々の銀行取引、保険及び金融サービスへのアクセスを促進・拡大する。
8.a	後発開発途上国への貿易関連技術支援のための拡大統合フレームワーク（EIF）などを通じた支援を含む、開発途上国、特に後発開発途上国に対する貿易のための援助を拡大する。
8.b	2020年までに、若年雇用のための世界的戦略及び国際労働機関（ILO）の仕事に関する世界協定の実施を展開・運用化する。

目標9．強靱（レジリエント）なインフラ構築、包摂的かつ持続可能な産業化の促進及びイノベーションの推進を図る

ターゲット	
9.1	すべての人々に安価で公平なアクセスに重点を置いた経済発展と人間の福祉を支援するために、地域・越境インフラを含む質の高い、信頼でき、持続可能かつ強靱（レジリエント）なインフラを開発する。
9.2	包摂的かつ持続可能な産業化を促進し、2030年までに各国の状況に応じて雇用及びGDPに占める産業セクターの割合を大幅に増加させる。後発開発途上国については同割合を倍増させる。
9.3	特に開発途上国における小規模の製造業その他の企業の、安価な資金貸付などの金融サービスやバリューチェーン及び市場への統合へのアクセスを拡大する。
9.4	2030年までに、資源利用効率の向上とクリーン技術及び環境に配慮した技術・産業プロセスの導入拡大を通じたインフラ改良や産業改善により、持続可能性を向上させる。すべての国々は各国の能力に応じた取組を行う。

9.5	2030年までにイノベーションを促進させることや100万人当たりの研究開発従事者数を大幅に増加させ、また官民研究開発の支出を拡大させるなど、開発途上国をはじめとするすべての国々の産業セクターにおける科学研究を促進し、技術能力を向上させる。
9.a	アフリカ諸国、後発開発途上国、内陸開発途上国及び小島嶼開発途上国への金融・テクノロジー・技術の支援強化を通じて、開発途上国における持続可能かつ強靱（レジリエント）なインフラ開発を促進する。
9.b	産業の多様化や商品への付加価値創造などに資する政策環境の確保などを通じて、開発途上国の国内における技術開発、研究及びイノベーションを支援する。
9.c	後発開発途上国において情報通信技術へのアクセスを大幅に向上させ、2020年までに普遍的かつ安価なインターネット・アクセスを提供できるよう図る。

目標10. 各国内及び各国間の不平等を是正する

ターゲット	
10.1	2030年までに、各国の所得下位40％の所得成長率について、国内平均を上回る数値を漸進的に達成し、持続させる。
10.2	2030年までに、年齢、性別、障害、人種、民族、出自、宗教、あるいは経済的地位その他の状況に関わりなく、すべての人々の能力強化及び社会的、経済的及び政治的な包含を促進する。
10.3	差別的な法律、政策及び慣行の撤廃、ならびに適切な関連法規、政策、行動の促進などを通じて、機会均等を確保し、成果の不平等を是正する。
10.4	税制、賃金、社会保障政策をはじめとする政策を導入し、平等の拡大を漸進的に達成する。
10.5	世界金融市場と金融機関に対する規制とモニタリングを改善し、こうした規制の実施を強化する。
10.6	地球規模の国際経済・金融制度の意思決定における開発途上国の参加や発言力を拡大させることにより、より効果的で信用力があり、説明責任のある正当な制度を実現する。
10.7	計画に基づき良く管理された移住政策の実施などを通じて、秩序のとれた、安全で規則的かつ責任ある移住や流動性を促進する。
10.a	世界貿易機関（WTO）協定に従い、開発途上国、特に後発開発途上国に対する特別かつ異なる待遇の原則を実施する。
10.b	各国の国家計画やプログラムに従って、後発開発途上国、アフリカ諸国、小島嶼開発途上国及び内陸開発途上国を始めとする、ニーズが最も大きい国々への、政府開発援助（ODA）及び海外直接投資を含む資金の流入を促進する。
10.c	2030年までに、移住労働者による送金コストを3％未満に引き下げ、コストが5％を越える送金経路を撤廃する。

目標11. 包摂的で安全かつ強靱(レジリエント)で持続可能な都市及び人間居住を実現する

ターゲット	
11.1	2030年までに、すべての人々の、適切、安全かつ安価な住宅及び基本的サービスへのアクセスを確保し、スラムを改善する。
11.2	2030年までに、脆弱な立場にある人々、女性、子ども、障害者及び高齢者のニーズに特に配慮し、公共交通機関の拡大などを通じた交通の安全性改善により、すべての人々に、安全かつ安価で容易に利用できる、持続可能な輸送システムへのアクセスを提供する。
11.3	2030年までに、包摂的かつ持続可能な都市化を促進し、すべての国々の参加型、包摂的かつ持続可能な人間居住計画・管理の能力を強化する。
11.4	世界の文化遺産及び自然遺産の保護・保全の努力を強化する。
11.5	2030年までに、貧困層及び脆弱な立場にある人々の保護に焦点をあてながら、水関連災害などの災害による死者や被災者数を大幅に削減し、世界の国内総生産比で直接的経済損失を大幅に減らす。
11.6	2030年までに、大気の質及び一般並びにその他の廃棄物の管理に特別な注意を払うことによるものを含め、都市の一人当たりの環境上の悪影響を軽減する。
11.7	2030年までに、女性、子ども、高齢者及び障害者を含め、人々に安全で包摂的かつ利用が容易な緑地や公共スペースへの普遍的アクセスを提供する。
11.a	各国・地域規模の開発計画の強化を通じて、経済、社会、環境面における都市部、都市周辺部及び農村部間の良好なつながりを支援する。
11.b	2020年までに、包含、資源効率、気候変動の緩和と適応、災害に対する強靱さ(レジリエンス)を目指す総合的政策及び計画を導入・実施した都市及び人間居住地の件数を大幅に増加させ、仙台防災枠組2015-2030に沿って、あらゆるレベルでの総合的な災害リスク管理の策定と実施を行う。
11.c	財政的及び技術的な支援などを通じて、後発開発途上国における現地の資材を用いた、持続可能かつ強靱(レジリエント)な建造物の整備を支援する。

目標12. 持続可能な生産消費形態を確保する

ターゲット	
12.1	開発途上国の開発状況や能力を勘案しつつ、持続可能な消費と生産に関する10年計画枠組み(10YFP)を実施し、先進国主導の下、すべての国々が対策を講じる。
12.2	2030年までに天然資源の持続可能な管理及び効率的な利用を達成する。
12.3	2030年までに小売・消費レベルにおける世界全体の一人当たりの食料の廃棄を半減させ、収穫後損失などの生産・サプライチェーンにおける食料の損失を減少させる。

12.4	2020年までに、合意された国際的な枠組みに従い、製品ライフサイクルを通じ、環境上適正な化学物資やすべての廃棄物の管理を実現し、人の健康や環境への悪影響を最小化するため、化学物質や廃棄物の大気、水、土壌への放出を大幅に削減する。
12.5	2030年までに、廃棄物の発生防止、削減、再生利用及び再利用により、廃棄物の発生を大幅に削減する。
12.6	特に大企業や多国籍企業などの企業に対し、持続可能な取り組みを導入し、持続可能性に関する情報を定期報告に盛り込むよう奨励する。
12.7	国内の政策や優先事項に従って持続可能な公共調達の慣行を促進する。
12.8	2030年までに、人々があらゆる場所において、持続可能な開発及び自然と調和したライフスタイルに関する情報と意識を持つようにする。
12.a	開発途上国に対し、より持続可能な消費・生産形態の促進のための科学的・技術的能力の強化を支援する。
12.b	雇用創出、地方の文化振興・産品販促につながる持続可能な観光業に対して持続可能な開発がもたらす影響を測定する手法を開発・導入する。
12.c	開発途上国の特別なニーズや状況を十分考慮し、貧困層やコミュニティを保護する形で開発に関する悪影響を最小限に留めつつ、税制改正や、有害な補助金が存在する場合はその環境への影響を考慮してその段階的廃止などを通じ、各国の状況に応じて、市場のひずみを除去することで、浪費的な消費を奨励する、化石燃料に対する非効率な補助金を合理化する。

目標13.気候変動及びその影響を軽減するための緊急対策を講じる*

ターゲット	
13.1	すべての国々において、気候関連災害や自然災害に対する強靱性(レジリエンス)及び適応力を強化する。
13.2	気候変動対策を国別の政策、戦略及び計画に盛り込む。
13.3	気候変動の緩和、適応、影響軽減及び早期警戒に関する教育、啓発、人的能力及び制度機能を改善する。
13.a	重要な緩和行動の実施とその実施における透明性確保に関する開発途上国のニーズに対応するため、2020年までにあらゆる供給源から年間1,000億ドルを共同で動員するという、UNFCCCの先進締約国によるコミットメントを実施し、可能な限り速やかに資本を投入して緑の気候基金を本格始動させる。
13.b	後発開発途上国及び小島嶼開発途上国において、女性や青年、地方及び社会的に疎外されたコミュニティに焦点を当てることを含め、気候変動関連の効果的な計画策定と管理のための能力を向上するメカニズムを推進する

＊国連気候変動枠組条約(UNFCCC)が、気候変動への世界的対応について交渉を行う基本的な国際的、政府間対話の場であると認識している。

目標14. 持続可能な開発のために海洋・海洋資源を保全し、持続可能な形で利用する

ターゲット	
14.1	2025年までに、海洋堆積物や富栄養化を含む、特に陸上活動による汚染など、あらゆる種類の海洋汚染を防止し、大幅に削減する。
14.2	2020年までに、海洋及び沿岸の生態系に関する重大な悪影響を回避するため、強靱性（レジリエンス）の強化などによる持続的な管理と保護を行い、健全で生産的な海洋を実現するため、海洋及び沿岸の生態系の回復のための取組を行う。
14.3	あらゆるレベルでの科学的協力の促進などを通じて、海洋酸性化の影響を最小限化し、対処する。
14.4	水産資源を、実現可能な最短期間で少なくとも各資源の生物学的特性によって定められる最大持続生産量のレベルまで回復させるため、2020年までに、漁獲を効果的に規制し、過剰漁業や違法・無報告・無規制（IUU）漁業及び破壊的な漁業慣行を終了し、科学的な管理計画を実施する。
14.5	2020年までに、国内法及び国際法に則り、最大限入手可能な科学情報に基づいて、少なくとも沿岸域及び海域の10パーセントを保全する。
14.6	開発途上国及び後発開発途上国に対する適切かつ効果的な、特別かつ異なる待遇が、世界貿易機関（WTO）漁業補助金交渉の不可分の要素であるべきことを認識した上で、2020年までに、過剰漁獲能力や過剰漁獲につながる漁業補助金を禁止し、違法・無報告・無規制（IUU）漁業につながる補助金を撤廃し、同様の新たな補助金の導入を抑制する。
14.7	2030年までに、漁業、水産養殖及び観光の持続可能な管理などを通じ、小島嶼開発途上国及び後発開発途上国の海洋資源の持続的な利用による経済的便益を増大させる。
14.a	海洋の健全性の改善と、開発途上国、特に小島嶼開発途上国および後発開発途上国の開発における海洋生物多様性の寄与向上のために、海洋技術の移転に関するユネスコ政府間海洋学委員会の基準・ガイドラインを勘案しつつ、科学的知識の増進、研究能力の向上、及び海洋技術の移転を行う。
14.b	小規模・沿岸零細漁業者に対し、海洋資源及び市場へのアクセスを提供する。
14.c	「我々の求める未来」のパラ158において想起されるとおり、海洋及び海洋資源の保全及び持続可能な利用のための法的枠組みを規定する海洋法に関する国際連合条約（UNCLOS）に反映されている国際法を実施することにより、海洋及び海洋資源の保全及び持続可能な利用を強化する。

目標15. 陸域生態系の保護、回復、持続可能な利用の推進、持続可能な森林の経営、砂漠化への対処、ならびに土地の劣化の阻止・回復及び生物多様性の損失を阻止する

ターゲット	
15.1	2020年までに、国際協定の下での義務に則って、森林、湿地、山地及び乾燥地をはじめとする陸域生態系と内陸淡水生態系及びそれらのサービスの保全、回復及び持続可能な利用を確保する。

15.2	2020年までに、あらゆる種類の森林の持続可能な経営の実施を促進し、森林減少を阻止し、劣化した森林を回復し、世界全体で新規植林及び再植林を大幅に増加させる。
15.3	2030年までに、砂漠化に対処し、砂漠化、干ばつ及び洪水の影響を受けた土地などの劣化した土地と土壌を回復し、土地劣化に荷担しない世界の達成に尽力する。
15.4	2030年までに持続可能な開発に不可欠な便益をもたらす山地生態系の能力を強化するため、生物多様性を含む山地生態系の保全を確実に行う。
15.5	自然生息地の劣化を抑制し、生物多様性の損失を阻止し、2020年までに絶滅危惧種を保護し、また絶滅防止するための緊急かつ意味のある対策を講じる。
15.6	国際合意に基づき、遺伝資源の利用から生ずる利益の公正かつ衡平な配分を推進するとともに、遺伝資源への適切なアクセスを推進する。
15.7	保護の対象となっている動植物種の密猟及び違法取引を撲滅するための緊急対策を講じるとともに、違法な野生生物製品の需要と供給の両面に対処する。
15.8	2020年までに、外来種の侵入を防止するとともに、これらの種による陸域・海洋生態系への影響を大幅に減少させるための対策を導入し、さらに優先種の駆除または根絶を行う。
15.9	2020年までに、生態系と生物多様性の価値を、国や地方の計画策定、開発プロセス及び貧困削減のための戦略及び会計に組み込む。
15.a	生物多様性と生態系の保全と持続的な利用のために、あらゆる資金源からの資金の動員及び大幅な増額を行う。
15.b	保全や再植林を含む持続可能な森林経営を推進するため、あらゆるレベルのあらゆる供給源から、持続可能な森林経営のための資金の調達と開発途上国への十分なインセンティブ付与のための相当量の資源を動員する。
15.c	持続的な生計機会を追求するために地域コミュニティの能力向上を図る等、保護種の密猟及び違法な取引に対処するための努力に対する世界的な支援を強化する。

目標16. 持続可能な開発のための平和で包摂的な社会を促進し、すべての人々に司法へのアクセスを提供し、あらゆるレベルにおいて効果的で説明責任のある包摂的な制度を構築する

ターゲット	
16.1	あらゆる場所において、すべての形態の暴力及び暴力に関連する死亡率を大幅に減少させる。
16.2	子どもに対する虐待、搾取、取引及びあらゆる形態の暴力及び拷問を撲滅する。
16.3	国家及び国際的なレベルでの法の支配を促進し、すべての人々に司法への平等なアクセスを提供する。
16.4	2030年までに、違法な資金及び武器の取引を大幅に減少させ、奪われた財産の回復及び返還を強化し、あらゆる形態の組織犯罪を根絶する。
16.5	あらゆる形態の汚職や贈賄を大幅に減少させる。

16.6	あらゆるレベルにおいて、有効で説明責任のある透明性の高い公共機関を発展させる。
16.7	あらゆるレベルにおいて、対応的、包摂的、参加型及び代表的な意思決定を確保する。
16.8	グローバル・ガバナンス機関への開発途上国の参加を拡大・強化する。
16.9	2030年までに、すべての人々に出生登録を含む法的な身分証明を提供する。
16.10	国内法規及び国際協定に従い、情報への公共アクセスを確保し、基本的自由を保障する。
16.a	特に開発途上国において、暴力の防止とテロリズム・犯罪の撲滅に関するあらゆるレベルでの能力構築のため、国際協力などを通じて関連国家機関を強化する。
16.b	持続可能な開発のための非差別的な法規及び政策を推進し、実施する。

目標17.持続可能な開発のための実施手段を強化し、グローバル・パートナーシップを活性化する

ターゲット	
資金	
17.1	課税及び徴税能力の向上のため、開発途上国への国際的な支援なども通じて、国内資源の動員を強化する。
17.2	先進国は、開発途上国に対するODAをGNI比0.7%に、後発開発途上国に対するODAをGNI比0.15～0.20%にするという目標を達成するとの多くの国によるコミットメントを含むODAに係るコミットメントを完全に実施する。ODA供与国が、少なくともGNI比0.20%のODAを後発開発途上国に供与するという目標の設定を検討することを奨励する。
17.3	複数の財源から、開発途上国のための追加的資金源を動員する。
17.4	必要に応じた負債による資金調達、債務救済及び債務再編の促進を目的とした協調的な政策により、開発途上国の長期的な債務の持続可能性の実現を支援し、重債務貧困国（HIPC）の対外債務への対応により債務リスクを軽減する。
17.5	後発開発途上国のための投資促進枠組みを導入及び実施する。
技術	
17.6	科学技術イノベーション（STI）及びこれらへのアクセスに関する南北協力、南南協力及び地域的・国際的な三角協力を向上させる。また、国連レベルをはじめとする既存のメカニズム間の調整改善や、全世界的な技術促進メカニズムなどを通じて、相互に合意した条件において知識共有を進める。
17.7	開発途上国に対し、譲許的・特恵的条件などの相互に合意した有利な条件の下で、環境に配慮した技術の開発、移転、普及及び拡散を促進する。
17.8	2017年までに、後発開発途上国のための技術バンク及び科学技術イノベーション能力構築メカニズムを完全運用させ、情報通信技術（ICT）をはじめとする実現技術の利用を強化する。

能力構築

17.9	すべての持続可能な開発目標を実施するための国家計画を支援するべく、南北協力、南南協力及び三角協力などを通じて、開発途上国における効果的かつ的をしぼった能力構築の実施に対する国際的な支援を強化する。

貿易

17.10	ドーハ・ラウンド（DDA）交渉の結果を含めたWTOの下での普遍的でルールに基づいた、差別的でない、公平な多角的貿易体制を促進する。
17.11	開発途上国による輸出を大幅に増加させ、特に2020年までに世界の輸出に占める後発開発途上国のシェアを倍増させる。
17.12	後発開発途上国からの輸入に対する特恵的な原産地規則が透明で簡略的かつ市場アクセスの円滑化に寄与するものとなるようにすることを含む世界貿易機関（WTO）の決定に矛盾しない形で、すべての後発開発途上国に対し、永続的な無税・無枠の市場アクセスを適時実施する。

体制面
政策・制度的整合性

17.13	政策協調や政策の首尾一貫性などを通じて、世界的なマクロ経済の安定を促進する。
17.14	持続可能な開発のための政策の一貫性を強化する。
17.15	貧困撲滅と持続可能な開発のための政策の確立・実施にあたっては、各国の政策空間及びリーダーシップを尊重する。

マルチステークホルダー・パートナーシップ

17.16	すべての国々、特に開発途上国での持続可能な開発目標の達成を支援すべく、知識、専門的知見、技術及び資金源を動員、共有するマルチステークホルダー・パートナーシップによって補完しつつ、持続可能な開発のためのグローバル・パートナーシップを強化する。
17.17	さまざまなパートナーシップの経験や資源戦略を基にした、効果的な公的、官民、市民社会のパートナーシップを奨励・推進する。

データ、モニタリング、説明責任

17.18	2020年までに、後発開発途上国及び小島嶼開発途上国を含む開発途上国に対する能力構築支援を強化し、所得、性別、年齢、人種、民族、居住資格、障害、地理的位置及びその他各国事情に関連する特性別の質が高く、タイムリーかつ信頼性のある非集計型データの入手可能性を向上させる。
17.19	2030年までに、持続可能な開発の進捗状況を測るGDP以外の尺度を開発する既存の取組を更に前進させ、開発途上国における統計に関する能力構築を支援する。

出典：「我々の世界を変革する：持続可能な開発のための2030アジェンダ」（外務省仮訳）

【執筆者紹介】

編著者

●序章、第2章執筆
ピーター D. ピーダーセン
一般社団法人NELIS代表理事、リーダーシップアカデミーTACL代表
1967年、デンマーク生まれ。コペンハーゲン大学文化人類学部卒業。日本在住28年。2000年に、CSR・環境コンサルティングを手掛ける株式会社イースクエアを共同創業し、2011年まで同社の代表取締役社長を務める。その間、日本の大手企業のサステナビリティ戦略を多面的に支援し、また米国からLOHASなどの新たなコンセプトを日本に紹介する。現在は、世界と日本企業における「次世代リーダー」の育成に力を注ぐ。

●第1章、第3章 目標7執筆
竹林　征雄（たけばやし　まさお）
一般社団法人日本サステイナブルコミュニティ協会顧問、株式会社エンビプロ・ホールディングス、シン・エナジー株式会社顧問
新潟県出身。荏原製作所理事、横浜市立大学客員教授、大阪大学特任教授、国連大学ZEFプログラムコーディネーター、東京大学IR3S特任研究員。ほか通産、農水、環境省、自治体の委員会活動、アミタホールディングス取締役を経て、現在に至る。再生可能エネルギーなどに注力、啓発普及に努める。共著10冊。

●第3章 目標2執筆
国連WFP日本事務所
WFP国連世界食糧計画（国連WFP）は世界約80ヵ国で約9,000万人に対して食料支援を行っている国連唯一の食料支援機関。紛争や自然災害などの緊急時に命を救うための食料支援を届けるとともに、将来にわたって持続的に発展していくための強い社会づくりに取り組んでいる。持続可能な開発目標（SDGs）の中でも目標2「飢餓をゼロに（Zero Hunger）」の達成を目指している。

●第3章 目標3執筆
小野　直哉（おの　なおや）
公益財団法人未来工学研究所22世紀ライフセンター主任研究員
明治国際医療大学非常勤講師、日本未来学会理事、日本統合医療学会業務執行理事
明治鍼灸大学（現明治国際医療大学）卒業後、明治鍼灸大学附属病院卒後研修生、東京医科歯科大学大学院医歯学総合研究科修士課程を経て、京都大学大学院医学研究科社会健康医学系専攻博士後期課程在籍中に、（一財）医療経済研究機構リサーチ・レジデント及び協力研究員、（公財）先端医療振興財団クラスター推進センター科学技術コーディネー

ター等に従事。

●第3章 目標6執筆
吉村　和就（よしむら　かずなり）
グローバルウォーター・ジャパン代表
国際的な水環境問題の専門家の一人であり、国連ニューヨーク本部勤務の経験を踏まえ、日本の水環境技術を世界に広める努力を続けている。業界紙や専門誌、海外メディアに数多く寄稿。水の安全保障戦略機構・技術普及委員長、経済産業省「水ビジネス国際展開研究会」の委員など歴任。また国際的に通用する若手の教育にも力を入れている。著書「水に流せない水の話」（角川文庫）ほか多数。

●第3章 目標8執筆
石田　秀輝（いしだ　ひでき）
合同会社　地球村研究室　代表　東北大学名誉教授
2004年株式会社INAX（現LIXIL）取締役CTO(最高技術責任者)を経て東北大学教授、2014年より現職、自然のすごさを賢く活かすものつくり『ネイチャー・テクノロジー』を提唱、2014年から『心豊かな暮らし方』の上位概念である『間抜けの研究』を奄美群島沖永良部島へ移住、開始した。近著：「正解のない難問を解決に導くバックキャスト思考」（ワニブックス2018）、「生き物のかたちと動きに学ぶテクノロジー」（PHP2017）、「光り輝く未来が沖永良部島にあった！」（ワニブックス2015）ほか多数。

●第3章 目標9執筆
三上　喜貴（みかみ　よしき）
長岡技術科学大学　理事・副学長
1952年生まれ。1975年東京大学工学部計数工学科卒業。1975年通商産業省（現：経済産業省）に採用、室長を経て1997年より長岡技術科学大学教授。慶応義塾大学大学院より博士（政策・メディア）。2011年より副学長（国際交流担当）、2015年より理事・副学長（国際連携・産学連携担当）、現在に至る。技術と国際関係、技術経営等を研究テーマとしている。日本MOT学会会長。

●第3章 目標11執筆
盛岡　通（もりおか　とおる）
関西大学社会連携部プロデューサー（名誉教授）、大阪大学名誉教授
1946年生、京都大学大学院博士課程修了、大阪大学で環境システムの学域を開拓し、資源循環技術（JST-CREST）、環境リスク管理人材育成（工学教育協会文部大臣賞）、サスティナビリティ学、等の5年プロジェクトを統括。関西大学に移り、再エネ導入・低炭素街区形成、レジリエンスと災害廃棄物対策、気候変動適応型の健康まちづくり等の地域連携と実装を支援する。

●第3章 目標12執筆
佐藤　博之（さとう　ひろゆき）

アミタ株式会社 代表取締役
1990年から1995年まで民間シンクタンクで地域づくりや環境問題に携わる。1996年から財団法人日本環境協会に勤務。グリーン購入ネットワーク（GPN）の創設から携わり、2002年に事務局長。2005年に国際グリーン購入ネットワーク（IGPN）事務局長。その後、2008年にアミタ株式会社に合流。持続可能な社会の実現に向けて、宮城県南三陸町をはじめとする国内外の地域循環システム構築や企業のサステナビリティ戦略の支援に取り組んでいる。

●第3章 目標13執筆
増井　利彦（ますい　としひこ）

国立環境研究所　社会環境システム研究センター　室長
1970年生まれ。大阪大学大学院工学研究科博士後期課程修了。1998年4月に国立環境研究所に研究員として採用され、2006年から現職。2000年から東京工業大学の助教授を併任し、2014年から連携教授（現在は特定教授）。IPCCの執筆者や中央環境審議会の臨時委員も務める。

●第3章 目標14執筆
山内　愛子（やまうち　あいこ）

公益財団法人世界自然保護基金（WWFジャパン）　自然保護室　海洋水産グループ長
東京海洋大学大学院海洋科学研究科博士後期課程修了（海洋科学博士）。東京出身。日本の沿岸漁業における資源管理型漁業や共同経営事例などを研究した後、2008年、WWFジャパン自然保護室に水産オフィサーとして入局。持続可能な漁業・水産物の推進をテーマに国内外の行政機関や研究者、企業関係者といったステークホルダーと協働のもと水産資源および海洋保全活動を展開。WWFジャパンによるチリ、インドネシア、中国での現地オフィスとの海洋保全連携プロジェクトも担当。2016年7月より現職。

●第3章 目標15執筆
足立　直樹（あだち　なおき）

サステナブルブランド・プロデューサー
株式会社レスポンスアビリティ 代表取締役
東京大学・同大学院修了。博士（理学）。国立環境研究所とマレーシア森林研究所（FRIM）で熱帯林の研究に従事した後、独立。株式会社レスポンスアビリティ代表取締役、一般社団法人 企業と生物多様性イニシアティブ（JBIB）理事 事務局長。生物多様性の専門性を活かして、持続可能なサプライチェーンの構築などを含め、企業活動を持続可能にすることを支援。さらに、企業価値を高めるサステナブル・ブランディングにも力を入れている。

●第3章 目標17執筆
黒田　かをり（くろだ　かをり）
一般財団法人CSOネットワーク　事務局長・理事
三菱重工業株式会社に勤務後、コロンビア大学経営大学院日本経営研究所、米国のアジア財団日本の勤務を経て、2004年より現職。2010年よりアジア財団のジャパン・ディレクターを兼任。SDGs推進円卓会議構成員、SDGs市民社会ネットワーク代表理事、国際開発学会理事などを務める。共著に「公共経営学入門」（2015年　大阪大学出版会）、「はじめてのNPO論」（2017年、有斐閣）、「SDGsの基礎」（2018年、事業構想大学院大学出版部）ほか。ハーバード教育大学院修士。

●第4章 アミタホールディングス執筆、特別対談
熊野　英介（くまの　えいすけ）
アミタホールディングス株式会社　代表取締役
公益財団法人信頼資本財団理事長、一般社団法人ソーシャルビジネス・ネットワーク副代表理事
「持続可能社会の実現」を掲げ、他社に先駆け約40年前から100％リサイクル事業を手掛ける。現在は企業や自治体の持続性を高める統合支援サービスを展開。提供内容は、環境管理業務のアウトソーシングから森林・里山の利活用を含めた地域資源循環のモデル構築まで、多岐にわたる。未来の子供たちの尊厳を守ることをミッションに、豊かな関係性が動力となる新たな社会創出に向けて邁進中。著書：『思考するカンパニー』(幻冬舎)、『自然産業の世紀』[共著](創森社)など。

●第4章 エンビプロ・ホールディングス執筆
中作　憲展（なかさく　のりひろ）
株式会社エンビプロ・ホールディングス　執行役員環境事業推進部長
大手監査法人の環境・CSRコンサルティング部門にて環境経営コンサルティング等に従事、その後、リサイクル会社での経営参画を経て、エンビプロ・ホールディングスに入社。グループ全体の新規事業開発を統括し、複数の事業及び子会社立上げに従事するとともにグループのサステナビリティー戦略を担当。同時に、企業の気候変動対応に関するCDP、SBT、RE100等のコンサルティングを行う環境コンサルティング会社をグループ内に設立し代表を兼務している。

●第4章 大和ハウス工業執筆
小山　勝弘（こやま　かつひろ）
大和ハウス工業株式会社　技術本部　環境部長
1992年京都大学精密工学科卒、同年大和ハウス工業入社。入社後、夜間大学で建築を学び、大型建築プロジェクトの設計・デザインを担当。05年に竣工した「大和ハウス東北工場管理棟」では、ありづかの仕組みを取り入れた自然共生型オフィスを開発。これをきっかけに自ら志願し、06年に環境部へ異動。環境マネジメントを統括する同部門にて、環境

経営戦略の立案、温暖化対策の推進等を担当。15年から現職。一級建築士、CASBEE評価員。

●第4章 シン・エナジー執筆
乾　正博（いぬい　まさひろ）
シン・エナジー株式会社　代表取締役社長
1970年神戸市生まれ。1996年12月有限会社洸陽電機取締役。2015年2月株式会社洸陽電機代表取締役社長（現任）。2018年4月シン・エナジー株式会社に社名変更。一般社団法人日本サステイナブルコミュニティ協会設立の2018年2月から副代表理事。同年7月環境省地域再省蓄エネサービスイノベーション促進検討会委員（現任）。趣味はラグビーなどスポーツ全般。

●特別寄稿
涌井　史郎（雅之）（わくい　しろう（まさゆき））
造園家
東京農業大学農学部造園学科出身。（現）東京都市大学・特別教授、愛知学院大学・経済学部 特任教授、東京農業大学・中部大学 客員教授、岐阜県立森林アカデミー学長、なごや環境大学 学長などを務めている。平成15年日本国際博覧会（愛・地球博）会場演出総合プロデューサーなどを歴任。これまで都市から過疎農山村に至るまで幅広く都市と自然の関わりについて取り組み、数多く作品を残している。また新国立競技場等の国における委員会の委員長・委員や地方公共団体の審議会委員長など多数を任じられている。

●特別対談
中井　徳太郎（なかい　とくたろう）
環境省総合環境政策統括官
東京大学法学部卒業。大蔵省入省後、主計局主査などを経て、富山県庁へ出向。日本海学の確立・普及に携わる。その後、財務省理財局計画官、財務省主計局主計官（農林水産省担当）などを経て、東日本大震災後の2011年7月の異動で環境省に。総合環境政策局総務課長、大臣官房会計課長、大臣官房秘書課長、大臣官房審議官、廃棄物・リサイクル対策部長を経て、2017年7月より現職。

SDGs ビジネス戦略
企業と社会が共発展を遂げるための指南書

NDC519

2019年 2 月28日 初版 1 刷発行
2022年 5 月27日 初版14刷発行

定価はカバーに表示されております。

ⓒ 編著者	ピーター D. ピーダーセン
	竹 林 征 雄
発行者	井 水 治 博
発行所	日刊工業新聞社

〒103-8548 東京都中央区日本橋小網町14-1
電話 書籍編集部 03-5644-7490
　　 販売・管理部 03-5644-7410
　　 FAX 03-5644-7400
振替口座 00190-2-186076
URL https://pub.nikkan.co.jp/
email info@media.nikkan.co.jp
印刷・製本 新日本印刷株式会社

落丁・乱丁本はお取り替えいたします。　　2019　Printed in Japan
ISBN 978-4-526-07922-1　C3034

本書の無断複写は、著作権法上の例外を除き、禁じられています。